Erik van den Brink | Frits Koster
Mitfühlend leben

Erik van den Brink | Frits Koster

Mitfühlend leben

Mit Selbst-Mitgefühl und Achtsamkeit die seelische Gesundheit stärken

Mindfulness-Based Compassionate Living – MBCL

Aus dem Niederländischen von Clemens Wilhelm

Kösel

Titel der Originalausgabe: *Compassievol leven.*
Van mindfulness tot heartfulness, Uitgeverij Boom, Amsterdam

Verlagsgruppe Random House FSC® N001967
Das für dieses Buch verwendete FSC®-zertifizierte Papier
HelloFat Matt liefert OSPAP.

Weitere Informationen zu diesem Buch und unserem gesamten
lieferbaren Programm finden Sie unter
www.koesel.de

There is a crack in everything

That's how the light gets in

Alles hat einen Riss

So kommt das Licht herein

Leonard Cohen

1992

Inhalt

»Dieses ideenreiche Buch macht die alte, heilende Weisheit der Mitgefühlspraxis für heutige Leser zugänglich. Gestützt auf solide Forschung, kontemplative Erfahrung und klinische Praxis verstärkt dieses Programm in acht Kurseinheiten unsere natürliche Veranlagung zu Mitgefühl und bietet hilfreiche Methoden, um auf eine gesunde, radikal neue Weise mit emotionalem Schmerz umzugehen.«

DR. CHRISTOPHER GERMER
klinischer Psychologe, Harvard Medical School,
Autor von *Der achtsame Weg zur Selbstliebe*

»Die positiven Effekte von Achtsamkeit sind in therapeutischen Zusammenhängen lange bekannt, nun weisen neue Studien darauf hin, dass auch Selbstmitgefühl ein Schlüssel für geistige Gesundheit ist. Dieses Buch bietet Therapeuten ebenso wie Klienten innovative Methoden, um auf mitfühlendere Weise mit sich selbst und anderen umzugehen.«

DR. KRISTIN NEFF
Associate Professor in Human Development,
University of Texas, Autorin von *Selbstmitgefühl*

»Mitgefühl verlangt eine mutige Haltung, um eigenes und fremdes Leiden zu lindern und zu verhüten. Es ist gewiss keine ›weiche‹ oder einfache Option, dafür wurde jedoch nachgewiesen, dass sich die Entwicklung und Praxis des Mitgefühls auf bemerkenswerte Weise auf unser seelisches Wohlbefinden auswirkt. In diesem wissenschaftlich fundierten und dennoch sehr zugänglichen Buch haben Erik van den Brink und Frits Koster viele der Kernbegriffe und Übungen im Bereich Achtsamkeit und Mitgefühl zusammengetragen. Es spiegelt ihre jahrelange Erfahrung als Fachkräfte in der psychosozialen Gesundheitsfürsorge wider und enthält eine Fülle an Erkenntnissen und Möglichkeiten für Veränderung und persönliches Wachstum.«

DR. PAUL GILBERT
Professor für Klinische Psychologie an der
Universität Derby, Verfasser von *Mitgefühl*

»*Mitfühlend leben* ist ein Buch, das das Gehirn ebenso wie das Herz nährt. Erik van den Brink und Frits Koster stellen darin detailliert das Mitgefühlstraining *Mindfulness-Based Compassionate Living* (MBCL) vor und präsentieren zudem eine Übersicht über die wissenschaftlichen Grundlagen, auf denen diese Schulung in Mitgefühl basiert. Dabei wird auch deutlich, welche bedeutsamen Auswirkungen auf unser mentales und körperliches Wohlbefinden es hat, unser Herz für uns selbst und für andere zu öffnen.

Das Buch basiert nicht nur auf der jahrzehntelangen Meditationspraxis der Autoren, sondern auch auf ihrer umfassenden Erfahrung in der psychosozialen Gesundheitsfürsorge. Der achtwöchige MBCL-Kurs, den sie entwickelt haben, verspricht ein bedeutender Beitrag zum Feld der achtsamkeitsbasierten Ansätze zu werden. Schritt für Schritt zeigt er, wie Mitgefühlstraining helfen kann, emotionale Resilienz zu stärken, die Wunden niedrigen Selbstwertgefühls zu heilen und die Stärke zu offenbaren, die in unserer Verletzlichkeit liegt.«

DR. LINDA LEHRHAUPT
Leiterin des Instituts für Achtsamkeit und Stressbewältigung und Autorin von *Die Wellen des Lebens reiten*

»Ohne Selbstmitgefühl können wir uns nicht wirklich selbst heilen und befreien. Mitfühlend zu leben ist eine klare, praktikable Methode, um eine achtsame und freundliche Beziehung zu uns selbst zu entwickeln. So bereiten wir den Boden für einen Kontakt mit der Welt aus einem weisen und liebevollen Herzen heraus.«

DR. TARA BRACH
klinische Psychologin und Meditationslehrerin, Verfasserin von *Mit dem Herzen eines Buddha*

Einleitung

So wie ein Vogel nur mit zwei Flügeln fliegen kann,
so müssen Weisheit und Mitgefühl gleichzeitig entwickelt werden.
MATTHIEU RICARD

Mitgefühl ist die Fähigkeit, Schmerz und Leid bei sich selbst und anderen zu empfinden. Es ist gepaart mit dem Wunsch, Schmerz und Leid zu lindern, und mit der Bereitschaft, dafür Verantwortung zu übernehmen. Es ist eine allgemein menschliche Eigenschaft, die in jedem Menschen veranlagt, aber oft aus verschiedenen Gründen nicht zur Blüte gekommen ist. Glücklicherweise kann man Mitgefühl durch Üben entwickeln und vertiefen, und darum geht es beim Mitgefühlstraining. Während Mit*leid* vor allem mit Angst und Sentimentalität verbunden ist, erfordert Mit*gefühl* Mut und Großzügigkeit.

In der westlichen Welt wird der Begriff »Mitgefühl« hauptsächlich für das Mitfühlen mit dem Leid anderer Menschen verwendet, weshalb wir das zusammengesetzte Wort »Selbst-Mitgefühl« für das Mitfühlen mit unserem eigenen Leid heranziehen müssen. Bei einer Begegnung zwischen dem Dalai Lama und westlichen Wissenschaftlern zeigte sich die schmerzliche Erkenntnis, dass es auch in der englischen Sprache kein Wort für Mitgefühl mit uns selbst gibt (Goleman 2005). Der Dalai Lama erläuterte damals, dass in der tibetischen Sprache ein und dasselbe Wort (*Tsewa*) für Mitgefühl mit uns selbst und mit anderen verwendet wird. Seiner Ansicht nach kann das eine nicht ohne das andere sein und wäre es eine Form von schwerer Vernachlässigung, uns selbst von Mitgefühl auszuschließen. In diesem Buch über Mitgefühlstraining nehmen wir diese Auffassung sehr ernst. Wir sehen das Üben von Selbstmitgefühl nicht als egozentrische Praxis, sondern vielmehr als wichtige Voraussetzung für eine gesunde Beziehung sowohl zu uns selbst als auch zu anderen Menschen.

Das Mitgefühlstraining (wofür sich auch der englische Begriff *Mindfulness-Based Compassionate Living*, abgekürzt MBCL, eingebürgert hat) wurde als Vertiefungskurs für Menschen entwickelt,

die bereits Erfahrung mit Achtsamkeitspraxis gesammelt haben. Eine wissenschaftlich untermauerte Sichtweise der
großen Bedeutung von (Selbst-)Mitge-
fühl liegt dem Training zu Grunde, das
zum Teil auf den Arbeiten von Paul Gilbert (2005, 2010, 2011), Christopher Germer (2010), Kristin Neff (2012) und Rick
Hanson (2010) basiert.

Wer unter langfristigen oder wiederkehrenden psychischen oder physischen
Schwierigkeiten oder Verhaltensproble-
men gleich welcher Art leidet, hat häufig
eine geringe Meinung von sich selbst und
leidet unter Selbstvorwürfen oder Scham.
Oft steht ein solcher Mensch schwermü-
tig, ängstlich, sehnsuchtsvoll, verbittert
oder misstrauisch im Leben und hat
Schwierigkeiten, sich selbst und anderen
warme Gefühle entgegenzubringen. Vielleicht flüchtet er in die Isolation oder
stürzt sich in Aktivitäten oder Beziehungen, die nicht wirklich befriedigen. Ge-
sprächstherapien sind dann nicht immer
eine Lösung. Manchmal vermitteln diese
wichtige Einsichten, aber sie erreichen
nicht die Erfahrungsebene (»Es ist mir
klar, aber ich spüre es nicht«). Genau hier
setzt das Mitgefühlstraining an, indem es
Übungen anbietet, um mehr Wärme, Sicherheit, Akzeptanz und Verbundenheit
mit sich selbst und anderen erfahren zu
können.

Das Üben von Achtsamkeit wird in
der Regel in Anlehnung an Jon Kabat-
Zinn (1996) wie folgt beschrieben: »Achtsamkeit bedeutet, auf eine bestimmte

Weise aufmerksam zu sein: absichtsvoll
im gegenwärtigen Augenblick und ohne
zu urteilen«. Dieses Üben kann zu mehr
Einsicht und Weisheit im eigenen Leben
führen und hat positive Auswirkungen
auf die körperliche und geistige Gesundheit. Im Gesundheitswesen werden daher immer häufiger Achtsamkeitskurse in
Form von »Stressbewältigung durch Achtsamkeit« (*Mindfulness-Based Stress Reduction*, MBSR) oder *Mindfulness-Based
Cognitive Therapy* (MBCT), ein Achtsamkeitstraining, das speziell zur Rückfall-
prophylaxe bei Depression entwickelt
wurde, angeboten. Dass es sich dabei um
das Entwickeln von Achtsamkeit nicht
nur mit einer offenen, sondern auch mit
einer milden, freundlichen Haltung handelt, haben schon Achtsamkeitslehrer der
ersten Stunde betont. Edel Maex etwa de-
finiert Achtsamkeit einfach als »milde, offene Aufmerksamkeit« (2008). Jon Kabat-
Zinn (2008, S. 81) sagt in *Zur Besinnung
kommen*: »Ich bin dahin gelangt, Meditation mehr als alles andere als einen Akt
der Liebe anzusehen, eine nach innen gerichtete Geste des Wohlwollens und der
Freundlichkeit uns selbst und anderen gegenüber, eine Geste des Herzens, die unsere Vollkommenheit selbst inmitten unserer offensichtlichen Unvollkommenheit
anerkennt, in all unseren Mängeln, unseren Verletzungen, in unserem Verdruss
und unserer gewohnheitsmäßigen Unbe-
wusstheit.« Die Begründer von MBCT,
Zindel Segal, Mark Williams und John
Teasdale, erwähnen in ihrem Handbuch

diese Haltung der Milde ebenfalls, wenn auch nicht so explizit (Segal u. a. 2008). In dem Selbsthilfebuch, das sie zusammen mit Jon Kabat-Zinn veröffentlichten, wird jedoch klar gesagt, dass Achtsamkeit auch als »Herzensbewusstsein« beschrieben werden kann, da es sich im Grunde um eine Form von Barmherzigkeit in unserem Bewusstsein handelt (Williams u. a. 2009, S. 18).

Während das Üben von der Herzensseite der Achtsamkeit bei MBSR und MBCT eher implizit vermittelt wird, wird es im weiterführenden MBCL-Training explizit behandelt. Die Begriffe Achtsamkeit und Herzensbewusstsein bringen zum Ausdruck, dass unser Bewusstsein sowohl aus einem wachen Geist als auch einem mitfühlenden Herzen besteht. Im Pali, einem Dialekt, der zur Zeit des Buddha in Nordindien gesprochen wurde und in dem die ältesten Schriften des Buddhismus überliefert sind, wird hierfür das Wort *Cittâ* verwendet. Im Deutschen wird dies meist mit »Bewusstsein« übersetzt, jedoch umfasst *Cittâ* sowohl das Herz als auch den Geist. Das Wort »*Mindfulness*« (Achtsamkeit) war zunächst die Übersetzung des Pali-Wortes *Sati*, das die reine Qualität der Aufmerksamkeit, das bewusste Gegenwärtigsein im Augenblick, zum Ausdruck bringt. Das Üben von *Sati* öffnet den Weg zu Weisheit und zur Einsicht in die Funktion des Geistes und die Natur der Wirklichkeit. Achtsamkeitspraxis wurde vielerorts ein Synonym für Vipassana- oder Einsichtsmeditation. Im Laufe der Zeit erhielt das Wort Achtsamkeit im Westen dann eine noch umfassendere Bedeutung: Zur Kultivierung einer milden Haltung in unserer Aufmerksamkeit trat auch die Entwicklung von liebevoller Freundlichkeit und Mitgefühl, bis sich schließlich die Bedeutung zu Achtsamkeit des Herzens erweiterte.

Dennoch besteht im Westen nach wie vor eine dominante Assoziation zwischen unseren Vorstellungen von »Geist« oder »Bewusstsein« und intellektuellen Qualitäten einerseits und zwischen »Herz« und emotionalen Qualitäten andererseits. Nicht jeder verbindet mit »Achtsamkeit« sofort auch die Entwicklung eines mitfühlenden Herzens und mit »Herzensbewusstsein« auch die Entwicklung von Achtsamkeit. Man müsste eigentlich von »Herz-Achtsamkeit« oder »Acht-Herzsamkeit« sprechen, was aber den Nachteil hätte, dass man ein sehr sperriges Wort einführen würde. Wir werden daher parallel auf beide Aspekte eingehen, um auf Qualitäten zu verweisen, die gleichermaßen gepflegt werden müssen. Es ist sinnvoll, sie zu unterscheiden, solange man sich nur dessen bewusst ist, dass »unterscheiden« nicht bedeutet, dass sie voneinander trennbar wären.

In Asien wird daher auch das Bild eines Vogels verwendet: Der eine Flügel des Vogels steht für Weisheit, der andere Flügel für Mitgefühl. Der Vogel braucht beide, um fliegen zu können. Sie sorgen für das Gleichgewicht. Der Versuch, ohne

Einsicht fürsorglich und freundlich zu sein, kann zu törichten und ungesunden Formen des Mitgefühls führen, wenn man z. B. stets auf das Suchtverhalten eines Familienmitglieds Rücksicht nimmt und dieses Verhalten damit unterstützt, oder wenn man immer der Neigung zum Frustessen nachgibt. Umgekehrt kann das Üben von Achtsamkeit ohne Mitgefühl in kalte Gefühllosigkeit führen. Ein extremes Beispiel dafür sind die japanischen Kamikaze-Piloten, die im Zweiten Weltkrieg ihr Zen-Training dazu benutzten, um ihre mit Sprengstoff beladenen Flugzeuge gnadenlos auf alliierten Schiffen zum Absturz zu bringen.

Im Achtsamkeitstraining werden die ersten Ansätze einer Haltung von Freundlichkeit und Mitgefühl entwickelt. Im Mitgefühlstraining werden neben der freundlichen Haltung auch die Achtsamkeitsfähigkeiten vertieft. Achtsamkeit und Mitgefühl üben gemeinsam ihre heilsame Wirkung aus und gehen Hand in Hand.

Für wen dieses Buch gedacht ist

Dieses Buch richtet sich an alle, die an Achtsamkeits- und Mitgefühlspraxis im Rahmen der Gesundheitsfürsorge interessiert sind. Es kann durchaus wertvoll sein, das Buch zügig von vorne bis hinten durchzulesen, wer jedoch die Reise durch dieses Buch von innen heraus erleben will, dem empfehlen wir, sich Zeit zu nehmen. Mit der Achtsamkeitspraxis vertraut zu sein ist unserer Meinung nach eine wichtige Grundlage. Optimal wäre es, bereits an einem achtwöchigen MBSR- oder MBCT-Kurs teilgenommen zu haben. Auch eine vergleichbar intensive Übungspraxis anhand eines Selbsthilferatgebers kann eine gute Basis in MBSR oder MBCT legen (z. B. Lehrhaupt & Meibert 2010, Maex 2008, Williams u. a. 2009, Dewulf 2010, Stahl & Goldstein 2010), ebenso Erfahrungen mit Achtsamkeitsübungen aus der Akzeptanz- und Commitment-Therapie oder der dialektischen Verhaltenstherapie (Hayes & Smith 2007, McKay u. a. 2008). Gleichfalls ist natürlich längere Praxis in einer eher traditionelleren Meditationsform wie z. B. Vipassana oder Zen eine gute Vorbereitung. Dieses Buch kann sowohl als Leitfaden zum selbständigen Üben als auch bei der Teilnahme an einem Kurs gemeinsam mit anderen dienen. Wertvoll kann das Buch zudem für Achtsamkeitslehrer und -lehrerinnen sein, die ihre Arbeit um Mitgefühlstraining erweitern möchten, sowie für im Gesundheitswesen oder therapeutischen Bereich Tätige, die auf Mitgefühl ausgerichtete Übungen in ihre Arbeit mit Patientinnen und Patienten und Klientinnen und Klienten einbeziehen möchten.

(Der leichteren Lesbarkeit halber wird im Buch meist die maskuline Form verwendet, es sind natürlich immer sowohl Teilnehmerinnen wie Teilnehmer, Kursleiterinnen wie Kursleiter oder Therapeutinnen wie Therapeuten angesprochen.)

Dieses Buch soll einerseits ein breites Publikum erreichen und zugleich auch wissenschaftlich fundierte Informationen bieten. Für interessierte Leser haben wir daher eine Vielzahl von Verweisen auf wissenschaftliche (und andere) Quellen aufgenommen, wobei jeweils der Name der Autoren und dahinter in Klammern die Jahreszahl angegeben ist. Mithilfe dieser Angaben kann das entsprechende Werk oder der entsprechende Artikel im Literaturverzeichnis am Ende des Buches gefunden werden. (Wo verfügbar ist dort die deutsche Ausgabe genannt.)

Der Aufbau des Buches

Das Buch besteht aus drei Teilen. Teil 1 und 3 bilden einen eher theoretischen Rahmen um den umfassenderen Teil 2, der als praktischer Leitfaden für diejenigen gedacht ist, die mehr (Selbst-)Mitgefühl entwickeln möchten.

Der erste Teil, *Eine andere Sichtweise des Leidens*, schlägt in Abschnitt 1.1 eine Sichtweise des Leidens vor, in der die »innere Wissenschaft« wertvolle Ergänzung zur »äußeren« Wissenschaft bietet, die im modernen Gesundheitswesen eine immer größere Rolle spielt. In Abschnitt 1.2 beschreiben wir, wie das Achtsamkeitstraining seinen Platz im Gesundheitswesen als eine Methode erobert hat, die durch »innere Wissenschaft« helfen kann, unnötiges sekundäres Leiden zu lindern. Sekundäres Leiden entsteht häufig als

Folge unserer Reaktionen auf das unvermeidliche primäre Leiden, dem wir im Leben nun einmal ausgesetzt sind. In Abschnitt 1.3 beschreiben wir, was uns als Achtsamkeitslehrer dazu bewogen hat, einen Vertiefungskurs unter der Bezeichnung Mitgefühlstraining zu entwickeln. In Abschnitt 1.4 geben wir eine kurze Zusammenfassung der Ergebnisse wissenschaftlicher Forschungen, die den Nutzen der (Selbst-)Mitgefühlspraxis im Gesundheitswesen untermauern.

Im zweiten Teil, *Mitgefühlstraining in der Praxis*, haben wir die Kursstruktur beibehalten, wie diese derzeit angewandt wird. In diesen praktischen Teil sind auch die erforderlichen theoretischen Erläuterungen eingewoben, die bei der Durchführung der Übungen hilfreich sein können. Bevor das eigentliche Training beginnt, finden Sie einige Anregungen. Anschließend beschreiben wir unter 2.1 bis 2.8 Schritt für Schritt die acht Einheiten des Mitgefühlstrainings. Dieser Teil ist als Leitfaden für Ihre individuelle Übungspraxis, als Begleitung bei der Teilnahme an einem Kurs oder auch für die Leitung eines Mitgefühlstrainings gedacht. Am Ende eines jeden Kapitels finden Sie eine Übersicht über den Inhalt der jeweiligen Kurseinheit.

Teil 3, *Der mitfühlende Therapeut*, ist eine kurze Anleitung speziell für im Gesundheitswesen Tätige, die mit Mitgefühlsübungen arbeiten möchten. Hierbei sind drei Aspekte wichtig: Der Therapeut kann für seine eigene Gesundheit und die therapeutische Effektivität selbst Mitgefühl üben (3.1), er kann die eigene Arbeit um Erkenntnisse aus der westlichen und der buddhistischen Psychologie hinsichtlich Mitgefühl bereichern (3.2), und er kann Klienten explizit in der Mitgefühlspraxis anleiten (3.3). Schließlich wenden wir uns noch der Frage zu, für wen Mitgefühlstraining aus therapeutischer Sicht besonders geeignet ist und wer es anleiten kann.

Persönlicher Hintergrund

Das Herz hat seine Gründe,
die der Verstand nicht kennt.
BLAISE PASCAL

Unsere Motivation, dieses Buch zu schreiben, entspringt unseren Erfahrungen mit der Durchführung von Achtsamkeitstrainings, bei denen wir mit Kursteilnehmern und Patienten mit unterschiedlichem Ausmaß an psychischer Verletzlichkeit arbeiten. Zudem entstand diese Motivation auch aus unserer persönlichen Biographie und aus unseren eigenen Verletzlichkeiten. Daher möchten wir uns zuerst vorstellen und einen Einblick geben, wie dieses Buch mit unserem eigenen Lebensweg verflochten ist.

Erik van den Brink
Während meines Medizinstudiums, in das ich mich mit Begeisterung gestürzt hatte, überfielen mich immer wieder Zweifel, ob ich die richtige Wahl getroffen hätte. Dies hatte vor allem mit der stark naturwissenschaftlichen Ausrichtung dieses Studiums zu tun: Hier wurde der menschliche Körper als Maschine betrachtet, als ein Ding, an dem geschnitten, gesägt und geschraubt werden muss, damit es wieder richtig funktioniert. Der Mensch, der in diesem Körper beheimatet ist, war anscheinend von untergeordneter Bedeutung. Es schien vor allem um die Außenseite des kranken Menschen zu gehen und weniger um die Innenseite, die innere Erfahrung. Von Achtsamkeit hatte ich damals noch nie etwas gehört. Ich versuchte zwar gelegentlich, alleine zu meditieren, wusste aber nicht, wo ich einen guten Lehrer hätte finden können. Wörter wie Mitgefühl und Barmherzigkeit hörte man zu jener Zeit im medizinischen Bereich kaum einmal. Im Nachhinein ist mir klar, dass ich schon damals genau danach suchte.

Als Einzelkind wurde ich von meinen Eltern in protestantischer Tradition liebevoll erzogen. Doch schon früh hatte ich das Bedürfnis, hinsichtlich Spiritualität und einer gerechteren Gesellschaft über den Tellerrand hinauszublicken. Ich war immer ein schüchternes Kind, und noch als ich studierte, hatte ich in den ersten Jahren die Neigung, mich zu verstecken. Ich versuchte oft, einem Bild zu entsprechen, das meine Umgebung meiner Meinung nach von mir erwartete, um »dazugehören« zu können, und ich war übertrieben selbstkritisch. Oder ich versuchte den Eindruck zu erwecken, ich sei unabhängig und auf niemanden angewiesen, und war übertrieben kritisch anderen gegenüber. In beiden Fällen ging es mir letztlich wohl um Anerkennung, und ich war mehr mit Selbstwertgefühl als mit Selbstmitgefühl beschäftigt.

Dank der Studienunterbrechungen für Tätigkeiten im Pflegebereich lernte ich eine menschlichere und fürsorglichere Seite des Gesundheitswesens kennen, und durch mehrere lange Reisen wuchs mein Selbstvertrauen. In der letzten Phase meines Studiums lernte ich meine Frau Anja kennen, und wir unternahmen zusammen eine lange, abenteuerliche Reise durch Indien und Nepal. Wir arbeiteten unentgeltlich und besuchten Gesundheitsprojekte, Ashrams und das Sterbehaus von Mutter Teresa. Wir lernten inspirierende Menschen kennen und kamen in Kontakt mit anderen Formen der Gesundheitsfürsorge und auch anderen Formen der Spiritualität. Ich bin heute noch sehr dankbar für alle Erfahrungen, die ich auf dieser Reise sammeln konnte. Rückblickend erkenne ich, für wie viele Dinge damals in mir ein Same gelegt wurde, der erst später aufging. Ich empfand es als bereichernd, die östlichen Weisheitslehren näher kennenzulernen, auch wenn ich nie das Bedürfnis hatte, mich formell einer dieser Traditionen anzuschließen. Doch es wurde mir mehr und mehr bewusst, wie wichtig eine respektvolle Begegnung zwischen der inneren Wissenschaft der spirituellen Traditionen

und der äußeren Wissenschaft der Naturwissenschaften ist.

Nachdem ich in England ein Jahr als Notarzt gearbeitet hatte, beschloss ich, dort eine Psychiatrieausbildung zu absolvieren. Das schien mir das Fachgebiet zu sein, das sich am intensivsten mit der inneren Erfahrung eines Patienten auseinandersetzte, und hierin wollte ich mich weiter vertiefen. Während der meditativen Zusammenkünfte von Quäkern in England erlebte ich zum ersten Mal in vollem Umfang die Kraft, die von einer Begegnung in der Stille ausgeht. Später machte ich ähnliche Erfahrungen auch bei Retreats, intensiven meditativen Übungszeiten. Ich war beeindruckt von der nicht-urteilenden Haltung der Quäker, ihrer radikal undogmatischen Einstellung bei der Suche nach friedlichen und dauerhaften Lösungen für Probleme und ihrer Methode, bei Konflikten erst aus der Stille heraus und nach einer sorgfältigen Abstimmung mit sich selbst und der anderen Partei zu reagieren.

Nach meiner Rückkehr in die Niederlande arbeitete ich ab 1995 als Psychiater in Groningen und konzentrierte mich zunehmend auf eine formelle Meditationspraxis, erst in der Tradition des Vipassana und später auf Zen. Am Anfang hielt ich meinen persönlichen Weg und mein Berufsleben getrennt. Das schien mir sicherer, da innerhalb der psychosozialen Gesundheitsfürsorge kein Verständnis für die innere Wissenschaft bestand, doch machte mir diese Trennung zu schaffen.

Kurz nachdem es in unserem unmittelbaren Umfeld einige Todesfälle gegeben hatte, trat in unserem eigenen Leben eine schwere Erschütterung ein, als bei Anja Brustkrebs festgestellt wurde und sie sich aggressiven Behandlungen unterziehen musste. Wir erlebten die Vorteile der technischen Medizin, aber auch, wie stark während der Behandlung die (Selbst-) Fürsorge vernachlässigt wurde, die wir daher hauptsächlich außerhalb der Schulmedizin suchen mussten. Wir haben in dieser Phase deutlich erkannt, dass es möglich ist, an Rückschlägen zu wachsen. Konfrontiert mit der Verletzlichkeit und Endlichkeit des Lebens, wurde uns immer deutlicher, dass jeder Tag der erste des noch verbleibenden Lebens ist. Wir begannen den Ernst der Frage »Wie will ich mein restliches Leben gestalten?« zu erahnen. Ich vertiefte mich mehr und mehr in Methoden, die mit geringstmöglichen Nebenwirkungen die Selbstheilungskräfte stärken (Van den Brink 2006a/b). Und ich besuchte damals regelmäßig Retreats, die vom niederländischen Zenmeister Ton Lathouwers geleitet wurden. Das erste Mal, als ich ihn sprechen hörte, war ich tief beeindruckt von seiner Darstellung der Kuan Yin, des weiblichen Bodhisattvas des Mitgefühls: ein Wesen, das zu seinem ganzen Potenzial erwacht ist, das für alle da ist, die Hilfe brauchen, und keine Befreiung für sich selbst begehrt, solange nicht alle lebenden Wesen befreit sind. Auch war ich berührt von einer ähnlichen altrussischen Legende, die in Dostojewskis *Die Brüder Karamasow* erwähnt wird und in der die Muttergottes in die Tiefen der Hölle hinabsteigt, um diejenigen zu retten, die von Gott vergessen wurden (Lathouwers 2000). Diese weiblichen Bilder grenzenloser Barmherzigkeit machten auf mich, der mit überwiegend männlichen religiösen Vorbildern aufgewachsen war, einen tiefen Eindruck.

Das Buch *Die achtsamkeitsbasierte kognitive Therapie der Depression* von Segal, Williams und Teasdale, das im Original 2004 erschien, war für mich eine Offenbarung. Dieses Buch ermöglichte es mir, meinen persönlichen Weg und mein Berufsleben besser in Einklang zu bringen. Schon bald begann ich, sowohl für Patienten als auch für Mitarbeiter in der psychosozialen Gesundheitsfürsorge Achtsamkeitskurse zu geben. Ich habe bei Achtsamkeitslehrern der ersten Stunde inspirierende Ausbildungswochen absolviert, und dank der Achtsamkeitspraxis hat mein Leben eine heilsame Wendung genommen. Ich arbeite in den letzten Jahren mehr als früher, aber ich tue es mit einer größeren inneren Ruhe. Die Bereicherung meiner Meditation durch *Metta*-Übungen (liebevolle Freundlichkeit) und Mitgefühl hat vieles vertieft – obwohl ich am Anfang recht allergisch darauf reagierte. Es schien mir, als ob ich mich künstlich in eine rosarote Wolke hüllen würde. Inzwischen ist mir klar geworden, wie viel Mut es erfordert, sich dem Schmerz und den Unvollkommenheiten des Lebens zu stellen und diesen nicht abweisend, sondern liebevoll zu begegnen. Ich kann jetzt auch besser verstehen, wie meine alten Muster und meine Suche nach Anerkennung mit einem Mangel an Mitgefühl für mich selbst zusammenhingen und dass auch meine Haltung anderen gegenüber oft unnötig hart war. Ich weiß jetzt, dass Selbstmitgefühl und Mitgefühl für andere einander bedingen.

Ich bin dankbar dafür, dass ich in Frits einen Kollegen und Freund gefunden habe, mit dem ich die Achtsamkeits- und Mitgefühlsarbeit in der psychosozialen Gesundheitsfürsorge weiter vertiefen kann.

Frits Koster

Nach einer recht ruhigen und unbeschwerten Kindheit geriet ich in der Pubertät in eine Identitätskrise. Ich war ein guter Schüler, wusste jedoch nicht, was ich studieren sollte, und fühlte mich oft wie ein steuerloses Schiff. Nachdem mein erster Anlauf zu einem Studium wegen mangelnder Motivation gescheitert war, beschloss ich, durch Europa zu ziehen, um etwas von der Welt zu sehen. So half ich bei der Weinlese in Frankreich, bei der Olivenernte in Griechenland, arbeitete in einer Einrichtung für Menschen mit Behinderung und später als Barkeeper in England … Meine Freunde zu Hause fanden das spannend, aber ich selbst verspürte dabei eine unangenehme Leere in mir und wusste eigentlich nicht, wie ich mit mir selbst und der mich umgebenden Welt umgehen sollte.

Bis ich dann als 22-Jähriger dem ehrwürdigen Mettavihari begegnete, einem thailändischen buddhistischen Mönch, der mich in die Grundlagen der Vipassana-Meditation einführte. Bei dieser Praxis steht die Entwicklung von Achtsamkeit im Mittelpunkt. Obwohl mir das Meditieren nicht leicht fiel, hatte ich doch zum ersten Mal in meinem Leben das Gefühl, etwas entdeckt zu haben, für das ich mich wirklich voll einsetzen wollte und bei dem ich von Anfang an glaubte, das Leben dadurch besser verstehen zu können.

Wie andere junge Männer in den Niederlanden war auch ich wehrpflichtig, aber ich beschloss zu verweigern, und nach dem Anerkennungsverfahren konnte ich Zivildienst leisten. In meiner Freizeit meditierte ich viel und traf Vorbereitungen für eine Reise nach Asien. Danach wollte ich Psychologie studieren. Ich hatte ein Empfehlungsschreiben meines Meditationslehrers dabei, und so wurde ich in Thailand von einem burmesischen Mönch, der auf Einladung in Thailand lehrte, als Schüler angenommen.

Während dieses längeren Retreats erhielt ich die Einladung, Mönch zu werden. Als ich hörte, dass ein Mönch in Südostasien kein lebenslanges Gelübde ablegen muss (85 Prozent aller Mönche treten nur für eine begrenzte Zeit ein), stimmte ich zu. Zunächst schwebte mir ein Jahr vor, anschließend wollte ich dann in den Niederlanden einen neuen Anlauf zu einem Studium nehmen. Nach Ablauf dieses Jahres gefiel mir aber mein neues Dasein so sehr, dass ich schließlich über fünf Jahre als buddhistischer Mönch in Thailand, Burma und Sri Lanka lebte. Ich habe diese Zeit als sehr bereichernd erfahren. Ich konnte meditieren und bei sehr erfahrenen Meditations- und anderen Lehrern buddhistische Psychologie studieren und bin ihnen sehr dankbar für das, was sie mir und anderen gegeben haben.

Nach fünf Jahren bat mich mein erster Meditationslehrer, in die Niederlande zurückzukehren, um ihn bei der (spirituellen) Begleitung der dortigen thailändischen Gemeinde und der Gründung eines Meditationszentrums zu unterstützen. Ich hatte mich in Asien an die friedliche Atmosphäre in den Klöstern gewöhnt, ich machte dort täglich meinen Almosengang und brauchte mich weiter um nichts zu kümmern. So wie Menschen betriebsblind werden können, war ich »klosterblind« geworden. Aber ich kehrte zurück, worüber ich rückblickend froh bin, und gewöhnte mich allmählich wieder ein. Nur fand ich es schwierig, in den Niederlanden als Mönch zu leben. Ich erhielt zwar alle Freiheit, das Mönchsein mehr im westlichen Stil zu gestalten, fühlte mich aber in meinem östlichen Gewand immer unwohler. Da ich als Mönch in den Niederlanden immer unglücklicher wurde, trat ich irgendwann aus. Und dann verliebte ich mich auch noch …

Ich fand eine Stelle in der Psychiatrie, während ich in meiner Freizeit verschiedene Meditationsaktivitäten begleitete. In der Psychiatrie wurde ich Zeuge einer wundersamen Wandlung. Nachdem ich in meiner Anfangszeit gelegentlich eine Bemerkung über Meditation fallen gelassen hatte, machten die meisten Psychiater bald einen Bogen um mich. Aber als plötzlich der Begriff der Achtsamkeit bekannter wurde, wendete sich das Blatt: Ich bin heute vollständig akzeptiert. Vor über sechs Jahren habe ich nach einer Ausbildung als Achtsamkeitslehrer ein neues Betätigungsfeld gefunden. Ich leite jetzt überwiegend MBSR-/ MBCT-Kurse und gebe inzwischen auch Kurse in Mitgefühlstraining für Klienten und Beschäftigte im Bereich der psychosozialen Gesundheitsfürsorge.

Ich lebe auf dem Land in der Provinz Groningen und bin mit meiner Frau Jetty sehr glücklich verheiratet. Neben der Durchführung von Kursen in zwei Einrichtungen der psychosozialen Gesundheitsfürsorge organisieren meine Frau und ich in unserem Trainingsinstitut *Mildheid & Mindfulness* gemeinsam verschiedene Aktivitäten im Meditationsbereich. Schließlich bin ich an verschiedenen Instituten in der Ausbildung von Achtsamkeitslehrern in den Niederlanden, in Belgien, Deutschland, Irland und Norwegen tätig und habe verschiedene Veröffentlichungen publiziert.

Rückblickend stelle ich Folgendes fest: Zumindest in den ersten Jahren meiner Meditationspraxis war ich äußerst motiviert, aber zugleich auch sehr streng, wenn nicht sogar unbarmherzig mir selbst gegenüber. Ich war zwar aufmerksam, aber ein sehr großer Teil der Praxis war von meiner Selbstkritik geprägt. Gedanken wurden nicht zugelassen, und Emotionen verdrängte ich. Thailändische und burmesische Meditationslehrer empfahlen mir zwar manchmal, Freundlichkeitsmeditationen zu praktizieren, aber ich fand das eher etwas für »Weichlinge«. Ganz allmählich (es dauerte einige Jahre) begann mir zu dämmern, wie absurd streng ich mir selbst gegenüber war. Zu diesem Zeitpunkt begann ich mit Meditationen zu Entwicklung von liebevoller Freundlichkeit und Mitgefühl und entdeckte immer mehr, wie bereichernd diese sind. Für mich ist es sehr wertvoll, dies jetzt teilen zu dürfen, denn ich sehe viele Menschen in meiner Umgebung, die eine ähnlich negative Haltung sich selbst gegenüber haben wie ich damals, als ich anfing zu meditieren.

Zu der Zeit, als ich mit Meditation begann, gab es nur wenige Meditationslehrer, die die westliche »Volkskrankheit« – mangelndes Selbstmitgefühl – erkannten. Während ich selbst einen sich über 15 Jahre hinziehenden Prozess durchmachen musste, freue ich mich jetzt, andere auf eine Lebenshaltung aufmerksam machen zu können, die mehr Leichtigkeit und Milde erlaubt, und ihnen etwas weitergeben zu können, durch das sie sich nicht so lange unnötig plagen müssen wie ich.

Erik und ich begegneten uns zum ersten Mal vor etwa 15 Jahren, und das war der Anfang einer äußerst fruchtbaren und guten Zusammenarbeit. Es war mir eine Freude, mit ihm dieses Buch zu schreiben.

Danksagung

Viele Menschen waren an der Entstehung dieses Buches beteiligt. Als Erstes danken wir unseren Eltern für die Liebe, die sie uns mitgegeben haben, und für die Samen des Mitgefühls, die sie bewusst oder unbewusst in unser Herz gelegt haben. Dann möchten wir allen Lehrern und Lehrerinnen, Begleitern und Mitreisenden auf unserem Weg danken, die unsere Entwicklung im Bereich Meditation und Studium und in unserer Ausbildung als Therapeuten gefördert haben. Insbesondere sprechen wir unseren Dank und unsere Anerkennung für die Arbeit von Jon Kabat-Zinn, Paul Gilbert, Kristin Neff, Tara Brach, Christopher Germer und Rick Hanson aus, die uns inspiriert haben, das Mitgefühlstraining zu entwickeln.

Auch bedanken wir uns bei unseren Kollegen vom Centrum Integrale Psychiatrie von Lentis-Groningen, die uns unterstützt und es uns ermöglicht haben, uns in dieses Abenteuer zu stürzen.

Zu besonderem Dank sind wir auch unseren geliebten Partnerinnen, Jetty Heynekamp und Anja Sanders, verpflichtet, die unsere Schreibleidenschaft mit viel Geduld ertragen und das Manuskript mit wertvollen Kommentaren begleitet haben. Wir hatten das Glück, dass einige Kollegen das Buch kritisch lesen wollten. Unser Dank geht auch an Kim Raver, die uns mit der Illustration einiger wertvoller Yoga-Übungen geholfen hat. Selbstverständlich bedanken wir uns auch bei allen Mitarbeitern des Verlages Uitgeverij Boom, die unser Buch in den Niederlanden herausgebracht haben. Für die deutsche Ausgabe sprechen wir unseren Dank vor allem Heike Mayer und allen anderen Mitarbeitern des Kösel-Verlags für das in uns gesetzte Vertrauen aus. Weiterhin danken wir Linda Lehrhaupt, die Mitgefühl in besonderer Weise pflegt und dies in vielerlei Hinsicht in der Welt der Achtsamkeitslehrer und -lehrerinnen unterstützt.

Last but not least Dank und Anerkennung für den Mut, die Geduld, die Offenheit und das Vertrauen unserer Kursteilnehmer, die bereit waren, die Kurse zu besuchen und ihre wertvollen Erfahrungen mit uns zu teilen. Ohne sie wäre dieses Projekt nie zu dem geworden, was es heute ist.

1

Eine andere Sichtweise des Leidens

Wer das Leiden fürchtet,
leidet bereits an dem, was er fürchtet.
MICHEL DE MONTAIGNE

Als ich (Erik) als Assistenzarzt in einer englischen psychiatrischen Klinik arbeitete, sah ich eines Tages in der Krankenakte eines älteren, schwerkranken Patienten unter den Behandlungsdaten die Buchstaben »TLC«. Weiter stand da nichts, woraus ich hätte ersehen können, was damit gemeint war. Als ich die Schwestern fragte, was die Abkürzung bedeutete, mussten sie herzlich darüber lachen, dass der *Dutch Doctor* das nicht wusste. Sie klärten mich darüber auf, dass dies für die in England gängige Abkürzung *Tender Loving Care* stand. Wenn in einer Patientenakte »TLC« stand, war klar, dass für den betreffenden Patienten aus medizinischer Sicht nichts mehr getan werden konnte und das Personal nur noch liebevolle Fürsorge anbieten konnte. Das war einer der seltenen Fälle, dass in einer Krankenakte ausdrücklich – wenn auch in abgekürzter Form – von einer mitfühlenden Verfahrensweise die Rede

war. Zum Glück wussten die meisten Krankenschwestern auch ohne einen solchen Vermerk, dass diese Patienten eine sehr liebevolle Begleitung brauchten, wogegen die Ärzte diese erst anordneten, wenn die Behandlungsmöglichkeiten erschöpft waren.

Mitgefühl fristet in der heutigen westlichen Kultur als eine zu entwickelnde Qualität ein ziemliches Schattendasein. Vor allem im Gesundheitswesen würde man hierfür mehr Aufmerksamkeit erwarten, da Patienten nun einmal leiden, aber auch hier wird dieses Thema höchstens am Rande erwähnt. In früheren Zeiten war das anders. Hippokrates, der als Vater der westlichen Medizin gilt, erklärte, dass manche Patienten allein schon durch die Freundlichkeit ihres Arztes geheilt werden würden. Im Mittelalter entstanden die Klostertraditionen, in denen die Kranken aus einem christlichen Ideal der Nächstenliebe heraus gepflegt wur-

den. Von Ambroise Paré, einem berühmten französischen Chirurgen der Renais-
sance, stammt das Zitat: »Manchmal heilen, oft lindern, immer trösten.« Dabei
war er keineswegs ein »Softie«, denn er
führte auf dem Schlachtfeld heldenhafte
Operationen durch. Seit der Aufklärung
und dem Aufstieg des wissenschaftlichen
Materialismus in der Heilkunde wurde
die Pflege aus christlicher Nächstenliebe
immer mehr durch einen rationalen Ansatz mit Schwerpunkt auf der technisch
richtigen Durchführung von Behandlungen verdrängt. Krankenhäuser und andere Einrichtungen im Gesundheitswesen
sind zu großen modernen Unternehmen
geworden, in denen in möglichst kurzer
Zeit möglichst viele Patienten nach Pro-
tokoll durchgeschleust werden müssen.
Effizienz und Produktion wurden wichtiger als liebevolle Fürsorge.

Es scheint, dass Mitgefühl immer erst
dann wieder ins Blickfeld rückt, wenn
Ärzte und Pflegepersonal nicht mehr
weiter wissen. Das liegt natürlich nicht
an ihnen allein, sondern an unserer gesamten modernen Kultur. Die heutige
Gesellschaft erwartet von ihren Ärzten
und Therapeuten, dass sie möglichst lange »richtige« Behandlungen durchführen.
Cure, das Heilen der Krankheit, ist wichtiger als *Care,* die liebevolle Fürsorge für
die Kranken.

Mitgefühl erfordert eine andere Einstellung zu Leid als die Haltung, die in unserer Gesellschaft vorherrscht. In diesem
Kapitel betrachten wir das Leiden von

einer anderen Seite, die eine Ergänzung
zur gängigen Sichtweise darstellt. In Abschnitt 1.1 wird erklärt, dass die »innere
Wissenschaft« eine empirische Methode
der Selbsterkundung ist, die die »äußere«
Wissenschaft der modernen Medizin und
Psychologie ergänzt. In Abschnitt 1.2 befassen wir uns mit der Rolle des Achtsamkeitstrainings im Gesundheitswesen,
und in Abschnitt 1.3 beschreiben wir, wie
das Mitgefühlstraining entstanden ist.
Schließlich geben wir in Abschnitt 1.4 einen Überblick über die Forschungsarbeiten, die eine wissenschaftliche Basis für
das Mitgefühlstraining geliefert haben.

1.1 Innere Wissenschaft

Die moderne Medizin und Psychologie betrachten menschliches Leid vor allem aus der Sicht der »äußeren« Wissenschaft, des empirischen wissenschaftlichen Ansatzes, der sich auf Beobachtungen mit den äußeren Sinnen stützt, oft unterstützt von Mess- und Präzisionsinstrumenten, die auf die von jedermann wahrnehmbare Außenwelt gerichtet sind. Diese Methode ist vor allem darauf ausgerichtet, unser Leiden zu heilen, es zu kurieren. Forscher suchen nach effektiven Lösungen und, wenn diese nicht verfügbar sind, dann wenigstens effektiven Methoden, um das Leid besser in den Griff zu bekommen. Wenn die Ergebnisse dieser äußeren Wissenschaft von anderen unabhängigen Forschern erfolgreich geprüft werden, gewinnen diese Methoden an Beweiskraft.

Wenn jedoch das Leiden auf diese Weise nicht unter Kontrolle gebracht werden kann, kann diese Verfahrensweise auch über das Ziel hinausschießen. Wird unablässig versucht, das an sich Unkontrollierbare, das heißt das primäre Leiden, das nun einmal tatsächlich besteht, zu kontrollieren, dann wird das sekundär gerade noch mehr Leiden hervorrufen. Bedrohung und Verlust, Alter, Krankheit und Tod sind einfach Teil des Lebens, und das ist schmerzhaft genug. Können wir dafür sorgen, dass wir nicht mehr leiden müssen als nötig? In den Fällen, in denen Heilungsversuche in eine Sackgasse führen oder unzureichend sind, verschafft die Praxis der inneren Wissenschaft mehr Linderung und es kann Raum für liebevolle Fürsorge entstehen. Eine fürsorgliche Haltung ist natürlich immer hilfreich, auch wenn die Bemühungen zunächst auf Heilung gerichtet sind. Aber liebevolle Fürsorge ist dann unverzichtbar, wenn es für das primäre Leiden keine Heilung mehr gibt.

Die innere Wissenschaft nutzt das »innere Auge«, sie erforscht unsere Innenwelt. Das ist ebenfalls eine Form der empirischen Forschung, da durch sorgfältige Aufmerksamkeit anhand der eigenen Erfahrung geprüft werden kann, welche Reaktionen sich heilsam auf das primäre, das ursprüngliche Leiden auswirken und welche nicht. Aus dieser Erkenntnis heraus kann viel unnötiges sekundäres Leid verhindert und gelindert werden. In diesem Buch beschäftigen wir uns vor allem mit der Kultivierung dieser inneren Wissenschaft sowie mit der Entwicklung einer Haltung der liebevollen Fürsorge. Damit wollen wir die Bedeutung der äußeren Wissenschaft keineswegs schmälern. Wir sind vielmehr der Meinung, dass sie sich ergänzen: Was die eine Wissenschaft nicht bietet, kann die andere bieten. Beide haben ihren einzigartigen Wert, wenn wir mit dem Leiden in unserem Leben konfrontiert werden. Wenn eine der beiden fehlt, führt dies zu einer Verarmung unseres Gesundheitssystems.

Während die äußere Wissenschaft die Domäne der Fachleute ist, von denen wir immer abhängiger geworden sind, stellt die innere Wissenschaft eine Aufgabe für jeden einzelnen Menschen dar. Über den Bereich unserer eigenen Innenwelt können wir schließlich nur selbst fachmännisch urteilen. Niemand hat einen solchen direkten Blick darauf wie wir selbst, und nur aus dieser direkten Sicht kann Ein-Sicht entstehen über die Wege, auf denen in unserem Geist sekundäres Leiden erzeugt oder gelindert werden kann.

Jeder, der sich mit der äußeren Wissenschaft beschäftigt, braucht eine Ausbildung und Praxiserfahrung. Aber auch unsere Fähigkeiten bezüglich der inneren Wissenschaft können entwickelt werden, wenn wir motiviert sind, uns darin zu üben. Ein Achtsamkeitskurs ist ein leicht zugängliches Angebot und bietet einen guten Einstieg. Die Wirkung dieses Kurses auf die Gesundheit kann anhand der eigenen Erfahrung überprüft werden. Und diese positive Wirkung wird zunehmend auch durch unabhängige und kontrollierte Forschungen seitens der äußeren Wissenschaft bestätigt. Dadurch wird es möglich, MBSR- oder MBCT-Kurse nun auch im Gesundheitswesen als evidenzbasierte Behandlungsmethoden anzubieten. Das Mitgefühlstraining als Aufbaukurs zum Achtsamkeitstraining vertieft die Praxis der inneren Wissenschaft weiter. Die äußere Wissenschaft wiederum bestätigt in zunehmendem Maße den Wert des Mitgefühlstrainings für unsere Gesundheit.

Die innere Wissenschaft ist eine andere Herangehensweise an menschliches Leid als derjenige Ansatz, der sich im westlichen Gesundheitswesen durchgesetzt hat. Wir haben der äußeren Wissenschaft viel zu verdanken, aber sie hat nicht für alles eine Lösung. Die Beschäftigung mit der inneren Wissenschaft kann uns helfen, nicht immer wieder krampfhaft eine Beherrschung des Unbeherrschbaren anzustreben, z. B. durch unser Bemühen, Unvermeidliches vermeiden zu wollen oder uns an Vergänglichem festzuklammern. Die innere Wissenschaft öffnet uns den Weg zum Mitgefühl mit dem Leid, das es nun einmal gibt, und zur Weisheit, die uns in einer gegebenen Situation helfen kann, die für uns richtigen Entscheidungen zu treffen. Möchten wir Dinge verändern, oder lernen wir, uns in ein Verhältnis mit ihnen zu setzen und damit zu leben? Streben wir nach Veränderung oder nach Akzeptanz? Fragen, die im nachfolgenden alten Gelassenheitsgebet anklingen:

Möge ich den Mut haben zu verändern, was ich verändern kann.
Möge ich die Gelassenheit haben zu akzeptieren, was ich nicht verändern kann.
Und möge ich die Weisheit haben, das eine vom anderen zu unterscheiden.

1.2 Achtsamkeitstraining im Gesundheitswesen

Heute werden in immer mehr Organisationen innerhalb und außerhalb des regulären Gesundheitswesens Achtsamkeitskurse angeboten. Der Durchbruch in der psychosozialen Gesundheitsfürsorge kam, als der Kanadier Zindel Segal und die Briten Mark Williams und John Teasdale 2002 die *Mindfulness-Based Cognitive Therapy* (MBCT) einführten, einen evidenzbasierten Ansatz, um bei Patienten mit rezidivierender (wiederkehrender) Depression Rückfälle zu verhindern (Segal u. a. 2008). Im Deutschen spricht man auch von Achtsamkeitsbasierter kognitiver Therapie bei Depression. MBCT ist eine abgewandelte Form von *Mindfulness-Based Stress Reduction* (MBSR) oder Stressbewältigung durch Achtsamkeit, die schon ab 1979 vom Amerikaner Jon Kabat-Zinn an der Stressklinik des Universitätskrankenhauses Massachusetts (Kabat-Zinn 2011) entwickelt wurde. MBSR hatte ihren Ursprung also im allgemeinen Gesundheitswesen und wurde zunächst vor allem für Patienten mit chronischen Schmerzen und unterschiedlichen körperlichen Beschwerden angeboten, bei denen eine herkömmliche Behandlung nur unbefriedigende Ergebnisse brachte.

MBCT und MBSR haben weit mehr Gemeinsamkeiten als Unterschiede. In beiden Fällen handelt es sich um acht zwei- bis dreistündige Gruppensitzungen pro Woche, wobei in MBSR oft auch ein Tag der Stille angeboten wird. Die Zahl der Teilnehmer kann bei MBSR höher sein (bis zu 35) als bei MBCT (10 bis 16). Die Teilnehmer machen während des Kurses auch zu Hause jeden Tag etwa eine Stunde lang Achtsamkeitsübungen mithilfe von Audio-CDs, Kursunterlagen oder Handouts, die in jeder Kurseinheit verteilt werden. Die formellen Übungen (der Bodyscan, eine Übung zur Körperwahrnehmung, die Bewegungsübungen und Sitzmeditation) sind bei MBCT und MBSR identisch, wobei dem Bodyscan und den Bewegungsübungen oder Yoga bei MBSR etwas mehr Platz eingeräumt und bei MBCT mehr Sitzmeditation geübt wird. Bei MBSR sind oft auch Kommunikation und Ernährung wichtige Themen, während MBCT einige psychoedukative und kognitiv-verhaltenstherapeutische Elemente enthält, die auf die spezifische Disposition für Depressionen zugeschnitten sind. Auch wird das Thema »Umgang mit Gedanken« bei MBCT ausführlicher behandelt, und es gibt noch mehr Mini-Meditationen (wie etwa der sogenannte »Atemraum«), die eine Brücke zwischen den formellen Übungen und den informellen Übungen im Alltag schlagen.

Mittlerweile wurden und werden neben MBCT für wiederkehrende Depressionen andere achtsamkeitsbasierte Programme und Interventionen entwickelt (Übersichten siehe bei Baer 2006, Didonna 2009a), die für bestimmte Zielgruppen angepasst wurden, so etwa für Menschen mit Angststörungen (Orsillo & Roemer 2005), Zwangsstörungen (Didonna 2009b), Persönlichkeitsstörungen (Rizvi u. a. 2009, Van Vreeswijk u. a. 2009), Essstörungen (Wolever & Best 2009), Suchtproblemen (Bowen u. a. 2011), ADHD (Zylowska u. a. 2009), Autismus-Spektrum-Störungen (Speck 2013), psychotische Verletzlichkeit (Chadwick u. a. 2005), chronische Schmerzen (Gardner-Nix 2009, Burch 2009), Krebs (Carlson u. a. 2009, Bartley 2012) oder für bestimmte Altersgruppen wie Kinder (Goodman & Kaiser Greenland 2000), Jugendliche (Biegel u.a. 2009) und ältere Menschen (Smith 2004). Oft liegt auch hier die MBSR-Struktur zugrunde.

Ein großer Teil der qualitativ aussagestärkeren Forschungsarbeiten wurde bisher an homogenen Gruppen durchgeführt, in denen alle Teilnehmer unter derselben Krankheit oder Schwierigkeit litten, wie z. B. MBCT für Depressionen. Da das Training jedoch vor allem auf die nichtspezifischen Ursachen von menschlichem Leid abzielt, spricht vieles dafür, es auch heterogenen Gruppen mit Teilnehmern mit unterschiedlichen Krankheiten und Schwierigkeiten anzubieten. In der Praxis wird das ohnehin bereits vielfach in dieser Form durchgeführt, da es einfach organisatorisch gesehen große Vorteile hat. Es gibt mittlerweile erste Ver-

öffentlichungen, die belegen, dass die Ergebnisse von MBCT mit heterogenen Gruppen nicht schlechter ausfallen als diejenigen mit homogenen Gruppen (Bos u.a. 2013, Green & Bieling 2011). Unseres Wissens gibt es keine Untersuchungen darüber, inwieweit die spezifischeren Teile der MBCT wesentliche Ergänzungen sind und ob nicht für Klienten mit wiederkehrenden Depressionen die MBSR-Methode ebenso wirksam ist. Da die meisten Patienten, die wegen psychischer Probleme in Behandlung sind, in irgendeiner Form an chronischem Stress leiden oder durch ungesunde Bewältigungsstrategien akute Stresssituationen nicht überwinden können, sind wir mit vielen anderen Achtsamkeitstrainern der Meinung, dass es effizienter und praktischer ist, beide Module in einem Kurs anzubieten, sodass der Kurs möglichst viele Klienten anspricht. Wir haben uns dafür entschieden, im Text unseres Kursmaterials einen MBSR- und einen MBCT-Teil aufzunehmen und einen Tagesabschnitt für Übungen in der Stille zu reservieren. Die Teilnehmer können selbst wählen, welcher Teil am besten zu ihnen passt, aber auch beide Teile lesen.

Wir haben die Erfahrung gemacht, dass es nicht nur organisatorische, sondern auch therapeutische Vorteile hat, wenn in der Gruppe Teilnehmer mit unterschiedlichen Problemen aufeinandertreffen. Der Fokus rückt dann nicht so stark auf den jeweiligen Inhalt der Beschwerden. Denn für die Teilnehmer ist es von zentraler Bedeutung, ihre Erfahrungen mit und ihre Beziehung zu den Beschwerden zu untersuchen, und zwar unabhängig von der zugrunde liegenden Erkrankung oder Schwierigkeit. Das Gebiet, auf dem Achtsamkeitsübungen Linderung bringen können, ist ja nicht der primäre Stress, das Leiden, das nun einmal unvermeidbar ist, sondern der sekundäre Stress, das Leiden, das aus ungesunden Reaktionen auf primären Stress entsteht. Daher ist der Achtsamkeitskurs eine hervorragende ergänzende Methode, die herkömmliche Behandlungsformen zwar nicht ersetzt, aber diesen die heilende Wirkung der Achtsamkeit und der Selbsterforschung hinzufügt. Das Achtsamkeitstraining fördert eine bewusstere und gesündere Lebensweise, die unsere körperlichen, geistigen und sozialen Fähigkeiten positiv beeinflusst.

1.3 Mitgefühlstraining im Gesundheitswesen

Auch das von uns entwickelte Mitgefühlstraining oder *Mindfulness-Based Compassionate Living* (MBCL) ist nicht für homogene, sondern für heterogene Gruppen als transdiagnostisches Lernprogramm gedacht, das auf dem Achtsamkeitstraining aufbaut. Dabei wird eine fürsorgliche, mitfühlende Haltung kultiviert, die für viele Formen von Leiden heilsam sein kann.

Warum hielten wir es nun für notwendig, als Aufbaukurs zum Achtsamkeitskurs ein Mitgefühlstraining zu entwickeln? Ein wichtiger Grund war für uns die Erkenntnis, dass der achtwöchige Grundkurs für viele zu kurz war, vor allem für die Teilnehmer, die in ihren Verhaltensweisen hartnäckige ungesunde Muster aufwiesen. Viele sagen uns am Ende des Kurses, dass ihnen die Übungen weiterhelfen. Sie stehen bewusster im Leben und öffnen sich mehr für den Reichtum ihrer Sinneserfahrungen. Sie fühlen sich mehr »zu Hause« in ihrem Körper und haben begonnen, ihre Gefühle und Gedanken als flüchtige Ereignisse zu betrachten, ohne sich mit diesen zu identifizieren. Sie haben das Gefühl, in Stresssituationen mehr Entscheidungsmöglichkeiten zu haben. Auch sagen sie oft, dass sie sich selbst und anderen gegenüber freundlicher geworden sind. Allerdings gibt es auch nicht wenige Teilnehmer, denen es schwerfällt, sich selbst gegenüber

eine mildere, freundliche Haltung einzunehmen, vor allem denjenigen, die schon immer hart, streng und kritisch sich selbst (und anderen) gegenüber waren und die von Scham-, Schuld- und Minderwertigkeitsgefühlen geplagt werden. Die Hartnäckigkeit ihrer Beschwerden und die ungesunden Gewohnheiten lassen die milde Haltung leicht wieder in das Gegenteil umschlagen – sei es nun Angst, Niedergeschlagenheit, Reizbarkeit, physischer Schmerz, Müdigkeit, zwanghaftes und Suchtverhalten, Einsamkeit, soziale Probleme oder allgemeinere Symptome von Stress. Es fällt ihnen oft schwer, die Übungen nach dem Kurs ohne Kursleitung und ohne Unterstützung der Gruppe weiterzuführen. Es ist, als ob sich schon bald ein innerer Kritiker oder ein »innerer Quälgeist« mit harten Urteilen und Vorwürfen melden würde, dass nicht genug geübt werde oder dass alles sowieso sinnlos sei.

Alte Muster verschwinden nicht ohne weiteres und schleichen sich leicht wieder ein. Bei Menschen mit langjährigen oder ständig wiederkehrenden Gesundheitsproblemen ist oft ein solcher innerer Quälgeist in irgendeiner Form dafür verantwortlich, dass diese Muster fortbestehen oder sich verstärken. Zwar wird die Qualität der Freundlichkeit und Milde im Grundkurs bei den Übungen vorgestellt, aber es zeigt sich oft, dass ein erstes Kennenlernen nicht ausreicht, um die hartnäckigen Muster aufzuweichen. Es scheint noch keine ausreichende Grundlage vorhanden zu sein, um einen »inneren Helfer« wachsen zu lassen und den »inneren Quälgeist« zum Schweigen zu bringen. In solchen Fällen kann ein Mitgefühlstraining ein sinnvoller Aufbaukurs sein. Aber selbstverständlich gilt dies auch für alle anderen Interessierten, die nach Wegen suchen, die Praxis der Achtsamkeit zu vertiefen und mit mehr Mitgefühl im Leben zu stehen.

Natürlich wird auch schon beim ursprünglichen MBSR- und MBCT-Training viel mit Übungen der liebevollen Freundlichkeit und des Selbstmitgefühls gearbeitet, wenn auch häufig nur unausgesprochen. Was im ursprünglichen Modul angelegt wurde, wird im Mitgefühlstraining konkreter ausgeführt, weiter vertieft und ausgebaut. Das Mitgefühlstraining weist viele Parallelen zu MBSR und MBCT auf, was Teilnehmerzahl, Kursaufbau (acht Sitzungen und eine zusätzliche Kurseinheit in Stille), Dauer (zweieinhalb Stunden) und Struktur der Sitzungen, Üben zu Hause mit formellen und informellen Übungen und Anleitung mit Teilnehmerhandbuch und CDs angeht. Diese Wiedererkennbarkeit unterstützt den Vertiefungsprozess. Die Teilnehmer werden mit Übungen zur Kultivierung von Mitgefühl und Freundlichkeit oder liebevoller Güte sich selbst und anderen gegenüber bekannt gemacht. Alle diese Übungen können auch die Acht-samkeit vertiefen. Es besteht eine etwas größere Vielfalt an Übungsmaterial als beim Grundkurs und mehr Spielraum für die Teilnehmer, die Übungen ihren individuellen Bedürfnissen und der jeweiligen Phase ihrer Selbsterforschung anzupassen. Außerdem ist das psychoedukative Material umfassender. Es enthält mehr Informationen über Evolutionspsychologie, die Funktionsweise des Gehirns, Emotionsregulierung und Stressbewältigung. Bei den Übungen wird die Vorstellungskraft intensiver dafür eingesetzt, die milde, mitfühlende Haltung weiter auszubauen.

Man könnte zusammenfassend sagen: Wie Achtsamkeitstraining hilft, das Auge klarer sehen zu lassen, was uns von Moment zu Moment entgegentritt, so kann Mitgefühlstraining helfen, das Herz für das Erscheinende zu öffnen, auch und gerade dann, wenn es etwas Schmerzhaftes und Unangenehmes ist. Mit dem Kleinen Prinzen von Antoine de Saint-Exupéry könnte man sagen: »Man sieht nur mit dem Herzen gut. Das Wesentliche ist für die Augen unsichtbar.« Das Herz hat Zugang zu einer tieferen Ebene des »Sehens« als das Auge. Auf dieser tieferen Ebene kann Mitgefühl eine heilende Wirkung haben, auch dann, wenn alles andere versagt.

Die Erfahrungen mit dem Mitgefühlstraining sind bisher sehr positiv, und die meisten Teilnehmer geben in den Auswertungen an, dass sie das Training und die Kraft des (Selbst-)Mitgefühls als sehr heilsam empfinden. Selbst erfahrene Achtsamkeitslehrer, die über unsere Schulungsmodule das MBCL-Programm kennenlernen, sind oft überrascht, wie vertiefend die Übungen auf ihre persönliche Entwicklung wirken. Das Training in der hier beschriebenen Form ist relativ neu, und die ersten Ergebnisse der derzeit laufenden wissenschaftlichen Forschung werden noch einige Zeit auf sich warten lassen. Kontrollierte Forschungen über ein ähnliches Programm im Rahmen der amerikanischen Grundversorgung zeigen vielversprechende Ergebnisse (Neff & Germer 2012). Das in diesem Buch beschriebene Training ist wissenschaftlich fundiert, denn die meisten Teile des Trainings waren Gegenstand wissenschaftlicher Forschung. Nachfolgend weitere Informationen dazu.

1.4 Stand der Wissenschaft

Achtsamkeit, Selbstmitgefühl und Gesundheit

Für diejenigen, die an wissenschaftlichen Daten interessiert sind, geben wir einen kurzen Überblick über die veröffentlichten Studien über die Wirkungen von (Selbst-)Mitgefühl und liebevoller Freundlichkeit. Zweifellos werden diese Forschungen in den kommenden Jahren noch intensiviert werden. Eine Darstellung der inzwischen umfangreichen Forschung über die Wirkung von Achtsamkeitstraining (MBSR / MBCT) würde den Rahmen dieses Buches sprengen, wir verweisen stattdessen auf die Meta-Analysen von Baer (2003), Grossman u. a. (2004), Hofmann u. a. (2010), Chiesa und Serretti (2011) und Piet Hougaard (2011). Eindeutig belegt ist inzwischen, *dass* Achtsamkeit positive Auswirkungen auf die körperliche und geistige Gesundheit hat. Über das Wie und Warum weiß man noch wenig, und hier sind noch viele weitere Forschungen notwendig. Shapiro und Carlson (2009) sind der Meinung, dass jetzt die Zeit reif dafür ist, um den Schwerpunkt der Achtsamkeitsforschung von der Reduzierung der Beschwerden und Symptome auf die Kultivierung heilsamer geistiger Qualitäten wie Weisheit, Mitgefühl und Tugend und Ethik zu verlagern. Das Konzept der Achtsamkeit hat sich schrittweise erweitert und es lässt sich nicht scharf von (Selbst-)Mitgefühl

trennen. Bei den ersten Fragebögen zur Einschätzung von Achtsamkeit ging es vor allem um das Maß der reinen Aufmerksamkeit. Die später verwendeten Fragebögen sprachen auch andere Aspekte an, z. B. die akzeptierende und nichtwertende Haltung, mit der die Aufmerksamkeit auf etwas gerichtet wird. Hier sieht man leicht die Überschneidungen zu einer mitfühlenden Haltung, wenn Schmerz und Leid im Feld des Gewahrseins auftauchen. Viele sind der Ansicht, dass die Qualität von (Selbst-)Mitgefühl durch die Achtsamkeitspraxis »wie von selbst« mitentwickelt wird. Dass Achtsamkeitstraining Selbstmitgefühl fördern kann, wurde z. B. bei professionellen Therapeuten und solchen in Ausbildung festgestellt, die an einem MBSR-Kurs teilgenommen hatten (Shapiro u. a. 2005, 2007). Auch in einer Gruppe von Patienten mit wiederkehrenden Depressionen, die in MBCT unterrichtet wurden, ließ sich das nachweisen (Kuyken u. a. 2010). Interessanterweise schien dabei Selbstmitgefühl als Beschleuniger zu wirken, was die Stressminderung und die Rückfallprävention anging. Man könnte daher argumentieren, dass es sich bei Selbstmitgefühl möglicherweise um den zentralen Mechanismus in der Effektivität von Achtsamkeit handelt (Baer 2010).

Das Instrument, das normalerweise dazu benutzt wird, um Selbstmitgefühl zu messen, ist die von Kristin Neff (2003b) entwickelte Skala. Neff hat den Weg für die Erforschung von Selbstmitgefühl in psychisch relativ gesunden Bevölkerungsgruppen gebahnt. Auch hier lässt sich nicht trennen, welchen Beitrag dabei Achtsamkeit bzw. Selbstmitgefühl leistet, denn *Achtsamkeit* selbst, als die Fähigkeit, unseren Schmerz und unser Leid achtsam anzuerkennen, ist Teil der Selbstmitgefühlsskala. Die beiden anderen Elemente auf der Skala sind *Common humanity*, die Fähigkeit, unser Leiden als Teil unserer gemeinsamen menschlichen Verfassung zu sehen, und *Selfkindness*, die Freundlichkeit uns selbst gegenüber, wenn wir Schmerz und Leiden erfahren. Alle drei Elemente sind wichtig für das Selbstmitgefühl und voneinander abhängig. Wahrscheinlich verstärken das Üben von Achtsamkeit und (Selbst-)Mitgefühl sich gegenseitig, aber es sind weitere empirische Forschungen notwendig, um genau zu bestimmen, wie sie zueinander in Beziehung stehen. Es ist anzunehmen, dass beide auf ihre eigene Art gesundheitsförderlich sind.

Die Menge der Hinweise darauf wächst, dass die Entwicklung von Selbstmitgefühl explizitere Aufmerksamkeit verdient (für Literaturübersichten siehe Barnard & Curry 2011; Hofmann u. a. 2011; Neff 2012). Eine vor kurzem durchgeführte Untersuchung (Van Dam u. a. 2011) unter mehr als 500 Teilnehmern aus der allgemeinen Bevölkerung, die sich zu einer Selbsthilfemethode gegen Angstzustände anmeldeten, zeigte, dass Selbstmitgefühl, bewertet nach der Skala von Neff, insgesamt deutlich mehr Vorhersagekraft für psychisches Wohlbefinden (das Maß an Angst und Depressionssymptomen und Lebensqualität) besaß als eine reine Achtsamkeitsskala. Bei Untersuchungen mit Probanden aus der generellen Bevölkerung war Selbstmitgefühl positiv korreliert mit psychologischen Stärken wie Freude, Optimismus, Weisheit, Neugier, persönlicher Initiative, emotionaler Intelligenz und sozialer Verbundenheit und negativ korreliert mit Selbstkritik, Depression, Besorgtheit, Grübeln, Unterdrückung von Gedanken und Perfektionismus (Neff u. a. 2007; Heffernan u. a. 2010; Hollis-Walker & Colosimo 2011).

Es schält sich immer deutlicher heraus, dass sich die Art des »Selbst«, mit dem man sich identifiziert, auf das eigene Wohlbefinden und die sozialen Kontakte auswirkt: Eine mitfühlende Identität ging mit besseren Ergebnissen einher als eine egozentrische Identität (Crocker & Canevello 2008). Lange wurde der Entwicklung des Selbstwertgefühls große Bedeutung beigemessen. Neuere Erkenntnisse lassen am Nutzen dieser Praxis zweifeln. Es ist sinnvoll, Selbstmitgefühl von Selbstwertgefühl (*Self-esteem*) zu unterscheiden (Neff 2008b), da Selbstmitgefühl einige Aspekte des Wohlbefindens besser vorhersagte (Neff & Vonk 2009). Anders als bei Selbstmitgefühl ging ein starkes Selbstwertgefühl mit Narzissmus einher.

Selbstmitgefühl scheint auch bei Problemen besser zu schützen als Selbstwertgefühl und ist mit einer fürsorglicheren Haltung verbunden. Selbstmitgefühl ging mit einem gesünderen Umgang mit stressigen Lebensumständen einher, etwa bei akademischem Versagen (Neff u. a. 2005; Neely u. a. 2009), traumatischen Erfahrungen (Thompson & Waltz 2008), den Folgen von Missbrauch in der Kindheit (Vetesse u. a. 2011), Scheidung (Sbarra u. a. 2012) und chronischem Schmerz (Costa & Pinto-Gouveia 2011). Personen, die sich selbst gegenüber mitfühlender waren, schienen in Beziehungen besser zurechtzukommen (Neff & Beretvas 2012), und berichteten von mehr Empathie, Altruismus, Perspektivübernahme und Bereitschaft zu verzeihen (Neff & Pommier 2012). An sich selbst geschriebene mitfühlende Briefe halfen bei der Bewältigung negativer Ereignisse und linderten depressive Symptome (Leary u. a. 2007). Allgemein scheint Selbstmitgefühl mit einer heilsamen Auseinandersetzung (*Exposure*) mit schmerzhaften Gefühlen und Gedanken verbunden zu sein; es sorgt dafür, dass man gegen die oft unvermeidlichen Formen von Schmerz und Leiden im eigenen Leben besser gerüstet ist. Selbstmitgefühl scheint ein natürliches Heilmittel gegen die Tendenz zu sein, unangenehme Erfahrungen zu vermeiden (*Experiential avoidance*), ein zentraler Mechanismus, der die Wurzel vieler Formen psychischen Leidens ist.

Kontrollierte Studien mit nicht-klinischen Probanden

Bei nicht-klinischen Probanden wurde eine Reihe kontrollierter Studien über die Wirkung der Praxis liebevoller Güte durchgeführt (traditionell *Metta* genannt, vergleichbar mit den in diesem Buch »Freundlichkeitsmeditation« genannten Übungen). Im Vergleich mit einer neutralen Übung steigerte eine kurze Übung liebevoller Freundlichkeit die Gefühle der sozialen Verbundenheit und Anteilnahme Fremden gegenüber (Hutcherson u. a. 2008). In einer anderen Studie wurde die Praxis liebevoller Freundlichkeit bei Mitarbeitern einer Softwarefirma untersucht (sieben wöchentliche Sitzungen von einer Stunde und Übungspraxis zu Hause mit CDs mit Übungen, die sich auf sich selbst und andere richteten). Verglichen mit der Kontrollgruppe zeigte sich ein positiver Einfluss in Bezug auf Messgrößen für positive Emotionen, Achtsamkeit, Sinneswahrnehmung, soziale Unterstützung, während zugleich ein Rückgang depressiver Symptome festgestellt wurde (Fredrickson u. a. 2008).

In einer anderen kontrollierten Studie wurde nach einem Training in Mitgefühlsmeditation von sechs Wochen (zwei Sitzungen zu 50 Minuten pro Woche und Übungspraxis zu Hause mit CD) eine positive Wirkung auf Immunsystem, neuroendokrine Reaktion und Verhaltensreaktionen bei psychosozialem Stress gegenüber einer Kontrollgruppe festgestellt, die ein interaktives Gesundheitsprogramm mit gleichem Zeitaufwand absolvierte (Pace u. a. 2009). Innerhalb der Meditationsgruppe erreichten diejenigen, die überdurchschnittlich geübt hatten, bessere Ergebnisse als diejenigen, die unterdurchschnittlich geübt hatten. Bereits früher hatte sich gezeigt, dass Mitgefühlstraining eine positive Auswirkung auf einen Indikator der Immunfunktion (S-IgA) hat, während eine Intervention zur Regulierung von Wut hierauf einen negativen Einfluss hatte (Rein u. a. 1995). Weiterhin zeigte sich in einer kontrollierten Studie, dass eine Selbstmitgefühlsintervention bei Frauen, die sich selbst einer strengen Diät unterwarfen, diesen half, ungesunde Nahrung zu meiden (Adams & Leary 2007). Auch Versuchspersonen, die mit dem Rauchen aufhören wollten, gelang es, weniger zu rauchen (Kelly u. a. 2010).

Das von Neff und Germer (2012) entwickelte Programm Mindful Self-Compassion (MSC) weist Überschneidungen mit dem MBCL-Kurs auf. Ein wichtiger Unterschied liegt darin, dass für MSC keine vorherige Erfahrung in Achtsamkeitspraxis notwendig ist. Bei MBCL hingegen handelt es sich um einen fortgeschrittenen Kurs für Menschen, die bereits mit der Achtsamkeitspraxis vertraut sind und wünschenswerterweise bereits einen Kurs in MBSR oder MBCT besucht haben. MSC kombiniert Übungen für Selbstmitgefühl und Achtsamkeit in acht wöchentlichen Sitzungen von zwei Stunden, dazu kommt eine vierstündige Einheit in Stille und eine tägliche vierzigminütige Übungs-

zeit zu Hause. Das MSC-Programm wurde in einer Pilotstudie und einer ersten randomisierten kontrollierten Studie untersucht und die Resultate zeigten signifikante Verbesserungen, was Achtsamkeit, Mitgefühl mit sich und anderen, soziale Verbundenheit, Wohlgefühl und Glücksempfinden angeht sowie eine Abnahme von Messgrößen für Depression, Angst, Stress und die Vermeidung von unangenehmen Gedanken und Gefühlen.

Studien im klinischen Setting

Bei Patienten in der psychosozialen Gesundheitsfürsorge wurde eine Reihe kleinerer nichtkontrollierter Studien durchgeführt, besonders in Bezug auf Compassion Focused Therapy (CFT) und Compassionate Mind Training (CMT), das auf CFT basiert (Gilbert 2011, 2013). Die Beschreibung der Theorie und Praxis des mitgefühlsfokussierten Ansatzes angewandt bei unterschiedlichen klinischen Problemen wie Scham und Selbstverletzung (Gilbert & Irons 2005), Depression (Gilbert 2009b), Schüchternheit und sozialer Angst (Henderson 2012), posttraumatischem Stress und anderen Angststörungen (Lee & James 2011; Welford 2010; Tirch 2012), bipolaren Störungen (Lowens 2010) und Essstörungen (Goss 2011), gaben den Auftakt für verschiedene klinische Studien, die zweifellos bald weitere Veröffentlichungen nach sich ziehen werden. Der klinische Einsatz von Übungen, die mit Visualisierung und mitfühlenden inneren Bildern arbeiten, wird wissenschaftlich unterstützt von Gilbert & Irons (2004, 2005), Lee (2005), Rockliff u. a. (2008), Brewin u. a. (2009) und Longe u. a. (2010). Die Ergänzung eines Therapieprogramms für Patienten mit chronischen psychischen Problemen durch CMT führte zu einer Verringerung von Schamgefühlen, Selbstkritik, Angst und Depressionen (Gilbert & Proctor 2006). CMT half auch Menschen mit hartnäckigen psychotischen Symptomen wie z. B. dem Hören von Stimmen mit negativem Inhalt (Mayhew & Gilbert 2008). CFT wirkte sich bei Patienten in der geschlossenen Psychiatrie positiv auf Stimmung, Selbstwertgefühl und Empfindung der sozialen Wertschätzung aus, während ein Rückgang psychischer Krankheitssymptome beobachtet wurde (Laithwaite u. a. 2009). Eine kürzlich durchgeführte Studie zeigte signifikante positive Resulate für CFT bei Patientinnen mit Essstörungen, stärker bei Bulimie als bei Anorexie (Gale u. a. 2012). Eine erste randomisierte Kontrollstudie für CFT wurde mit Patienten mit Schizophrenie durchgeführt, die an einer ambulanten Gruppenintervention in CFT teilnahmen. Im Vergleich zur Kontrollgruppe zeigte sich eine klinische Verbesserung, und eine Zunahme von Mitgefühl war korreliert mit einer Abnahme von depressiven Symptomen und dem Gefühl sozialen Ausgeschlossenseins (Braehler u. a. 2012). Diese Ergebnisse decken sich mit einer früheren Pilotstudie über die Wirkung eines sechswöchigen Programms von Freundlichkeitsmedita-

tion für ambulante Patienten mit Schizophrenie, wobei sich eine signifikante Verringerung negativer Symptome und von Anhedonie (die Unfähigkeit, Freude zu erleben) gezeigt hatte (Johnson u. a. 2009).

Wirkung auf das Gehirn

Das Team um Richard Davidson untersucht den Einfluss von Achtsamkeits- und Mitgefühlspraxis auf das Gehirn. Gehirnuntersuchungen bei erfahrenen Meditierenden (tibetische Mönche) ergaben, dass sich bei der Durchführung von Mitgefühlsmeditation im Vergleich mit Anfängern auf dem EKG große Unterschiede in der Gehirnfunktion zeigen, besonders bei der Gamma-Aktivität und neuronaler Synchronisierung (Lutz u. a. 2004). Unabhängig von den Umständen konnten liebevolle Gefühle leichter von denjenigen hervorgerufen werden, die ein intensiveres Training absolviert hatten. Beim Üben von Mitgefühl anderen Menschen gegenüber konnten auf einem fMRI-Scan Veränderungen in Hirnregionen nachgewiesen werden, die der Empfindung von Empathie und Emotionsregulierung zugeordnet sind (Insula, Gyrus cinguli). Erfahrene Meditierende reagierten stärker auf Hilferufe als Anfänger (Lutz u. a. 2008). Eine Studie mit unerfahrenen Personen zeigte jedoch, dass auch eine kurze Intervention bemerkenswerte Resultate haben kann. Ein Internetprogramm mit Anweisungen für eine Mitgefühlsmeditation (30 Minuten täglich, zwei Wochen lang) führte zu verstärkter Aktivität in den Schaltkreisen, die mit dem Empfinden positiver Emotionen assoziiert sind, im Vergleich zu einer Kontrollgruppe, die ein kognitives Training mit dem gleichen Zeitaufwand absolvierten (Davidson 2012). Darüber hinaus ließ sich an der verstärkten Aktivität dieser Schaltkreise in der Mitgefühlsgruppe voraussagen, dass anschließend mehr Geld für einen wohltätigen Zweck gespendet wurde.

Wir können damit feststellen, dass Erkenntnisse, über die die innere Wissenschaft schon seit 2500 Jahren verfügt, allmählich auch von der äußeren Wissenschaft bestätigt werden. Die Erforschung der Praxis von (Selbst-)Mitgefühl steckt natürlich noch in den Kinderschuhen und sollte erweitert und vertieft werden.

Wir möchten diesen Abschnitt über wissenschaftliche Untersuchungen mit einer kleinen Anekdote beschließen: Die Mönche, die sich als Probanden an der Studie über die Wirkungen von Meditation und Mitgefühlspraxis beteiligten, amüsierten sich sehr, als sie an die Geräte angeschlossen wurden: Sie fanden es ausgesprochen lustig, dass Wissenschaftler, die den Geist erforschen wollten, Elektroden an ihrem Kopf und nicht an ihrem Herzen befestigten!

Mitgefühlstraining in der Praxis

2

Teil 2 ist praxisorientiert und enthält den Inhalt und Ablauf des Mitgefühlstrainings. Dieses besteht aus einem Kurs, der in acht Sitzungen gegliedert ist. Zwischen Kurseinheit 6 und 7 findet eine Einheit in Stille und intensiver Übungspraxis statt. Wenn Sie selbständig mit den Übungen in diesem Buch arbeiten möchten, empfehlen wir Ihnen, zunächst die folgenden Fragen zu klären. Diese Fragen stellen wir stets auch Teilnehmern in einem Vorgespräch für das Mitgefühlstraining.

Brauchen Sie möglicherweise erst eine andere Form von professioneller Unterstützung?

Wenn Sie ernsthafte gesundheitliche Probleme haben, empfehlen wir Ihnen, sich zunächst fachkundig über alle beweisenermaßen wirksamen Behandlungsmethoden beraten zu lassen, die für Sie in Betracht kommen. Dies gilt besonders dann, wenn ein Aufschub einer Behandlung zur Verstärkung der Problematik oder Erkrankung führen könnte.

Vielleicht haben Sie noch nie in Erwägung gezogen, professionelle Hilfe in Anspruch zu nehmen, oder Sie haben es getan, aber das Ergebnis war enttäuschend. Wenn Sie sich derzeit in Behandlung befinden, empfiehlt es sich, mit dem Behandler darüber zu sprechen, dass Sie das Mitgefühlstraining absolvieren möchten. Wir betrachten das Mitgefühlstraining, wie wir es hier anbieten, als eine ergänzende Form der Gesundheitsfürsorge, die in allen Phasen unterstützend wirken kann: in der *Vorbeugungsphase* (oder *Präventionsphase*), in der *Krankheitsphase*, während gleichzeitig eine andere Form der Behandlung stattfindet, und in der *Phase einer Chronifizierung* einer Erkrankung oder wenn eine Symptomatik ständig wiederkehrt und herkömmliche Behandlungsmethoden nicht oder nur unzureichend anschlagen.

Das Mitgefühlstraining zielt vor allem darauf ab, einen fürsorglichen, liebevollen Umgang mit der Problematik zu entwickeln (*Care*) und nicht in erster Linie darauf, das Problem zu lösen oder eine Heilung zu bewirken (*Cure*). Das

Mitgefühlstraining ist daher auch kein Ersatz für eine notwendige Behandlung. Dagegen kann das Mitgefühlstraining Ihnen helfen, eine fürsorgliche Haltung sich selbst gegenüber zu entwickeln, die Ihnen wiederum hilft, von der Behandlung besser zu profitieren. Wenn eine wirkliche Heilung nicht oder nur teilweise möglich ist, wie dies bei vielen chronischen Erkrankungen und Einschränkungen der Fall ist, kann diese liebevolle, mitfühlende Haltung sich selbst gegenüber das Leiden erträglicher machen. Verzweifeltes Ringen um Heilung, wenn diese nicht möglich ist, kann selbst zur Ursache von Leiden werden. Wenn dies der Fall ist, ist es klüger, sich auf die Entwicklung einer fürsorglichen inneren Haltung zu konzentrieren. Viele Schmerzen im Leben, vor allem emotionale, sind unvermeidlich. Eine Haltung der milden Annahme und Fürsorglichkeit ist heilsamer als sich immer wieder verurteilend, bekämpfend oder vermeidend gegen das Unvermeidliche zu wehren, denn das erzeugt nur noch mehr Leiden. Bei vielen emotionalen Schmerzen ist es oft gerade die Haltung der Fürsorge, die zu Heilung oder Besserung führen kann. Vor allem, wenn Sie Beschwerden infolge einer schwerwiegenden Traumatisierung haben, unter psychotischen oder manisch-depressiven Symptomen leiden, neurologische Probleme haben oder alkohol- oder drogenabhängig sind, empfehlen wir Ihnen, zuerst professionelle Hilfe in Anspruch zu nehmen, bevor Sie mit diesem Training beginnen.

Haben Sie ausreichend Erfahrung mit Achtsamkeitsübungen gesammelt?

Es ist hilfreich, bereits an einem Achtsamkeitstraining wie einem MBSR- oder MBCT-Kurs teilgenommen zu haben, denn das vorliegende Training baut hierauf auf. Aber selbstverständlich können Sie auch von diesem Buch profitieren, wenn Sie bereits in anderer Weise mit Meditationsübungen vertraut sind.

Wenn Sie keine ausreichende Erfahrung mit Achtsamkeitsübungen besitzen, empfehlen wir Ihnen, zuerst einen Kurs zu besuchen.

Ist dies der richtige Zeitpunkt, um am Kurs teilzunehmen?

Wichtig ist, dass Sie genügend Zeit und Raum haben, um den Prozess der Selbsterkundung, den Sie mit den Achtsamkeitsübungen begonnen haben, fortzusetzen und zu vertiefen. Haben Sie regelmäßig, möglichst täglich, Gelegenheit zu üben? Dies wird kaum möglich sein, wenn z. B. eine neue Stelle, Geldprobleme, eine Scheidung oder ein Umzug Sie vollständig in Beschlag nehmen. Sie können sich dann fragen, ob es nicht sinnvoller ist, zunächst die Ursachen für den Stress anzugehen und wenn möglich zu beseitigen. Wir empfehlen, etwa eine Stunde pro Tag für formelle Übungen zu reservieren.

Zeit und geeignete praktische Umstände sind wichtig, aber noch wichtiger ist die folgende Frage:

Sind Sie ausreichend motiviert?

Diese Methode ist kein Allheilmittel. Sie werden kein spezielles Verfahren lernen, das Ihre Probleme zum Verschwinden bringt, wohl aber, wie Sie anders mit ihnen umgehen können. Hartnäckige ungünstige Gewohnheiten lassen sich nicht so einfach über Bord werfen. Oft können sie nur nach und nach abklingen, wenn neue, gesündere Gewohnheiten erlernt werden. Diese jedoch brauchen regelmäßige Wiederholung, um sich zu stabilisieren. Wenn eine solche Stabilisierung ausbleibt, flackern die alten Gewohnheiten schnell wieder auf, vor allem, wenn das Leben einen Rückschlag bereithält. Das Entscheidende ist daher die Übungspraxis, und dafür braucht es Motivation. Das bedeutet wiederum nicht, dass Sie sich einer eisernen Disziplin unterwerfen und Selbstkasteiung üben müssten. Es wäre kein Mitgefühlstraining, wenn wir Sie nicht einladen würden, eben gerade mitfühlend mit dem Üben umzugehen, also nicht aus einer Haltung des Zwangs, sondern vielmehr leicht, liebevoll und locker. Deshalb sprechen wir in diesem Training auch lieber von Übungsvorschlägen als von Hausaufgaben.

Wie beim Achtsamkeitskurs werden Ihnen auch beim Mitgefühlstraining weniger erfreuliche Erfahrungen und Hindernisse begegnen. Das ist nicht schlimm, sondern vielmehr ein wichtiges Element des Übungsprozesses. Wichtig ist allerdings die Bereitschaft, diese unangenehmen Erfahrungen auch zu erforschen, und das mit Milde und Achtung vor Ihren Grenzen. Für die Motivation wird es sicher gut sein, wenn Sie wissen, wofür Sie es tun. Vergessen Sie daher auch die letzte Frage nicht:

Welche heilsamen Ergebnisse erhoffen Sie sich selbst von diesem Mitgefühlstraining?

Wir schicken Interessenten vor dem Vorgespräch einen Fragebogen zu, den sie zu Hause ausfüllen und zum Termin mitbringen können. Wir stellen in diesem Formular die folgenden Reflexionsfragen und bitten sie, selbst über diese Fragen nachzudenken und gegebenenfalls die Antworten aufzuschreiben:

- Wie möchten Sie nach dem Kurs mit sich selbst umgehen?
- Wie möchten Sie mit den derzeitigen Schwierigkeiten in Ihrem Leben umgehen?
- Wie möchten Sie mit anderen Menschen (Angehörigen, Freunden, Bekannten, Kollegen usw.) umgehen?
- Wie möchten Sie mit anderen Lebensbereichen umgehen, die für Sie wichtig sind (z. B. Tagesaktivitäten, Ihr soziales Netz, Wohlbefinden und Gesundheit, Freizeit, soziales Engagement, Sinnsuche und Spiritualität)?
- Welche Ziele möchten Sie sich im Leben setzen (kurzfristig und langfristig), und wie möchten Sie daran arbeiten?
- Wie möchten Sie in der Zukunft mit Hindernissen umgehen?

Wenn Sie sich die Antworten auf die obigen Fragen ansehen, können Sie sich selbst fragen: Wirken sie realistisch? Bieten die Antworten Raum für innere Veränderung? Oder sehen Sie gerade wenig Möglichkeiten, wie Sie Veränderungen, die Sie sich wünschen, selbst in Gang bringen könnten? Können Sie sich vielleicht nur Veränderungen durch Ereignisse von außen vorstellen? Wenn Sie unrealistische Erwartungen haben (z. B. »Ich will alle meine Probleme loswerden« oder »Die anderen oder die Verhältnisse müssen sich erst ändern, bevor ich mich selbst ändern kann«), wenn Sie mit der Methode der Achtsamkeit und Selbsterkundung nichts anfangen können oder wenig Zeit und Raum oder wenig Motivation haben, dann ist es vielleicht besser, wenn Sie dieses Buch vorerst beiseitelegen, verleihen oder verschenken.

Sollten Sie viele Veränderungen erwarten, kann es sein, dass Sie die Messlatte vielleicht sehr hoch legen. Machen Sie sich bewusst, dass der Weg von Achtsamkeit und Mitgefühl mehr darauf ausgerichtet ist, das Leben so anzunehmen, wie es nun einmal ist, und nicht so sehr auf einschneidende Veränderungen. Wir zitieren in diesem Zusammenhang gerne den Psychotherapeuten Carl Rogers (1956): »Das merkwürdige Paradoxon ist, dass ich mich ändere, wenn ich mich akzeptiere, wie ich bin … Wir können uns nicht ändern, wir können uns nicht von demjenigen wegbewegen, was wir sind, bis wir zutiefst akzeptieren, was wir sind.

Dann ereignet sich fast unmerklich die Veränderung.«

Vielleicht beginnt in Ihrem Fall dieses Training damit, dass Sie Ihre Neigung zum Streben nach Veränderung anerkennen und akzeptieren. Ein solches Verlangen und Streben nach Veränderung kann an sich schon viel Leiden mit sich bringen, doch existiert es nun einmal, und man kann das akzeptieren, ohne sich davon mitreißen zu lassen. Um diesem Punkt Nachdruck zu verleihen, bitten wir unsere Kursteilnehmer, beim Vorgespräch oder bei der ersten Kurseinheit eine Liste ihrer erwünschten Ergebnisse abzugeben. Wir legen diese symbolisch in eine Schublade, um sie am Ende des Trainings oder im persönlichen Nachgespräch wieder zum Vorschein zu holen. Manchmal stellt sich heraus, dass doch sehr viele erwünschte Ergebnisse erreicht wurden. Manchmal ist das aber auch nicht der Fall, und trotzdem wird der Kurs als wertvoll erfahren. Nicht selten tritt unter anderem dadurch eine heilsame Veränderung ein, dass Veränderungen weniger angestrengt erstrebt werden.

Vielleicht ist Ihnen etwas bange vor dem, was Ihnen unterwegs begegnen könnte, und Sie verspüren jetzt vor allem Widerstand, Angst oder Anspannung. Auch das ist nicht schlimm. Es ist sinnvoll, Widerstand freundlich und achtsam zu erkunden. Es ist normal, Widerstand zu verspüren, wenn Dinge unsicher, fremd oder bedrohlich scheinen, und ein erster Schritt zur Akzeptanz könnte darin bestehen, dies anerkennend wahrzunehmen, ohne der Neigung nachzugeben, die Erfahrung zu vermeiden oder aufzuschieben. Die Mitgefühlspraxis verlangt gewiss auch den Mut, dem die Stirn zu bieten, was uns Furcht einflößt. Haben Sie genügend Mut gesammelt, um Ihren Widerstand während dieses Kurses weiter zu untersuchen?

Ist Ihre Neugier geweckt, sind Sie motiviert, den Weg von Achtsamkeit und Mitgefühl zu vertiefen, und können Sie sich vorstellen, dass Ihr Leben reicher werden kann, wenn Sie Ihr Herz dem Leiden öffnen, das doch unvermeidlich ist? Machen wir uns dann auf den Weg.

Der Selbstmitgefühlstest

Wenn Sie eine Vorstellung davon bekommen möchten, wie es derzeit um Ihr Mitgefühl mit sich selbst bestellt ist, können Sie im Internet einen Selbstmitgefühlstest machen (derzeit nur auf Englisch verfügbar). Dieser wurde von Kristin Neff (2003b) entwickelt, einer Pionierin im Bereich der wissenschaftlichen Erforschung des Selbstmitgefühls. Diesen Test finden Sie unter www.selfcompassion.net. Im späteren Verlauf oder nach dem Kurs können Sie diesen Test dann noch einmal wiederholen.

2.1 Kurseinheit 1: Drei Regulationssysteme für Gefühle

2.1.1 Warum brauchen wir Mitgefühl?

Nach einer kurzen Übung, um im Hier und Jetzt anzukommen, einer Kennenlernrunde und der Vorstellung praktischer Gruppenregeln geben wir den Teilnehmern in Kurseinheit 1 stets eine etwas paradoxe Reflexionsübung mit, über die sie nachdenken oder sich in kleinen Gruppen bei einer Tasse Tee oder Kaffee austauschen sollen. Diese Frage lautet: »Welche Gründe können Sie angeben, um gerade *kein* Mitgefühlstraining zu machen?« Für die Teilnehmer ist das oft recht überraschend, aber nach der Pause können wir häufig eine Reihe durchaus verständlicher Argumente einsammeln wie z. B.:

- Vielleicht spüre ich dann viel mehr alten Schmerz, und dazu habe ich überhaupt keine Lust.
- Ich schäme mich vielleicht, Mitgefühl mit mir selbst zu haben, während es in der Welt Menschen gibt, die noch viel mehr Probleme haben als ich.
- Davon werde ich womöglich egoistisch.
- Wenn ich Freunden oder Kollegen sage, dass ich ein Mitgefühlstraining mache, dann denken sie vielleicht, dass ich ein Weichei bin.
- Dieser Kurs wird mich faul und bequem machen.

- Wieso Mitgefühl? Ich will überhaupt kein Mitgefühl haben mit Menschen, die mich verletzt haben oder die grob gegen Menschenrechte verstoßen haben.

So lernt man verschiedene Argumente kennen, die oft etwas über innere Ängste oder Abwehrmechanismen oder auch über Vorstellungen von Mitgefühl aussagen, die nicht unbedingt zutreffend sind. Wir haben es bisher noch nie erlebt, dass jemand zu diesem Zeitpunkt abgesprungen wäre, und trotz der Einwände blieb die Motivation groß genug, an der Entwicklung von Mitgefühl zu arbeiten. Um trotzdem möglichen Druck von den Teilnehmern zu nehmen, weisen wir darauf hin, dass es im Kurs keinerlei Zwang gibt und dass das Mitgefühl, das wir in diesem Training entwickeln werden, nicht dogmatischer, sondern pragmatischer Art ist. Es wird in diesem Training von niemandem verlangt, sich selbst oder anderen gegenüber eine mitfühlende Haltung einzunehmen, wenn man sich dazu gerade nicht in der Lage fühlt. Mitgefühl beginnt in diesem Kurs immer damit, dass man lernt, seine aktuelle Erfahrung freundlich anzuschauen. Das ist bereits ein wichtiger Aspekt desjenigen, was wir Selbstmitgefühl nennen. Von dort aus kann man allmählich zu erkunden beginnen, ob und inwieweit man auch Mitgefühl anderen gegenüber entwickeln möchte. Wie die Übung der Achtsamkeit beginnt auch die Praxis des Mitgefühls stets dort, wo wir im Moment stehen, und es kann durchaus sein, dass es in diesem Augenblick schon schwer fällt, mit Freundlichkeit und Akzeptanz auf die eigenen Ängste, die eigene Wut, Enttäuschung oder Selbstvorwürfe zu schauen. Dann beginnt die Übung des Mitgefühls also hier, bei diesem Leiden, ganz unmittelbar und ganz aus der Nähe.

Was spricht nun umgekehrt dafür, doch Mitgefühl zu entwickeln? Das menschliche Dasein ist untrennbar mit Schmerz und Leiden verbunden. Niemand kann dieser Tatsache entgehen, ob wir wollen oder nicht. Wer betroffen ist und in welchem Umfang, scheint mehr eine Frage des Zufalls als gerechter Verteilung zu sein, aber trotz der Unterschiede erleben wir an diesem Punkt auch viele Gemeinsamkeiten. Paul Gilbert (2011) beschreibt in seinem Buch *Mitgefühl*, dass wir bezüglich vieler Schmerzen und Leiden im selben Boot sitzen:

- Wir alle sind in dieses Leben getreten,
- mit einem Gehirn, einem Körper, Emotionen und einem durch das soziale Leben geformten Selbst,
- das wir uns nicht ausgesucht haben, mit dem wir aber auskommen müssen,
- in einem Leben voller Tragödien (Bedrohung, Verlust, Krankheit, Alter, Tod), unvorhersehbarer Ereignisse und Dilemmas.

Das ist vielleicht nicht erfreulich, aber wir entgehen dem auch nicht, indem wir es leugnen oder dagegen aufbegehren. Dies würde nur noch mehr Schmerz und Leid verursachen. Die Familie, in die wir hineingeboren wurden, die Verhältnisse und die Kultur, in der wir aufwachsen, schlimme Ereignisse, die uns zustoßen, all dies haben wir uns nicht ausgesucht. Unser Gehirn und unseren Organismus haben wir nicht selbst entworfen, und vieles, was in uns vor sich geht, ist daher auch nicht unser Fehler. Und weil Schmerz und Leiden unvermeidlich sind, brauchen wir Mitgefühl. Mitgefühl erfordert Aufmerksamkeit und Freundlichkeit, aber auch Mut, und zwar den Mut, dem eigenen Schmerz ins Auge zu sehen und Verantwortung für das zu übernehmen, was doch die eigene Entscheidung ist: wie man damit umgeht.

Viele alte Weisheitslehren und spirituelle Traditionen bezeichnen das Mitgefühl als den Weg zum Glück. Mitgefühl ist durchaus kein Luxus, mit dem man sich erst zu befassen braucht, wenn alle Grundbedürfnisse befriedigt sind. Der Dalai Lama bezeichnet Mitgefühl sogar als grundlegende Voraussetzung für unser Überleben und unser Glück (Gyatso 2003). Die Evolutionswissenschaft bestätigt dies und weist darauf hin, dass eine lange Evolutionsgeschichte hinter der Fähigkeit steckt, Zuwendung und Fürsorglichkeit zu zeigen, wenn wir mit Leid oder Verletzlichkeit konfrontiert werden. Diese Fähigkeit ist nicht nur dem Menschen gegeben, wir teilen sie auch mit vielen Säugetierarten.

Im Kurs zum Mitgefühlstraining achten wir immer auf eine gute Mischung aus Theorie und praktischen Übungen. Die Theorie könnte man mit einem Schwimmbecken vergleichen: Sie bietet das Fundament und den Boden für das Training und befasst sich mit dem Wie und Warum. Der praktische Teil, in dem verschiedene Übungen angeleitet werden, ist wie das Wasser, mit dem das Schwimmbecken gefüllt wird. Das Üben selbst ist dann das Schwimmen, wobei man auf vielerlei Weise vom Schwimmbecken und dem Wasser profitieren kann.

Wir möchten Sie vorab schon einmal zu einer kurzen Übung einladen.

2.1.2 Übung
Der Atemraum mit Mitgefühl

1. Bewusst anwesend sein mit offener, freundlicher Aufmerksamkeit: Nehmen Sie eine bequeme Haltung ein. Sie können die Übung sitzend, stehend oder liegend ausführen. Öffnen Sie sich für den gegenwärtigen Augenblick und richten Sie Ihre Aufmerksamkeit auf die Erfahrung dieses Moments. Beobachten Sie, welche Gedanken, Gefühle oder körperlichen Wahrnehmungen in Ihnen präsent sind. Nehmen Sie wahr und benennen Sie, was sich ereignet, ohne etwas als Störung ausschließen zu wollen. Spüren und erkennen Sie, was auch immer in diesem Moment auftaucht.

2. Die ganze Aufmerksamkeit auf den Atem richten: Richten Sie Ihre ganze Aufmerksamkeit auf den Atem und verfolgen Sie mit entspannter Achtsamkeit jeden Atemzug in einer zugewandten, freundlichen Haltung. Lassen Sie es geschehen, dass Ihr Atemrhythmus ruhiger wird. Sie können dabei:

- die Atemfrequenz bewusst ein wenig verringern, sanft und ohne etwas zu forcieren, wenn die Atmung schnell und flach ist,
- die Körperhaltung und Mimik entspannen, sodass diese einen ruhigen Atemrhythmus unterstützen,
- den Atem bis in Ihren Bauchraum verfolgen und diesen weich werden lassen,
- bewusst durch Ihre Herzregion atmen und dabei Gefühle von Raum, Leichtigkeit und Wärme zulassen, vielleicht dadurch unterstützt, dass Sie eine Hand auf das Herz legen,
- eine Vorstellung aufkommen lassen, die Ihnen hilft, in einen ruhigen Atemrhythmus zu finden, wie z. B.: einen sicheren Ort, eine beruhigende Farbe, beruhigende Musik oder einen beruhigenden anderen Menschen.

3. Die Aufmerksamkeit um Mitgefühl erweitern: Werden Sie sich nun des Körpers als Ganzem bewusst, des atmenden Körpers, wie er hier sitzt, steht oder liegt. Experimentieren Sie damit, sich etwas Freundliches, Mildes oder Unterstützendes zu wünschen, z. B.: »Möge ich ... sicher sein ... frei sein von Kummer ... glücklich sein ... entspannt ... klar und gelassen ... in Frieden

sein.« Wählen Sie, was für Sie stimmig ist. Verwenden Sie Ihre eigenen Worte und lassen Sie sie aus dem Herzen aufsteigen. Sie können sie im Atemrhythmus mitströmen lassen. Bei jedem Einatmen können Sie z. B. die erste Hälfte des Wunsches mitströmen lassen und mit jedem Ausatmen die zweite Hälfte des Wunsches, z. B.: »Möge ich ...« (beim Einatmen) ... »in Frieden sein« (beim Ausatmen). Oder: »Möge ich ...« (beim Einatmen) »Mut finden« (beim Ausatmen). Wie Sie sich auch dabei fühlen, es ist immer in Ordnung.

Lassen Sie diesen freundlichen Wunsch für sich selbst sachte und entspannt durch sich hindurchfließen, im Rhythmus des Atems oder unabhängig davon, wenn es angenehmer ist.

Sie können diese fürsorgliche Aufmerksamkeit und diese wohlwollenden Absichten anschließend vielleicht in Ihren Tag mitnehmen oder sie sich später wieder in Erinnerung rufen.

Bearbeitung des »Atemraums« aus *Die Achtsamkeitsbasierte Kognitive Therapie der Depression*, Segal u. a. 2008

»Es lohnt sich, sich klarzumachen, dass es ein angenehmeres Gefühl ist, wenn man sich nicht selbst verurteilt, sondern sich mit Mitgefühl ansieht.«

Kommentar einer Teilnehmerin

2.1.3 Die Evolution unseres Gehirns und unserer Fähigkeit zu Mitgefühl

Vielleicht erscheint es etwas abwegig, sich beim Thema Mitgefühl zunächst ausführlich mit der Evolutionsgeschichte zu befassen. Unserer Erfahrung nach führt dies jedoch zu einem besseren Verständnis des Wie und Warum der Mitgefühlspraxis und stärkt die Motivation. Der bekannte Biologe und Primatenforscher Frans de Waal (2011) schreibt in seinem Buch *Das Prinzip Empathie*: »Statt uns auf die Gipfel der Zivilisation zu fixieren, müssen wir dem Fuß der Berge mehr Aufmerksamkeit schenken.«

Das menschliche Gehirn birgt das Erbe von Millionen Jahren der Evolution (siehe Abb. 1). Aus evolutionärer Sicht hat sich unser Gehirn zu einem extrem empfindlichen Überlebensorgan entwickelt. Es stellt uns viele Reaktionsmöglichkeiten zur Verfügung, mit denen wir uns an schwierige Situationen anpassen können, aber es ist keineswegs perfekt. Es versetzt uns in die Lage, gesunde Verhaltensmuster zu entwickeln, aber auch ungesunde. Klar ist, dass es sich um ein äußerst komplexes Organ mit komplizierten Mechanismen handelt, die in unterschiedlichen Schichten unseres Gehirns verankert sind und die sich in unterschiedlichen Phasen der Evolutionsgeschichte entwickelt haben. Die älteren und jüngeren Teile neigen dazu, miteinander in Konflikt zu geraten. Daher kann es schwer sein, unser

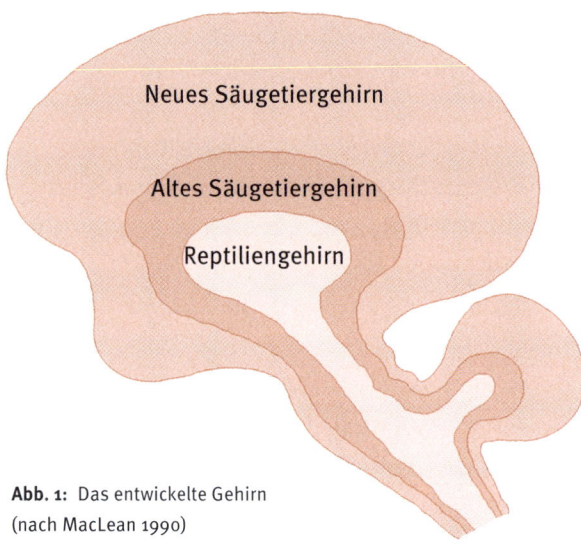

Neues Säugetiergehirn

Altes Säugetiergehirn

Reptiliengehirn

Abb. 1: Das entwickelte Gehirn
(nach MacLean 1990)

Gehirn zu trainieren, vor allem, weil die älteren Teile so automatisch und instinktiv arbeiten.

Ein häufig verwendetes Modell, das eine gewisse Orientierung in unserem Gehirn erlaubt, ist dasjenige des geschichteten Gehirns (MacLean 1990, Hanson 2010, Siegel 2012a), wobei drei Ebenen unterschieden werden:

- das Reptiliengehirn oder der Hirnstamm, der älteste Teil: zuständig für die Verteidigung des Territoriums, die Jagd auf Beute (Überleben des Individuums) und Reproduktion (Überleben der Art),
- das alte Säugetiergehirn, auch »limbisches System« oder »emotionales Gehirn« genannt: zuständig für das Zusammenleben in Gruppen mit den entsprechenden Verhaltensmustern wie Rivalität, Bildung von Hierarchien, Zusammenhalt und Fürsorge,

- und das neue Säugetiergehirn (Neocortex), der jüngste und flexibelste Teil, der unter neuen Bedingungen weit mehr Lern- und Anpassungsmöglichkeiten bietet und für komplexere Formen des Zusammenlebens zuständig ist.

Wie man sieht, sind unterschiedliche Schichten des Gehirns an verschiedenen Reaktionsmöglichkeiten und Lernprozessen beteiligt. *Das Reptiliengehirn* ist unverzichtbar für die grundlegenden Lebensprozesse, die mit Ernährung, Kämpfen, Flüchten und Fortpflanzung zu tun haben. Diese sind grundsätzlich angeboren und geschehen instinktiv und automatisch. Dieser Gehirnteil steuert all jene körperlichen Funktionen, die völlig autonom – außerhalb unseres Bewusstseins – ablaufen, wie z. B. Puls, Blutkreislauf, Atmung und Verdauung. Es können zwar neue Reaktionen erlernt werden, aber auch dies geschieht ohne bewusste Prozesse, und sie laufen wiederum automatisch ab. Wir brauchen dabei nicht zu denken und auch nicht zu fühlen. Erinnern Sie sich etwa an das berühmte Experiment von Iwan Pawlow: Nachdem er vor der Fütterung seiner Hunde regelmäßig einen bestimmten Ton hatte erklingen lassen, setzte bei den Hunden die Speichelsekretion immer bereits dann ein, wenn sie nur dieses Klingeln hörten. Dies nennt man »klassische Konditionierung«.

Im *alten Säugetiergehirn* laufen die Prozesse ab, die mit dem Fühlen von

Emotionen einhergehen: Sind wir wütend, ängstlich, traurig oder glücklich, dann ist das limbische System aktiv. Auch hier handelt es sich oft um angeborene, instinktive Reaktionen, aber es gibt mehr Raum für das Erlernen neuer Reaktionen als beim Reptiliengehirn. Das geschieht beim limbischen System über Belohnung und Bestrafung, auch als »operante Konditionierung« bezeichnet. Ist etwas angenehm, behalten wir das entsprechende Verhalten bei, ist es unangenehm, stellen wir es ein. Auch diese Prozesse verlaufen größtenteils automatisch; man braucht dabei nicht nachzudenken, es wird vor allem »gefühlt«.

Erst das *neue Säugetiergehirn* oder *der Neokortex* macht es möglich, darüber nachzudenken, was wir fühlen und wie wir uns verhalten. Auch hier können Reaktionen automatisch ablaufen, aber es eröffnet sich viel mehr Raum für neue Umgangsweisen, weil wir Bedürfnisse aufschieben, wir über unsere Erfahrungen nachdenken und mit anderen (oder mit uns selbst) darüber sprechen können. Wir können etwas unterlassen, was wir eigentlich gerne tun würden, und etwas tun, was wir im Grunde als unangenehm empfinden. Wir können bewusst Erinnerungen an frühere Erfahrungen hinzuziehen und uns verschiedene Zukunftsszenarios ausmalen.

Die enorme Entwicklung des neuen Säugetiergehirns beim Menschen hat mit den vielen evolutionsgeschichtlichen Errungenschaften zu tun: etwa der umfassenden Sprachentwicklung, der Fähigkeit, sich Dinge vorzustellen und sie zu symbolisieren, zurück- und vorauszuschauen, zu analysieren und zu abstrahieren, zu fantasieren und über Erfahrungen nachzusinnen (diese »wiederzukäuen«), zu organisieren und zu integrieren, die Vorstellung eines »Selbst« zu entwickeln oder sich in die Erlebniswelt anderer Menschen versetzen zu können. Bei all den Möglichkeiten, die uns diese Fähigkeiten eröffnen, machen wir uns meist nicht bewusst, dass auch diese Funktionen entstanden sind, um unsere Überlebenschancen zu erhöhen. Unser neues Gehirn hat unseren Spielraum der Informationsverarbeitung, Kommunikation und Einflussnahme auf unsere Umwelt enorm erweitert und uns in die Lage versetzt, das Aussehen der Welt radikal zu verändern. Wir können dank der Funktionen unseres neuen Gehirns viele Probleme besser lösen. Die Schattenseite ist, dass wir damit auch viele neue Probleme erzeugen können, die unsere Überlebenschancen und unser Wohlbefinden *verringern*. Nehmen wir z. B. das endlose Kopfzerbrechen und Grübeln, in das wir oft verfallen, ohne irgendeinen Fortschritt zu erzielen. Nicht selten werden wir davon so sehr in Beschlag genommen, dass wir vergessen, gut für uns selbst und unsere Lieben zu sorgen. Werden die neuen Gehirnfunktionen von alten Gehirnimpulsen gesteuert, kann das schwerwiegende Folgen haben. Man denke etwa an Kriege,

Überproduktion, die Ausplünderung der Erde und die schrecklichen Gräueltaten, zu denen Menschen fähig sind. Auch wenn wir vielleicht glauben, dass der Verstand unsere Leidenschaften und Emotionen beherrscht, ist oft das Gegenteil der Fall.

Die Fähigkeit zu sozialer Bindung und fürsorglicher Aufmerksamkeit ist bei Reptilien nicht vorhanden. Reptilien haben im Allgemeinen sehr viele Nachkommen, von denen aber nur sehr wenige überleben. Der Grundsatz »Jeder ist sich selbst der Nächste« erhöht für Reptilien die Überlebenschancen. Säugetiere dagegen bringen nur sehr wenige Nachkommen auf die Welt, die relativ lange Zeit verletzlich sind und Schutz brauchen. Die Fähigkeit zu gegenseitiger Bindung und Fürsorge ist daher für ihr Überleben unverzichtbar. Bei niederen Säugetieren steht diese Fähigkeit im Dienste des eigenen Überlebens und desjenigen der direkten Nachkommen, der Lebensgemeinschaft und der eigenen Art. Bei höher entwickelten Säugetieren wie Affen, Hunden und Delfinen sieht man, dass sich diese Fähigkeit auch auf andere Wesen als die eigene Art richten kann. Und je mehr Schutz und Fürsorge die Nachkommen einer Tierart brauchen (das Menschenkind ist hier besonders anspruchsvoll), desto weniger »instinktiv« funktioniert das Gehirn und desto lernfähiger ist es. Dies äußert sich unter anderem in einer starken Zunahme der Fähigkeit zu Empathie und Mitgefühl, einer erhöhten Sensibilität dafür, Fürsorge zu geben und

zu empfangen, und einem umfangreichen sozialen Verhaltensrepertoire.

Empathie und Mitgefühl sind also nicht nur der menschlichen Art vorbehalten. Menschen sind insofern speziell, als ihre Fähigkeit zu Mitgefühl beinahe unbegrenzt zu sein scheint – ebenso wie ihre Fähigkeit zu Grausamkeit. Beide können sich auf alle lebenden Wesen erstrecken. Häufig beschränkt sich unser Mitgefühl jedoch auf diejenigen, mit denen wir uns am stärksten verbunden fühlen – unsere nächsten Angehörigen, Freunde oder die eigene Bevölkerungsgruppe. Für viele ist es schon schwierig, für sich selbst Mitgefühl aufzubringen. Wenn nun Mitgefühl so wichtig ist für unser Überleben, warum haben wir dann so viele Schwierigkeiten damit? Dies scheint damit zu tun zu haben, dass es zu einer Kollision mit Emotionen von anderen Überlebensmechanismen kommt.

2.1.4 Das Alarm-, Antriebs- und Fürsorgesystem

Emotionen kann man als »Boten« betrachten, die im Dienste unseres Überlebens stehen und die angeben, ob wir uns in die gewünschte Richtung (nämlich die des Überlebens) bewegen.

Diese Boten melden sich bei Bedrohung und Sicherheit, bei Erfolg und Misserfolg, bei Einsamkeit und Verbundenheit. Sie sind nicht im moralischen Sinne gut oder böse.

»Wenn ich Emotionen als Boten betrachte, entsteht bei mir eine viel tolerantere Haltung meinen Gefühlen gegenüber.«

Kommentar eines Teilnehmers

Aus evolutionärer Sicht sind all unsere Emotionen für unser Überleben sinnvoll. Sie können sich angenehm oder unangenehm anfühlen und als positiv oder negativ beurteilt werden. Aber das bedeutet nicht, dass Gefühle, die negativ beurteilt werden, auch schlecht wären und wir ohne sie besser zurechtkämen. Verhalten wir uns besser nicht wie der König, der einen Boten aus einem feindlichen Land köpfen ließ, weil ihm die Botschaft nicht gefiel: Er verlor nämlich sehr schnell sein Reich an den Feind, der sich als viel mächtiger erwies.

Auch wenn die Realität unseres emotionalen Lebens sehr komplex ist, ist es für ein besseres Verständnis sinnvoll, die drei Grundtypen der Emotionsregulation zu unterscheiden (Depue & Morrone-Strupinsky 2005, Gilbert 2011, siehe Abb. 2).

Das Alarmsystem

Dieses System wird durch Bedrohung und Gefahr aktiviert, es dient dem Selbstschutz. Die Aufmerksamkeit wird verengt und konzentriert sich auf die Bedrohung. Die Emotionen sind unangenehm: Aggression, Angst und / oder Abneigung

entstehen, und gehen einher mit Körperempfindungen wie beschleunigtem Puls, oberflächlicher schneller Atmung, trockenem Mund und angespannten Muskeln. Das entsprechende Verhalten ist aktiv: Kampf oder Flucht; oder gehemmt: Erstarrung (Versteifen), wenn Kampf oder Flucht zu riskant erscheinen.

Das Antriebssystem

Das Antriebssystem wird ausgelöst durch Begierde (Hunger nach Essen, Sex, Besitz, Erfolg, Status, Macht) und zielt auf Befriedigung. Die Aufmerksamkeit ist verengt mit besonderer Konzentration auf Anerkennung. Die Emotionen sind überwiegend angenehm, aber kurzzeitig: Verlangen, Erregung, Vitalität, Genuss. Die Körperempfindungen richten sich nach dem Ziel der Begierde: z. B. Speichelfluss, Hungergefühl, sexuelle Erregung, beschleunigter Puls und beschleunigte Atmung, erhöhte Muskelspannung und Bewegungsdrang. Das zugehörige Verhalten ist aktiv, getrieben und dreht sich um Streben, Leistung, Konsum.

Das Fürsorge- und Beruhigungssystem

Das Fürsorgesystem hat keinen besonderen Auslöser und bekommt Raum, wenn »nichts anliegt« (die Gefahr ist gewichen und der Hunger gestillt). Es richtet sich auf soziale Verbundenheit, Sicherheit und Wohlbefinden. Die Aufmerksamkeit ist offen, gleichmäßig verteilt zwischen Innen- und Außenwelt und Selbst und anderen. Die Emotionen sind angenehm und länger anhaltend: Wärme, Gelassenheit, Zufriedenheit, Wohlbefinden. Das zugehörige Verhalten ist Achtsamkeit und Freundlichkeit, friedliches Miteinander, Entspanntheit und Verspieltheit.

Alle drei emotionalen Regulationssysteme sind in den älteren Teilen unseres Gehirns verankert und wichtig für das Überleben. Verschiedene neuronale Netze, Neurotransmitter, Hormone und Körperreaktionen sind an den Prozessen beteiligt. Beim Alarmsystem spielt vor allem der Neurotransmitter Serotonin eine Rolle, beim Antriebssystem Dopamin und beim Fürsorgesystem Oxytocin, das auch als Bindungs- oder »Kuschelhormon« bezeichnet wird. Endorphine, opiumähnliche Stoffe, die natürlicherweise im Gehirn vorhanden sind, werden bei der beruhigenden Wirkung des Fürsorgesystems ausgeschüttet. Beim Alarm- und Antriebssystem ist vor allem das sympathische Nervensystem aktiv und der Stresspegel hoch; beim Fürsorgesystem ist das parasympathische Nervensystem angesprochen und der Stresspegel niedrig. Diese beiden Stränge des autonomen Nervensystems (das selbständig, ohne bewusste Steuerung arbeiten kann) werden auch als Sympathikus und Parasympathikus bezeichnet. Man könnte sie salopp als das neuronale »Gaspedal« und das neuronale »Bremspedal« unseres Körpers bezeichnen. Der Sympathikus versetzt uns in den Alarmzustand: Die Atmung wird schneller und flacher, Puls und Blutdruck steigen, die Muskeln werden mehr und die Verdauungsorgane weniger durchblutet. Das Verdauungssystem ist ja für das unmittelbare Überleben weniger wichtig, ebenso das Immunsystem, das bei Stress ebenfalls schwächer wird. Wenn der Sympathikus übermäßig aktiv ist, tritt Erschöpfung ein, und die Regenerationsfähigkeit verschlechtert sich. Wir benötigen regelmäßig die beruhigende Wirkung des Parasympathikus, um zur Ruhe zu kommen und uns zu erholen. Wenn ein gesundes Gleichgewicht besteht, befinden wir uns oft und lange genug in einem Zustand relativer Ruhe: Die Atmung wird ruhiger und tiefer und der Puls langsamer, der Blutdruck sinkt, die Muskeln entspannen sich, die Durchblutung der Verdauungsorgane erhöht sich und das Immunsystem arbeitet intensiver.

In unserem Gefühlshaushalt hat immer eines der drei Emotionsregulationssysteme die Oberhand. Es können nicht zwei Systeme gleichzeitig dominant sein. Sie wechseln einander ab, je nach Situation, und dies kann blitzschnell geschehen. Säugetiere haben eine größere Überlebenschance, wenn alle drei Systeme gut arbeiten und ein System das andere ablösen kann, wenn es erforderlich ist. Besteht eine konkrete Gefahr, kann ein gut funktionierendes Alarmsystem lebensrettend sein. Ist die konkrete Situation ausreichend sicher, wird das Alarmsystem herabgedämpft und ein anderes System kann die Führung übernehmen. Herrscht Nah-

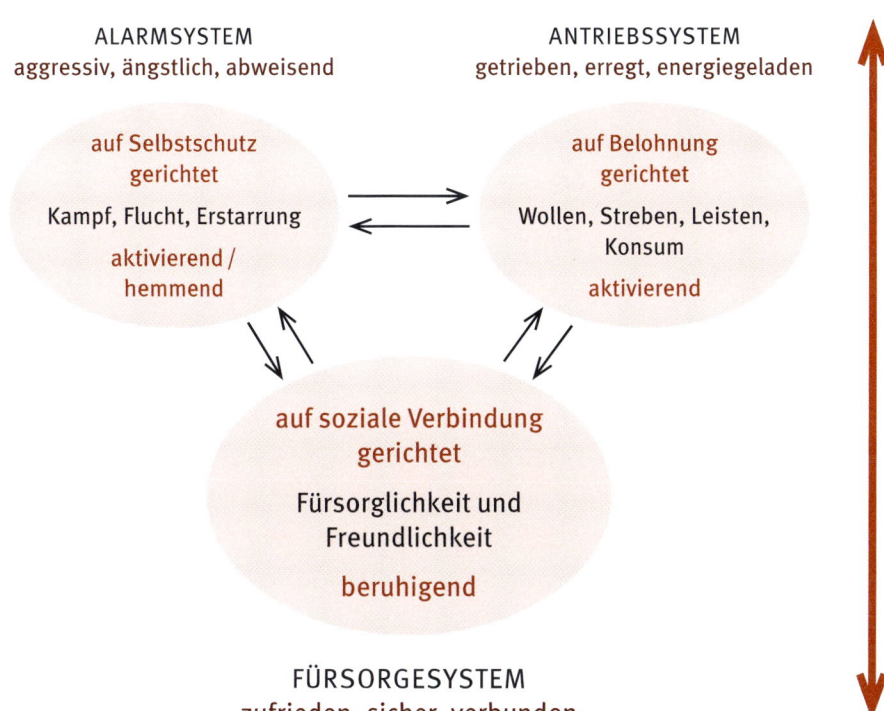

Abb. 2: Die drei emotionalen Regulationssysteme im Gleichgewicht (nach Gilbert 2011)

Mit freundlicher Genehmigung wiedergegeben und bearbeitet aus *Mitgefühl* von Paul Gilbert, Arbor Verlag 2011, www.arbor-verlag.de

rungsmittelknappheit oder ist Paarungszeit, wird das Antriebssystem aktiv. Sind diese Bedürfnisse befriedigt (voller Magen = eigenes Überleben gesichert, Sexualpartner für Nachkommen = Überleben der Art gesichert), kann das Antriebssystem wieder zur Ruhe kommen. Droht eine ganze Weile keine Gefahr, kann das Fürsorge- und Beruhigungssystem in den Vordergrund treten: aus dem Gefühl, nichts tun zu müssen, in Ruhe, Sicherheit und Verbundenheit. In dieser Phase der Ruhe und Entspannung ist Zeit für Regeneration und Wachstum, für achtsames Sozialverhalten (Affen lausen einander dann) und Bindung aneinander, aber auch für Spiel, Kreativität und neue Entdeckungen. Wenn aus einer unerwarteten Ecke Gefahr droht, wird das Alarmsystem aktiviert; wenn der Hunger nagt, tritt wieder das Antriebssystem in Aktion.

Die Katze

Die drei Regulationssysteme lassen sich sehr schön bei einer Katze beobachten. Wenn eine Katze Hunger bekommt, sieht man sie aktiv werden und auf der Suche nach Beute durch den Garten schleichen, das Antriebssystem ist erwacht. Ist ihr Bauch gefüllt, legt sie sich behaglich zur Ruhe und schnurrt, wenn man sie streichelt. Das Fürsorge- und Beruhigungssystem gibt den Ton an. Taucht aber plötzlich ein Hund auf, ist ihr Alarmsystem sofort aktiviert. Im Nu ist sie aufgesprungen und dreht sich mit gewölbtem Rücken und dickem Schwanz fauchend zum Feind. Sobald die Gefahr vorüber ist, legt sie sich wieder träge hin.

Dank dieser drei Systeme können Mensch und Tier leben und überleben. Bei der Spezies Mensch scheinen jedoch Komplikationen aufzutreten. Informationen aus der Umgebung können über die Sinne und Nerven unser altes emotionales Gehirn blitzschnell in eine Bereitschaftshaltung bringen, automatisch ablaufende Reaktionen sind dann oft die Folge. Die eingehenden Informationen und die Reaktion darauf sind über die kurze Route im Gehirn verschaltet. Es verlaufen jedoch auch Nervenbahnen aus dem alten in das neue Gehirn, sodass wir in der Lage sind, unsere Emotionen bewusst wahrzunehmen, unsere Neigung zu automatischen Reflexen zu unterdrücken und ein anderes Verhalten zu zeigen. Dies ist die lange Route in unserem Gehirn. Unsere neuen Gehirnfunktionen werden also durch das alte Gehirn beeinflusst, aber sie können ihrerseits auch direkt auf unser emotionales Gehirn einwirken. So können Gedanken und Vorstellungen – unabhängig von der tatsächlichen Umgebung – unser Alarm-, Antriebs- oder Fürsorgesystem aktivieren. Es besteht also eine »Zweibahnstraße« zwischen dem alten und dem neuen Gehirn. Aufgrund unseres enorm gewachsenen neuen Gehirns kann es daher auch geschehen, dass wir viel länger als erforderlich im Alarmsystem oder Antriebssystem stecken bleiben: Unsere neuen Gehirnfunktionen können uns nämlich auch dazu verleiten, überall Gefahren zu sehen. Hört man bei einem Mitarbeitergespräch z. B. neben vielen positiven Rückmeldungen vom Vorgesetzten auch einen nebensächlichen Kritikpunkt, wird nicht selten das Alarmsystem aktiv.

Um einen besseren Einblick in die drei Emotionsregulationssysteme zu erhalten und wie diese sich in Ihrem Leben entwickelt haben, möchten wir Sie zu der folgenden Übung einladen.

2.1.5 Übung
Die drei Kreise

Welche emotionalen Regulationssysteme wurden in Ihrem Leben stärker und welche weniger stark »trainiert«? Zeichnen Sie die drei Kreise des Alarm-, Antriebs- und Fürsorgesystems auf ein Blatt Papier. Sie können den Kreis eines Systems, das stärker entwickelt ist, größer zeichnen und den Kreis eines schwächer entwickelten Systems kleiner. Reflektieren Sie sorgfältig über die folgenden Fragen und schreiben Sie vielleicht für sich selbst etwas darüber auf. Sie können auch Stichworte in die Kreise schreiben. Nehmen Sie sich Zeit dafür, bei jedem System bei dem zu verweilen, was in Ihnen aufsteigt. Sehen Sie mit einer milden, offenen Aufmerksamkeit hin, auch wenn es schmerzhaft sein mag. Versuchen Sie jedoch nichts zu erzwingen, respektieren Sie Ihre Grenzen. Sie können die Übung aus Freundlichkeit sich selbst gegenüber jederzeit abbrechen und zu einem späteren Zeitpunkt fortsetzen.

- Welche Erfahrungen, Ereignisse, Personen haben bei Ihnen möglicherweise eine Schlüsselrolle für die Funktion Ihres Alarmsystems, Antriebssystems oder Fürsorgesystems gespielt?
- Was war dabei Ihre größte Angst oder Bedrohung? Ihr am meisten ersehntes Ergebnis? Ihr tiefstes Bedürfnis oder Verlangen?
- Welche Strategien haben Sie vor allem entwickelt, um sich zu schützen und psychisch zu überleben? Welche davon nach außen hin? (z. B. soziale Vermeidung, Abhängigkeit von anderen) Welche davon nach innen? (z. B. bestimmten Emotionen ausweichen, Überzeugungen über sich selbst hegen, hohe Anforderungen an sich selbst stellen)
- Was sind unbeabsichtigte und unerwünschte Konsequenzen dieser Strategien?
- Was brauchen Sie besonders und würden Sie sich selbst wünschen?

Sie können die Übung mit liebevoller Freundlichkeit für sich selbst beschließen und sich das wünschen, was bei der letzten Frage auftauchte, z. B. »Möge ich …« (beim Einatmen) »… sicher, stark, ruhig, glücklich, zufrieden … sein« (beim Ausatmen).

2.1.6 Wie die emotionalen Regulationssysteme aus dem Gleichgewicht geraten können

Die emotionalen Regulationssysteme reagieren über die Sinne auf Informationen aus dem Körper und der Umgebung und leiten Informationen an das neue Gehirn weiter. Umgekehrt reagieren sie auch auf Informationen aus unserem neuen Gehirn. Über unsere Vorstellungskraft und Sprache können wir uns beruhigen, uns aber auch selbst in Panik versetzen. Nicht nur die Empfindung von Schmerz durch schädliche Einflüsse von außen, sondern auch die *Vorstellung* eines bedrohlichen Ereignisses kann zum Auslöser für das

Alarmsystem werden. Die bloße Erinnerung an ein traumatisches Ereignis oder der Gedanke an eine Wiederholung kann eine Angstreaktion provozieren, die tief in unseren Körper eindringt, auch wenn zu diesem Zeitpunkt keine reale Gefahr droht. Der Gedanke, dass uns etwas fehlt, oder der Anblick einer möglichen »Beute« kann das Antriebssystem aktivieren, selbst wenn wir mehr als genug haben. Zum Glück können wir durch die Visualisierung eines sicheren Orts oder eines liebevollen Gegenübers oder durch positive Wünsche auch warme Gefühle wachrufen und unser Fürsorge- und Beruhigungssystem stimulieren. Die Funktionen und Lernmöglichkeiten unseres neuen Gehirns können sowohl für als auch gegen uns arbeiten. Sie können unser Fürsorge- und Beruhigungssystem stimulieren und unsere Fähigkeit zu Mitgefühl und liebevoller Freundlichkeit verstärken, dieser aber auch entgegenwirken. Wenn das Alarmsystem und das Antriebssystem zu oft und zu leicht aktiviert werden und einander immer wieder abwechseln, kommt das Fürsorge- und Beruhigungssystem nicht ausreichend zur Entwicklung.

»Das Wissen um die drei Regulationssysteme hilft mir, mit meinen Ängsten besser zurechtzukommen.«
Kommentar eines Teilnehmers

2.1.7 Übung
Der sichere Ort

Bei dieser Übung stellen wir uns einen sicheren Ort vor, der Empfindungen der Ruhe, der Zufriedenheit und der Sicherheit hervorruft. Wenn Sie angespannt oder depressiv sind, kann es schwierig sein, solche Gefühle zu erwecken. Das macht nichts. Wichtig ist nur, sich den Ort einfach vorzustellen und das zu üben. Die Gefühle können später folgen. Der Ort kann im Haus oder im Freien sein. Es sollte niemand sonst anwesend sein, sodass Sie sich völlig frei fühlen können, so zu sein, wie Sie sind, unbedrängt und unbeobachtet. Wir möchten einige Beispiele geben. Schauen Sie selbst, welche Ihnen zusagen. Natürlich müssen Sie nicht alle Beispiele anwenden. Fühlen Sie sich frei, bei Visualisierungsübungen wie diesen Ihren eigenen Weg zu gehen.

Der sichere Ort kann z. B. ein schönes Plätzchen im Wald sein, an dem sich die Blätter sanft im Wind wiegen und Sonnenstrahlen den Erdboden mit Helligkeit und Wärme verwöhnen. Stellen Sie sich vor, wie eine sanfte Brise Ihr Gesicht umschmeichelt. Hören Sie die Blätter rascheln und nehmen Sie den Geruch der Bäume und des Waldbodens wahr. Sie können sich z. B. durch folgendes Gedicht inspirieren lassen:

Freunde sind sie, die Bäume,
die Gespräche mit dir führen,
deine Gedanken ziehen lassen,
während ihre Blätter das Licht wiegen.

Es sind deine Freunde, die Bäume,
die ihre Schatten wie einen Arm um
dich legen, wenn du allein sein willst
und nicht allein sein willst.

FETZE PIJLMAN, »UNTER DEN BÄUMEN«,
1986

Ihr sicherer Ort kann aber auch herrlicher goldgelber Strand unter einer strahlenden Sommersonne sein, an dem sich das blaue Meer bis zum Horizont dehnt und am Himmel einige freundliche Schäfchenwolken ziehen. Ihr Blick fällt auf das funkelnde Licht auf dem Wasser. Sie hören die Wellen, das Plätschern des Wassers gegen den Sand, die Rufe der Möwen. Sie riechen die salzige Luft, Sie fühlen, wie die Sonne Ihre Haut wärmt und der Seewind durch Ihr Haar weht. Sie fühlen, wie die Füße langsam im warmen Sand versinken, die Sandkörner durch Ihre Zehen rieseln …

Oder Ihr sicherer Ort kann ein prasselndes Kaminfeuer sein … oder ein lauschiges Plätzchen im Garten … oder unter Ihrem Lieblingsbaum im Park … in der Hängematte liegend … in einem Boot schaukelnd … wo auch immer. Konzentrieren Sie sich abwechselnd auf alle Sinne: Was sehen Sie … Was hören Sie … Was riechen Sie … Was fühlen Sie … auf der Oberfläche der Haut … in Ihrem Körper … Lassen Sie es geschehen, dass sich Ihr Körper an dem sicheren Ort entspannt … dass Ihr Gesicht einen friedlichen Ausdruck annimmt … dass ein Lächeln Ihre Lippen umspielt … dass Freude aus Ihren Augen leuchtet … dass Ihr Herz sich öffnet.

Der sichere Ort ist Ihre Schöpfung und steht daher zu Ihnen in einer einzigartigen Beziehung. Stellen Sie sich vor, wie der Ort selbst Freude daraus gewinnt, dass es Sie gibt. Erlauben Sie es sich, diese Freude zu spüren. Gestehen Sie es sich zu, Dankbarkeit zu fühlen für den sicheren Ort, für die Möglichkeit, dorthin zurückzukehren, sooft Sie es möchten, und zu wissen, dass Sie immer willkommen sind. Ein Ort, an dem Sie ganz nach Hause kommen, immer und immer wieder.

Wie wenn du an einen Ort gelangst,
dich umsiehst und weißt, dass du zu
Hause bist.
Als ob du ihn schon kanntest,
Bevor du ihn sahst. Dort warst,
Bevor du noch dorthin kamst.
Einfach zu Hause.

AUS: KEES SPIERING, »ZUHAUSE«, 1996

2.1.8 Ein Lebenshintergrund mit viel Bedrohung oder Konkurrenz

Wenn wir aus einem Lebenshintergrund mit viel Bedrohung und Traumatisierung kommen, dann kann es sein, dass das Alarmsystem sehr leicht aktiviert wird, weil es entsprechend »trainiert« ist (siehe Abb. 3). Ohne dass wir uns bewusst dafür entschieden hätten, haben wir dann eine Lernerfahrung durchlaufen, die zu einer zu starken Ausprägung des Alarmsystems geführt hat. Daher reagiert es sehr empfindlich auf reale, aber auch vermeintliche

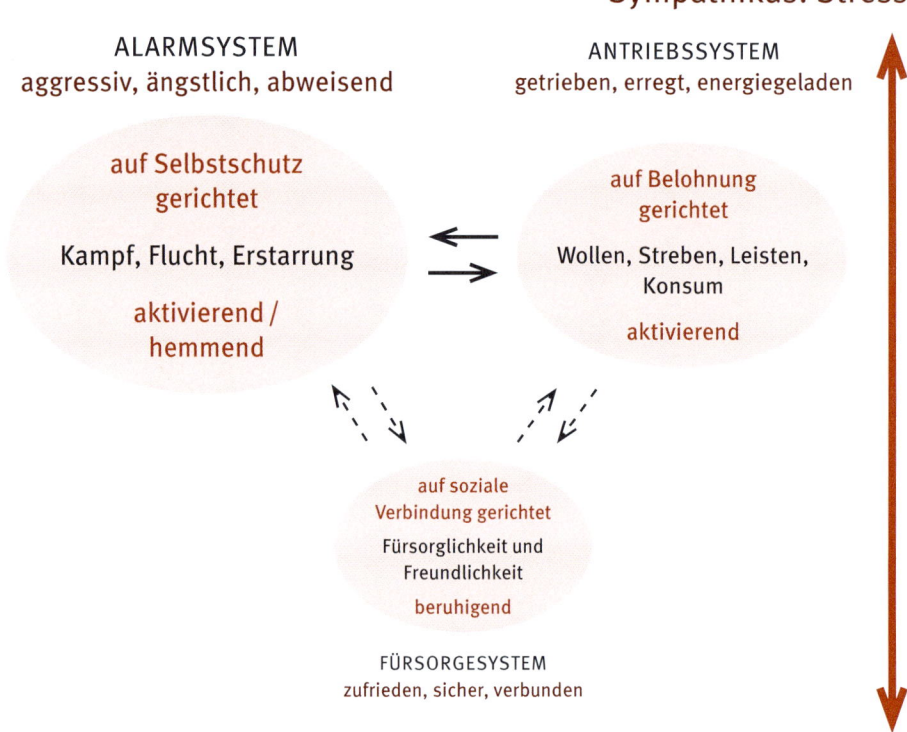

Abb. 3: Lebenshintergrund mit vielen Bedrohungen (Gilbert 2011)

Mit freundlicher Genehmigung wiedergegeben und bearbeitet aus *Mitgefühl* von
Paul Gilbert, Arbor Verlag 2011

Bedrohung. Durch die Erinnerung oder Vorstellung einer unsicheren Situation springt das Alarmsystem dann häufig sehr schnell an. Es kann auch durch ganz neutrale Ereignisse aktiviert werden, über Assoziationen und Zusammenhänge, die mittels unserer Sprachfähigkeit oder Vorstellungskraft hergestellt werden. Wenn das Terrain im Moment sicher erscheint und sich das Alarmsystem abschaltet, dann möchten wir, bevor die nächste Be-

drohung aufzieht, gerne schnell eine Reihe von Bedürfnissen befriedigen – und schon ist wieder das Antriebssystem aktiv. So bleibt wenig Gelegenheit, das Fürsorgesystem zu entwickeln, und wir erleben viel mehr Stress als Ruhe.

Sind wir mit viel Konkurrenz und Frustration unserer Bedürfnisse nach Anerkennung und Erfolg aufgewachsen, aktiviert oft jedes Gefühl oder jede Vor-

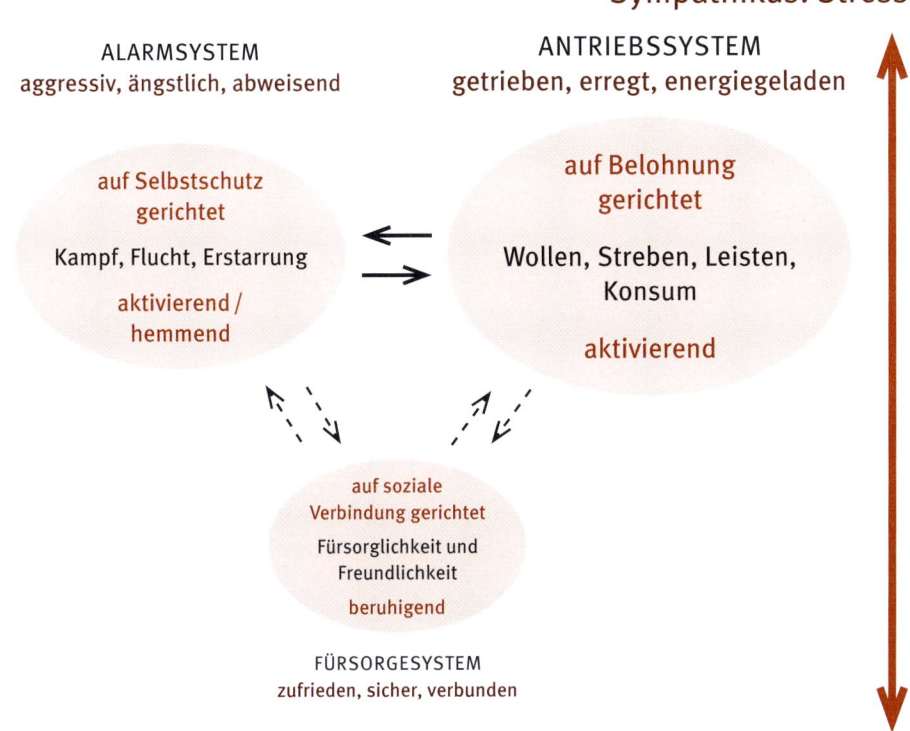

Abb. 4: Lebenshintergrund mit viel Konkurrenz (nach Gilbert 2011)

Mit freundlicher Genehmigung wiedergegeben und bearbeitet aus *Mitgefühl* von
Paul Gilbert, Arbor Verlag 2011

stellung einer Unzulänglichkeit das Antriebssystem (Abb. 4). Haben wir einmal einen Augenblick der Befriedigung erreicht (Antriebssystem ausgeschaltet), taucht schnell die Angst auf, ihn nicht festhalten zu können (Alarmsystem eingeschaltet) und wir können den Moment nicht einmal genießen. Ehe wir uns versehen, fühlen wir uns schon wieder frustriert und sind auf der Jagd nach dem nächsten Moment der Befriedigung. In

unserer Gesellschaft werden Konsum, Wettbewerb und Leistung stark stimuliert. Dadurch wird das Antriebssystem häufig aktiviert. Doch auch das Alarmsystem erhält laufend Nahrung, da *Unzulänglichkeit* schnell als *Unfähigkeit* interpretiert wird. Man schämt sich und fürchtet, nicht dazuzugehören, wenn das Handy, der Laptop oder das Fernsehgerät zu alt, die eigene Kleidung aus der Mode, der Partner zu langweilig oder die Leistungen unter der Norm sind. Wir sollen immer mehr besitzen und immer mehr Erfolg haben. Es ist kein Wunder, wenn wir zu wenig Zeit übrigbehalten für das Fürsorge- und Beruhigungssystem und es mit Burnout, Depression, Angstzuständen oder Suchtverhalten zu tun bekommen. Selbst in unserer »freien« Zeit sind wir unbewusst oft mehr damit beschäftigt, unser Alarmsystem und unser Antriebssystem in Form zu halten als unser Fürsorge- und Beruhigungssystem.

Zu einer unzulänglichen Entwicklung des Fürsorgesystems kommt es auch dann, wenn wir in der Kindheit emotional vernachlässigt wurden. Wer wenig Wärme und Liebe empfangen hat, ist im Allgemeinen auch kaum zu einer liebevollen Fürsorge sich selbst und anderen gegenüber fähig. Ein extremes Beispiel sind die rumänischen Waisenkinder, die während der Diktatur von Ceaușescu schwer vernachlässigt wurden. Sie waren später kaum zu einem sozialen Kontakt in der Lage. Auch wenn wir als Kinder häufig unberechenbarem Verhalten ausgesetzt waren oder von unseren Eltern oder Betreuern im Stich gelassen wurden, haben wir daraus vielleicht gelernt, einer eigentlich sicheren Situation zu misstrauen. Gefühle der Zuneigung und Bindung an andere können dann sogar als bedrohlich erfahren werden.

»Die Erkenntnis, dass mein Alarmsystem so viel stärker ausgebildet ist, ist für mich eine Herausforderung, mehr Aufmerksamkeit der Entwicklung des Antriebs- und Fürsorgesystems zu widmen.«
Kommentar eines Teilnehmers

Das Fürsorge- und Beruhigungssystem ist schließlich zu einem Auslöser für das Alarmsystem geworden. Die Bindungstheorie macht deutlich, dass eine *sichere Bindung* zwischen Baby und Mutter eine wichtige Voraussetzung für eine gesunde Entwicklung ist (Ainsworth & Bowlby 1991). Untersuchungen haben gezeigt, dass die Art der Bindung von Einjährigen sehr gute Vorhersagekraft dafür besitzt, wie viel Glück, Wohlbefinden und Stabilität im Erwachsenenalter möglich sein wird. Eine *unsichere Bindung* in der frühen Lebensphase ist gekennzeichnet durch Angst vor oder Vermeidung von emotionaler Bindung und lässt mehr emotionale und Beziehungsprobleme im späteren Lebensalter erwarten. Eine sichere Bindung geht einher mit einem gut entwickelten Fürsorge- und Beruhigungssystem (Gillath u. a. 2005). Bei einer unsicheren Bindung ist dieses System schwächer entwickelt – aber zum Glück lässt sich diesbezüglich durch Training im späteren Leben viel gutmachen.

2.1.9 Unser plastisches Gehirn

Mitgefühl ist eng mit dem Fürsorge- und Beruhigungssystem verbunden und die Praxis des Mitgefühls kann eine stagnierende Entwicklung in diesem System wieder in Gang bringen. Es geht dabei nicht darum, das Alarm- oder Antriebssystem zum Schweigen zu bringen, denn dies wäre schädlich für unsere Überlebenschancen. Es geht vielmehr darum, das Gleichgewicht wiederherzustellen, wenn das Alarm- und / oder Antriebssystem überstimuliert und das Fürsorge- und Beruhigungssystem unterstimuliert sind. Dann können wir dem Schmerz, der in jedem menschlichen Leben unausweichlich vorhanden ist, und dem unvermeidlichen Leiden, das damit verbunden ist, mit Milde und offener Aufmerksamkeit gegenübertreten und uns angemessen darum kümmern.

Es ist nun einmal so, dass ein System nur durch Übung kräftiger und leichter aktiv wird: Übung macht den Meister. Der kanadische Neuropsychologe Donald Hebb schrieb schon 1949: »*Neurons that fire together, wire together*«: Neuronen (Nervenzellen im Gehirn) verbinden sich über wachsende Verzweigungen miteinander und bilden immer stabilere Schaltkreise, je öfter sie stimuliert werden. Neurowissenschaftler haben bestätigt, dass bestimmte Teile unseres Gehirns für das Geben und Empfangen von Fürsorge und Freundlichkeit sehr empfänglich sind, sofern sie im Laufe des Lebens ausreichend stimuliert werden. Es wurde festgestellt, dass spezielle Gehirnareale beim Üben von Mitgefühl aktiv sind und dass der Grad dieser Aktivität mit dem Grad der Übung zusammenhängt (siehe 1.4). Weiterhin besteht eine Verbindung zwischen unserem emotionalen Gehirn und der Leistung unseres Herzens. Die Schwankungen im Rhythmus unseres Pulses (Herzfrequenz-Variabilität) sind kohärenter, wenn wir ruhig atmen und uns Situationen vorstellen, die warme Gefühle und Dankbarkeit wachrufen (Servan-Schreiber 2006, Hartogs 2009). Objektiv messbare physiologische Vorgänge und subjektive Erfahrung gehen hier Hand in Hand. Mitgefühl wird nicht ohne Grund eine »Herzqualität« genannt: Sie ist am deutlichsten in der Herzregion erfahrbar.

Zum Glück haben wir ein veränderliches und plastisches Gehirn und einen ebensolchen Organismus, und es ist nie zu spät, mit dem Üben zu beginnen. Mit regelmäßigem Achtsamkeitstraining haben wir bereits eine gute Grundlage geschaffen und sind jetzt bereit, unser Fürsorgesystem weiterzuentwickeln. Dieses Geschenk können wir jederzeit annehmen. Wie die weise alte Schildkröte im Animationsfilm *Kung Fu Panda* sagt: »Was war, ist Geschichte, was sein wird, ungewiss, das Heute ist hier und gehört dir.«

Über das gesamte Mitgefühlstraining hindurch werden Meditationen zur Entwicklung von Freundlichkeit durchgeführt, von denen nun der erste Teil folgt.

2.1.10 Übung
Freundlichkeitsmeditation: Selbstmitgefühl

*Alle akzeptieren mich so, wie ich bin.
Jetzt ich noch.*
LOESJE

Wie wir beim Fitnesstraining unsere körperliche Kondition trainieren können, so hat sich gezeigt, dass wir auch unsere geistigen Fähigkeiten wie Achtsamkeit und Sanftmut entwickeln können. Um mit Letzterem zu beginnen, möchten wir Sie einladen, ganz leise und entspannt einen freundlichen und mitfühlenden Wunsch für den Menschen in Ihrem Leben zu wiederholen, mit dem Sie am meisten zu tun haben … nämlich für Sie selbst. Wir nehmen alles von uns selbst immer überall mit hin. Das Leben kann sehr viel einfacher werden, wenn wir uns selbst mögen. Wenn Sie sich selbst etwas Freundliches wünschen, bedeutet dies nicht zwangsläufig, dass Sie ein Egoist wären. Wie alle Menschen und Tiere glücklich und in Frieden leben möchten, so haben auch Sie wahrscheinlich den gleichen Wunsch, und das ist völlig in Ordnung. Wenn wir in der Lage sind, freundlich auf uns selbst zu schauen und uns selbst zu mögen, könnte sich das zutiefst auf unsere Umgebung auswirken. Nach dem Motto: »Bringen Sie Freundlichkeit in die Welt, fangen Sie bei sich selbst an.«

1. Deshalb laden wir Sie ein, leise einen freundlichen Wunsch in Bezug auf sich selbst zu wiederholen und auf diese Weise mit dem Üben der Freundlichkeitsmeditation zu beginnen. Hierzu können Sie einen der vier nachfolgenden Sätze verwenden:

- »Möge ich mich sicher fühlen« oder »Möge ich mich geborgen fühlen«
- »Möge ich so gesund wie nur möglich sein« oder »Möge ich mein Leiden ertragen«
- »Möge ich glücklich sein« und
- »Möge ich unbeschwert und in Frieden leben«

Sie können diese Sätze in dieser oder in einer anderen Reihenfolge langsam durch sich hindurchfließen lassen oder einen speziell für Sie geeigneten Satz laufend wiederholen. Sie können jedoch auch einen »maßgeschneiderten Wunsch« verwenden und sich selbst etwas wünschen, was in diesem Moment besser zu Ihnen passt. So können Sie sich z. B. Sanftmut wünschen oder innere Harmonie, Milde, Mut oder Ruhe.

2. Es ist wichtig, dass Sie einen Wunsch verwenden, der Ihnen in diesem Augenblick zusagt und der Ihre derzeitigen Bedürfnisse erfüllt, einen Wunsch, der Ihr Herz öffnet. In den vorherigen Beispielen wurde als Ausdrucksmöglichkeit, einen Wunsch auszusprechen der Konjunktiv verwendet. Wenn dies zu »feierlich« für Sie ist, können Sie auch sagen: »Ich wünsche mir selbst Glück« oder »Ich gönne mir Frieden«. Sie wissen selbst am besten, was zu Ihnen passt.

3. Es kann hilfreich sein, einen bestimmten Rhythmus zu finden. Auf diese Weise ist es einfacher, sich zu konzentrieren. Dies kann erreicht werden, indem Sie den Wunsch im Atemrhythmus sprechen. Lassen Sie z. B. die erste Hälfte des Wunsches beim Einatmen mitfließen und die zweite Hälfte des Wunsches beim Ausatmen: »Möge ich ...« (beim Einatmen) »... in Frieden leben« (beim Ausatmen), oder »Möge ich ...« (beim Einatmen) »... Gelassenheit finden« (beim Ausatmen). Ohne den Atem zu beeinflussen, können Sie den Wunsch im Atemrhythmus mitfließen lassen. Eine andere Möglichkeit ist, den Wunsch jeweils beim Ausatmen mitfließen zu lassen. Wenn Sie beide Möglichkeiten zu kompliziert finden, können Sie den Wunsch auch einfach unabhängig vom Atemrhythmus leise wiederholen.

4. Wenn Sie sich auf diese Weise etwas Freundliches wünschen, ist es nicht so wichtig, ob Sie in der Lage sind, den Wunsch sofort umzusetzen. Die bloße Absicht, sich selbst etwas Freundliches zu gönnen, hat bereits eine heilsame Wirkung, wobei es keine Rolle spielt, ob der Wunsch realisiert werden kann oder nicht. Sie sind daher definitiv kein Egoist, wenn Sie für sich selbst etwas Freundliches wünschen. Im Gegenteil: Je weniger wir uns im Leben selbst etwas gönnen, desto mehr werden wir zu einem Griesgram, was sich unbewusst auch auf das eigene Umfeld überträgt. Zögern Sie also nicht, innerlich einen freundlichen Wunsch für sich selbst

zu wiederholen und diesen im Atemrhythmus oder unabhängig davon durch sich hindurchfließen zu lassen.

5. Manchmal geschieht etwas, was Sie davon ablenkt, den Wunsch zu wiederholen. Vielleicht verlieren Sie sich z. B. unbewusst in Gedanken oder werden durch ein Geräusch, eine körperliche Wahrnehmung oder eine Gefühlsregung abgelenkt. Wenn Sie das bemerken, dürfen Sie auch hiermit freundlich umgehen und können anerkennen, dass es Hören, Denken oder Fühlen gibt. Und sobald Sie möchten, können Sie den Wunsch erneut leise wiederholen und durch sich hindurchfließen lassen.

6. Der Einfachheit halber würden wir nicht empfehlen, sich jedes Mal einen neuen Wunsch auszudenken, denn das kann durchaus anstrengend sein. Aber wenn Ihnen spontan ein neuer Wunsch einfällt, der besser zu Ihnen passt, können Sie diesen natürlich ohne Weiteres verwenden. Und wenn es zu ermüdend wird, stets den gesamten Wunsch erneut zu wiederholen, dann ist es auch in Ordnung, ihn etwas zu kürzen. So kann ein Wunsch wie »Möge ich Mitgefühl mit mir selbst haben« zu »Mitgefühl haben« abgekürzt werden oder »Möge ich in Frieden mit meinem Körper sein« zu »In Frieden leben«. Sie kennen ja den ganzen Wunsch. Sie müssen den Satz oder das Wunschwort nicht unbedingt immer wiederholen, dies darf sich auf eine ungezwungene Art entwickeln. Wenn Sie z. B. nach einiger Zeit feststellen, dass Sie sich in einem friedlichen, sanftmütigen Zustand befinden, können Sie eine Weile auch gar nicht mehr an Ihren Wunsch denken und nur die friedliche Stimmung wahrnehmen und sich darüber freuen – um den Wunsch dann wieder aufzunehmen, wenn Sie merken, dass Ihre Gedanken abschweifen.

7. Wie Sie sich auch dabei fühlen – es ist immer in Ordnung. Manchmal kann es ein friedliches Gefühl sein, manchmal können am Anfang Rührung, Wut, Trauer oder Zweifel entstehen. Wenn eine solche Emotion stark empfunden wird, dann können Sie diese vielleicht akzeptierend als »Rührung«, »Zorn«, »Trauer« oder »Zweifel« einstufen, um sie dann innerlich mit freundlichen Augen wahrzunehmen. Es muss nichts korrigiert oder weggedacht werden. Sobald Sie wieder dazu in der Lage sind, können Sie mit Ihrem ursprünglichen Wunsch fortfahren. Auch wenn Sie merken, dass Sie zu träumen beginnen oder sich nicht mehr konzentrieren, können Sie das sanftmütig anerkennen und erneut beginnen, den Wunsch zu wiederholen. Wenn Sie merken, dass Sie wegdösen, können Sie auch dies wahrnehmen. Manchmal hilft es, wenn die Wunschsätze in solchen Momenten aktiver gesprochen werden.

8. Manchmal werden Sie auch nichts Besonderes spüren und die Übung scheint keinerlei Wirkung zu haben. Auch das dürfen Sie wahrnehmen, wie es ist, es ist in Ordnung. Diese freundliche, mitfühlende Absicht an sich hat wie gesagt bereits eine heilsame Qualität. Übung macht den Meister. Manchen bereitet die Übung am Anfang ziemliche Schwierigkeiten, und sie kann sogar wütend machen, wie wenn man sich durch das ständige Wiederholen des Satzes einer Gehirnwäsche unterziehen würde. Oft hat dies mit einer tiefliegenden Härte oder Strenge sich selbst gegenüber oder mit einem geringen Selbstwertgefühl oder Scham zu tun (dessen man sich vielleicht gar nicht bewusst ist), sodass man sich erst daran gewöhnen muss, sich selbst etwas Freundliches zu wünschen. Wenn Sie sich allerdings etwas Zeit und Entspannung gönnen und die Übung regelmäßig durchführen, werden sich diese Verhaltensmuster allmählich abmildern.

9. Es hilft dabei, die Übung am Anfang einfach nur dann durchzuführen, wenn Sie sich gut oder einigermaßen entspannt fühlen. Wenn Sie dennoch Widerstand spüren, können Sie Ihren Wunsch vielleicht auch darauf abstimmen und sich selbst etwas wünschen wie z. B.: »Möge ich mich so annehmen, wie ich bin« oder »Möge ich mit Widerstand freundlich umgehen«. Eine andere Möglichkeit ist, dass Sie in Gedanken eine Person in Ihrem Leben wählen, bei der es Ihnen leichter fällt, ihr etwas Freundliches zur wünschen. Jemanden, der ein großes Vorbild für Sie ist und der für Sie der Inbegriff für Eigenschaften wie Sanftmut, Geduld, Zuverlässigkeit und Weisheit ist. Es könnte auch jemand aus Ihrer Familie sein oder ein Freund oder eine Freundin, der

oder die Ihnen viel bedeutet. Diese Person können Sie erst zum Objekt Ihres freundlichen oder mitfühlenden Wunsches machen, bevor Sie diesen Wunsch später an sich selbst senden. Sie können für den Anfang sogar ein Haustier wählen, an dem Sie sehr hängen. Wenn Sie mit der Übung gar nicht zurechtkommen, können Sie auch erwägen, diese zu einem anderen Zeitpunkt noch einmal durchzuführen. Niemand zwingt Sie zu etwas – es ist nur ein Vorschlag.

»Die Übung, mir selbst etwas zu wünschen, löste viele Emotionen aus. Es fühlte sich wirklich gut an, mir selbst einen liebevollen Wunsch zu senden, wie wenn ich endlich wieder nach Hause käme.

Kommentar eines Teilnehmers

10. Einige Menschen glauben, dass bei einer solchen Übung sofort eine sehr tiefe Empfindung entstehen müsse. Manchmal ist das tatsächlich der Fall, und vielleicht sind Sie gerührt oder empfinden ein tiefes Glücksgefühl. Es ist aber wichtig zu wissen, dass dies nicht notwendigerweise eintreten muss: Es ist gut, wie es in diesem Augenblick erfahren wird, wie auch immer es ist. Die bloße Absicht, sich selbst etwas Freundliches zu wünschen, hat bereits etwas Heilsames; in diesem Moment

verweilt man in einem sanftmütigen, wohlwollenden Zustand des Geistes. Und dieser wächst mit jeder Minute, in der Sie sich selbst eine hübsche Glückwunschkarte schicken. Zögern Sie also nicht und senden Sie sich selbst weiterhin im Atemrhythmus oder unabhängig davon einen freundlichen Wunsch – so lange, wie Sie möchten.

2.1.11 Übung
Mitgefühl in Klängen, Farben und Gerüchen

Musik kann ein wirksames Medium sein, um unterdrückte Emotionen frei fließen zu lassen und sich in eine Stimmung von Ruhe, Frieden und Sicherheit zu versetzen. Forschungen haben gezeigt, dass der Rhythmus in der Musik den Atemrhythmus beeinflusst, und dies beeinflusst wiederum die Variabilität des Herzrhythmus. Ein ruhiger Atemrhythmus mit einer Frequenz von ungefähr sechs Atemzügen pro Minute scheint für die Herzfrequenz-Variabilität günstig zu sein (Brown & Gerbarg 2012). Der Herzrhythmus synchronisiert sich dann auf sechsmalige Beschleunigung und Verlangsamung pro Minute. Viele langsame Teile von Barockmusik unterstützen offensichtlich diesen Rhythmus mit derselben Sechserfrequenz pro Minute. Bei sechs Atemzügen pro Minute dauert ein Atemzug also zehn Sekunden und jedes Einatmen und Ausatmen durchschnittlich fünf Sekunden.

Auch das Singen von Mantras oder spezielle Rezitationen können eine solche Wirkung auf den Atem- und Herzrhythmus haben. Dies gilt natürlich auch für viele andere Musikarten.

Wir möchten Sie aber nicht zum Messen und Zählen auffordern, sondern Sie einladen zu erfahren, wie es ist, in einen ruhigen Atemrhythmus zu kommen, unterstützt von Musik, die bei Ihnen die Mitgefühlssaite zum Schwingen bringt. Erkunden Sie einmal, wenn Sie Musik hören, singen oder ein Instrument spielen, welche Musik bei Ihnen das Fürsorge- und Beruhigungssystem unterstützt. Welche Musik ist für Sie die Musik der Güte und des Mitgefühls? Laden Sie sich selbst zum Experimentieren ein und lassen Sie sich davon überraschen, was Sie erleben.

Die einen brauchen eher Rhythmus und Klang, die anderen eher Farbe. Entspannen Sie sich in einen ruhigen Atemrhythmus und stellen Sie sich, wenn Sie bereit sind, eine Farbe vor, die Sie mit Mitgefühl verbinden, eine Farbe, die für Sie Wärme und Güte in sich trägt. Auch wenn Sie nur eine flüchtige Farbwahrnehmung haben, ist das in Ordnung. Wenn Sie soweit sind, stellen Sie sich vor, dass sich die Farbe immer weiter ausdehnt und Sie vollständig einhüllt. Lassen Sie es dann zu, dass die Farbe Ihr Herz erfüllt und von dort aus allmählich den ganzen Körper. Lassen Sie mit jedem Atemzug die Farbe sich von Ihrem Herzen aus durch den Körper ausbreiten. Erlauben Sie es sich, während dies geschieht, zu

fühlen, wie Ihnen die Farbe helfen will und Ihnen Weisheit, Kraft und Liebe schenkt. Spüren Sie, wie diese Qualitäten Ihren Körper durchströmen, und lassen Sie Ihren Gesichtsausdruck Freundlichkeit ausstrahlen. Sie können der Reihe nach mit unterschiedlichen Farben experimentieren, die Sie mit unterschiedlichen Qualitäten des Mitgefühls verbinden (z. B. Wärme, Milde, Mut). Vielleicht können Sie eine solche Übung auch in der Weise durchführen, dass Sie sich einen Geruch vorstellen, der in Ihnen milde, warme Empfindungen hervorruft. Stellen Sie sich vor, dass dieser Geruch Sie vollständig einhüllt und sogar in Ihre Haut einzieht, wie ein warmes und entspannendes Bad, das Sie genießen können. Sie können diese Übung mithilfe Ihrer Vorstellungskraft durchführen, aber auch mit realen duftenden Gegenständen.

2.1.12 Die Attribute von Mitgefühl

Wir möchten Sie auch ermuntern, den Attributen von Mitgefühl Aufmerksamkeit zuzuwenden. Wenn Sie Lust haben, dann lassen Sie sich von Dingen wie Blumen, Weihrauch, Duftöl oder Kerzen und von allerlei Formen, Düften und Farben im Haus oder draußen in der Natur inspirieren, die in Ihnen Empfindungen des Mitgefühls wachrufen. Vielleicht gibt es kleinere Gegenstände (Figuren, Fotos, Karten, Sprüche, Texte und so weiter), die Sie in der Nähe behalten wollen (z. B. an dem Ort, an dem Sie Übungen machen oder an dem Sie des Öfteren sitzen), um Sie an den Wert von Achtsamkeit und Mitgefühl zu erinnern. Vielleicht ist etwas dabei, das Sie gerne mit sich tragen, wo auch immer Sie sind.

Wenn es Ihnen sehr schwer fällt, sich selbst gegenüber eine milde Haltung einzunehmen, dann kann es eine stetige Einladung hierzu sein, wenn Sie etwas Weiches bei sich haben und regelmäßig fühlen. Dass Babys, Kleinkinder und junge Säugetiere ein Gefühl der Sicherheit und Geborgenheit zu entwickeln lernen, wird zu einem großen Teil durch die Erfahrung von physischem Kontakt mit Milde und Wärme vermittelt. Wenn die Mutter oder die betreuende Person abwesend ist, dann kann z. B. ein Teddybär als Ersatz dienen. Zu erwähnen ist auch das berühmt gewordene Experiment von Harlow (1958) mit jungen Rhesusaffen. Er ließ diese mit zwei Arten von künstlichen »Müttern« aufwachsen. Es zeigte sich, dass sich die Affen viel lieber an eine Ersatzmutter klammerten, die mit einem fellartigen Stoff bezogen war, selbst wenn sie keine Milch gab, als an eine Ersatzmutter, die zwar Milch gab, aber aus kaltem Draht bestand. Bei einem Gruppentraining für Menschen, die unter schwerer Selbstkritik und Scham litten, entdeckten die Teilnehmer, dass ein Tennisball sehr gut geeignet war, das Fürsorgesystem zu aktivieren: Der Kontakt mit der weichen Oberfläche des Tennisballs unterstützte die Erfahrung von Gelassenheit und Geborgenheit (Gilbert & Proctor 2006).

2.1.13 Tagebuchübung
Mitgefühl geben oder annehmen

Wir geben am Ende der Kurstreffen auch immer die Empfehlung, ein Tagebuch darüber zu führen, wie wir Mitgefühl im Alltag erleben. In der darauffolgenden Kurseinheit besprechen wir dieses Tagebuch dann zu zweit oder zu dritt oder mit der ganzen Gruppe. Im Kursheft verwenden wir hierfür einen Reflexionsbogen zum Ausfüllen. Weil wir das vorliegende Buch nicht zu lehrbuchhaft werden lassen wollen, werden wir immer nur die wichtigsten Punkte kurz ansprechen. Vielleicht möchten Sie beim nächsten Mal auf diese Aspekte besonders achten und sich Notizen machen, am besten so schnell wie möglich, wenn die Erfahrung noch frisch ist.

Tagebuch »Mitgefühl geben oder annehmen«

Achten Sie einmal auf Augenblicke, in denen Mitgefühl gegeben oder angenommen wird. Ein Beispiel für Mitgefühl annehmen kann Folgendes sein: »Ich suchte im Supermarkt die Zahnpasta. Eine Verkäuferin fragte mich freundlich, was ich suche, und führte mich zum Regal.« Ein Beispiel für Mitgefühl geben: »Eine Freundin kam zu Besuch und begann, über Probleme in der Arbeit zu sprechen. Ich konnte geduldig zuhören, und als sie mich um einen Rat bat, konnte ich ihr einen guten Tipp geben.« Danach können Sie sich die folgenden Fragen stellen und sich ggf. Notizen dazu machen:

- Waren Sie sich dessen bewusst, dass Sie Mitgefühl empfingen oder gaben, als dies geschah?
- Welche körperlichen Empfindungen hatten Sie genau? (z.B. »angenehm«, »warm«, »sanft« oder »entspannt«)
- Mit welchen Emotionen und Gedanken war dieses Ereignis verbunden? (Beispiel für das Empfangen von Mitgefühl: »Ich fühlte mich verlegen und dankbar und dachte: Ich komme jetzt zum Glück nicht zu spät zu meiner Verabredung. Wie schön, dass er mir helfen will.« Oder beim Geben von Mitgefühl: »Ich fühlte mich friedlich und dachte: Wie schlimm für sie; ich hoffe, sie kann eine Lösung finden.«)
- Was geschieht in diesem Moment, beim Aufschreiben oder darüber Nachdenken, in Ihnen? (z.B. »Ich fühle mich wieder warm und froh, wenn ich daran zurückdenke«, oder: »Ich fühle mich mit ihr verbunden. Schön, dass ich durch Zuhören helfen konnte und dass sie sich verstanden fühlte.«)

»Es zeigt sich, dass es mir schwer fällt, Mitgefühl anzunehmen. Ich bekomme schnell Schuldgefühle deswegen und finde manchmal, dass ich es nicht wert bin.«

Kommentar eines Teilnehmers

Überblick Kurseinheit 1:
Drei Regulationssysteme für Gefühle

Thema

In der ersten Kurseinheit befassen wir uns mit dem »Warum« des Mitgefühlstrainings und zeigen den Zusammenhang mit der Entwicklung des Gehirns auf. Wir behandeln dabei drei emotionale Regulationssysteme des Menschen: das Alarmsystem, das Antriebssystem und das Fürsorgesystem. Wir befassen uns damit, wie die Regulationssysteme entgleisen können und wie Mitgefühlstraining das Fürsorgesystem stärken kann.

Ablauf

- Kurze Achtsamkeitsübung, um anzukommen, endend mit der Frage: »Was wünschen Sie sich zu Beginn dieses Trainings?«
- Kennenlernrunde mit den folgenden Fragen:
  - Nennen Sie bitte Ihren Namen.
  - Was führt Sie hierher?
  - Was möchten Sie über die Übung zu Beginn mitteilen?
  - Was ist für Sie wertvoll in Ihrem Leben? Was ist wichtig?
- Gruppenregeln besprechen
  - Handy aus oder auf Vibrieren
  - Vorschläge zum gemeinsamen Umgang miteinander, basierend auf Sicherheit, Vertraulichkeit und Freiwilligkeit
  - Gut für sich selbst sorgen
  - Ausgesprochene und unausgesprochene Wünsche, Erwartungen »parken« und offen sein für das, was während des Kurses geschieht
- Kurze Pause mit Tee oder Kaffee und der Reflexionsfrage (einzeln oder in Kleingruppen): Erwägen Sie gute Gründe, warum Sie sich gerade *nicht* mit (Selbst-)Mitgefühl befassen sollten.
- Nachbesprechung der Aufgabe und dann Theorie: Warum *doch* (Selbst-) Mitgefühl entwickeln?
- Theorie: Die drei emotionalen Regulationssysteme
- Geführte Übung »Der sichere Ort« mit anschließendem Austausch
- Verteilung von Kursmaterial und der Übungsvorschläge für die kommende Woche
- Abschluss mit der Übung »Der Atemraum mit Mitgefühl« mit dem Schwerpunkt auf Selbstmitgefühl

Übungsvorschläge für die Woche nach Kurseinheit 1

Formell

- Übung »Die drei Kreise« durcharbeiten (2.1.5)
- Einmal täglich Verbindung mit dem sicheren Ort aufnehmen (2.1.7)
- Einmal täglich die Hinweise zur »Freundlichkeitsmeditation: Selbstmitgefühl« (2.1.10) lesen und die Übung praktizieren

Informell

- Sich regelmäßig, z. B. zweimal täglich, zwischen den alltäglichen Verrichtungen Zeit für die Übung »Der Atemraum mit Mitgefühl« nehmen (2.1.2)
- Den Hinweisen der Übung »Mitgefühl in Tönen, Farben und Gerüchen« folgen (2.1.11)
- Die Vorschläge in »Die Attribute des Mitgefühls« umsetzen (2.1.12)
- Tagebuchübung: Sich täglich des Gebens und Annehmens von Mitgefühl bewusst sein und dazu Notizen machen (2.1.13)

2.2 Kurseinheit 2: Stressreaktionen und Selbstmitgefühl

Vielleicht sind alle Drachen unseres Lebens Prinzessinnen, die nur darauf warten, uns einmal schön und mutig zu sehen. Vielleicht ist alles Schreckliche im tiefsten Grunde das Hilflose, das von uns Hilfe will.

RAINER MARIA RILKE, BRIEF AN
FRANZ XAVER KAPPUS, 1904

2.2.1 Kampf, Flucht, Erstarrung

Jon Kabat-Zinn, der Begründer des Kursformats Stressbewältigung durch Achtsamkeit (*Mindfulness-Based Stress Reduction*), hat einmal gesagt: »Schmerz ist unvermeidlich, darunter zu leiden die eigene Wahl.« Das klingt vielleicht ziemlich krass. Wer entscheidet sich schon freiwillig für das Leiden? Er meint damit aber das Leiden, das durch unseren inneren »Stressgenerator« erzeugt wird, wenn wir uns auf die ungesunden Stressreaktionen auf den Schmerz einlassen, der nun einmal da ist. Sobald wir unsere Reaktion »sehen«, haben wir in der Tat mehr Wahlmöglichkeiten: Wir können uns darauf einlassen oder nicht. Eine unbewusste Reaktion kann so zu einem bewussten Umgang werden. Sind wir in unserem Widerstand gegen den Schmerz gefangen, wird das Leiden nur noch größer. Christopher Germer (2010) verpackt dies in die Formel:

Schmerz x Widerstand = Leiden

Man könnte noch eine andere Formel dazusetzen:

Begierde x Streben = Leiden

Wenn wir die automatischen Reaktionen unseres Alarm- und Antriebssystems nicht wahrnehmen, sondern unbewusst von ihnen fortgerissen werden, erzeugen wir ungewollt viel Leid, denn im Allgemeinen droht selten wirkliche Gefahr, und die wesentlichen Lebensbedürfnisse werden vollauf befriedigt. Wenn wir von den Funktionen unseres alten Gehirns beherrscht werden, indem wir instinktgesteuert Schmerz vermeiden und Genuss suchen, läuft der interne Stressgenerator auf Hochtouren.

Bei einer physischen Bedrohung (ein Auto, das auf uns zurast, während wir die Straße überqueren) kann eine schnelle reflexhafte Reaktion (zur Seite springen) lebensrettend sein. Bei einer psychischen Bedrohung wie der Erfahrung einer negativen Emotion oder eines negativen Gedankens ist der Zusammenhang weniger offensichtlich. Und trotzdem zeigen wir bei einer physischen und einer psychischen Bedrohung oft vergleichbare Stressreaktionen. Wenn der Körper bedroht wird, reagieren wir mit Kampf,

Flucht oder Erstarrung/Versteifung (*Fight, Flight, Freeze*). Dies hilft uns, physisch zu überleben. Erfahren wir emotionalen Schmerz als psychische Bedrohung, zeigen wir oft vergleichbare Reaktionen, um psychisch zu überleben (Neff 2003a und b):

- »Kampf« nimmt die Gestalt von *Selbstkritik* und *Selbstvorwürfen* an: Wir richten unsere Aggression auf denjenigen Teil von uns selbst, durch den wir uns bedroht fühlen.
- »Flucht« wird zu *Selbstisolation*: Wir halten uns – oder den bedrohlichen Teil von uns selbst – aus Angst, Scham oder Misstrauen abseits von anderen und stehen allein mit unserem Leid.
- »Erstarrung« wird zu *Selbstabsorption* und *Überidentifikation*: Wir bleiben in unseren Vorstellungen über uns selbst und unserem Schmerz gefangen.

Diese Stressreaktionen auf eine psychische Bedrohung scheinen die Verarbeitung der instinktiven Reaktionen des alten Gehirns durch das neue Gehirn zu sein. Sie wirken aber oft kontraproduktiv und verschlimmern den emotionalen Schmerz nur. Warum sind diese Reaktionen dann doch so hartnäckig? Wir haben bereits gesehen, dass das Gehirn aus evolutionärer Sicht ein Überlebensorgan ist. Unser Gehirn scheint eine Vorliebe dafür zu haben, negative Ereignisse zu speichern. Dies hängt einfach mit der Verbesserung unserer Überlebenschancen zu einer Zeit zusammen, als wir noch unter primitiven Verhältnissen lebten. Derjenige Teil des emotionalen Gehirns, der als Amygdala oder Mandelkern bezeichnet wird, fungiert als »Alarmglocke«, die bei allem schrillt, was als potenzielle Gefahr erkannt wird. Zugleich wird der Körper in einen Bereitschaftszustand versetzt, sodass wir uns so schnell wie möglich in Sicherheit bringen können. Im Tierreich gilt: Wenn du glaubst, dass Jagd auf dich gemacht wird: Sicher ist sicher. Bei der bloßen Möglichkeit einer Gefahr läuft ein Hase lieber einmal zu viel als einmal zu wenig – besser eine Mahlzeit verpassen als selbst die Mahlzeit sein (siehe Abb. 5).

Unser Überlebensinstinkt kann sowohl bei physischer als auch bei psychischer Bedrohung aktiviert werden (die Amygdala schlägt Alarm), und der Körper zeigt in beiden Fällen vergleichbare Stresssymptome. Selbst mit unseren neuen Gehirnfunktionen können wir nur schwer

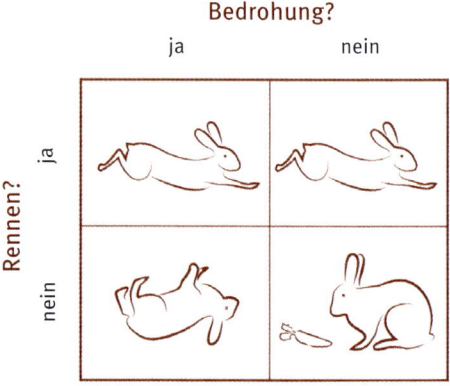

Bedrohung?

Abb. 5: Entscheidungsdiagramm bei möglicher Gefahr

zwischen einer Bedrohung von außen oder einer solchen von innen sowie zwischen physischer und psychischer Selbsterhaltung unterscheiden. Wenn die Alarmglocke schrillt, flüchten wir, bevor wir uns noch die Zeit nehmen, diesen Unterschied zu klären. Bei emotionalem Schmerz gehen wir oft automatisch von dem Entscheidungsdiagramm in Abbildung 5 aus: Bei möglicher Gefahr: rennen! Wenn emotionaler Schmerz als drohender Verlust des psychischen Selbst wahrgenommen wird, reagieren wir so, als ob das eigene Leben auf dem Spiel stünde. Ein Teil der eigenen Innenwelt ist dann kein sicherer Ort mehr, an dem wir uns zu Hause fühlen können, sondern »lebensgefährliches« Gelände, einschließlich der Gebiete in unserem Körper, in dem sich der emotionale Schmerz manifestiert. Dass wir »flüchten«, ist aus unserem spontan reagierenden Überlebensinstinkt heraus zwar verständlich, aber der Preis dafür ist langfristig hoch: Wir können uns nicht mehr um unseren emotionalen Schmerz kümmern und verlieren die Verbindung zu unserem Körper. Wir ziehen uns auch vor anderen zurück, durch die wir an den emotionalen Schmerz erinnert werden, auch denjenigen, die uns helfen könnten, denn auch von diesen werden wir daran erinnert. Oft ist es »sicherer«, sich mit dem Schmerz anderer zu befassen als mit dem eigenen (wodurch ein »Helfersyndrom« entstehen kann). Wir entfremden uns von einem Teil von uns selbst (schmerzhafte Emo-tionen und zugehörige Körperempfindungen) und ziehen uns in den anderen Teil zurück, in dem wir uns sicher wähnen: den Kopf. Statt zu fühlen, denken wir und identifizieren uns mit einem beschränkten Selbst- und Weltbild (»Erstarrung«). Wir verschanzen uns in unseren Auffassungen und verteidigen uns gegen Gefühle und Gedanken, die wir als mögliche Bedrohung ansehen. Wir »kämpfen« gegen uns selbst und andere, die unsere Ideen in Zweifel ziehen.

Um den inneren Kampf mit den eigenen Erfahrungen stärker zu Bewusstsein zu bringen, begleiten wir zu Beginn der zweiten Kurseinheit immer die folgende Übung (2.2.2). Diese Übung macht vielen bewusst, wie sie mit Stress und Stressreaktionen umgehen, und öffnet den Blick für andere Möglichkeiten des Umgangs mit Schmerz und Widerstand. Die Übung lässt schließlich auch erkennen, wie sich das Alarmsystem in verschiedener Weise äußert (unter anderem als Widerstand).

2.2.2 Übung
Mitfühlend mit Widerstand umgehen

Setzen Sie sich ruhig hin, schließen Sie, wenn Sie mögen, die Augen und stellen Sie eine Verbindung mit den Atembewegungen her … im Bauchbereich oder, wenn der Atem etwas höher sitzt, im Brustraum … Werden Sie mit entspannter Aufmerksamkeit gewahr, wie sich die Bauchdecke oder die Brust immer wieder ein wenig heben und senken. Suchen Sie nun in Gedanken eine aktuelle Situation auf, die leicht Zorn, Angst oder einen anderen emotionalen Schmerz hervorruft. Es kann ein Streit oder ein Konflikt sein, der Verlust eines geliebten Menschen, ein Machtkampf mit einem Ihrer Kinder, ein peinliches Missverständnis mit einem Kollegen oder einer Kollegin … Es kann auch eine immer wiederkehrende körperliche Beschwerde sein … eine Verhaltensweise, die Sie jetzt bereuen … etwas Unangenehmes. Je mehr Sie mit dem schmerzlich aufgeladenen Kern des Sachverhalts in Kontakt kommen, desto stärker können Sie die damit verbundenen Gefühle in Ihrem Herzen und in Ihrem Körper erfahren. Was ist es, das in dieser Situation die intensivsten Gefühle auslöst? Vielleicht sehen Sie eine bestimmte Szene vor sich, hören die Worte, die gesprochen wurden, oder erkennen eine innere Überzeugung, welche Auswirkung diese Situation wohl haben wird und was dies für die Zukunft bedeutet. Seien Sie sich vor allem der Gefühle in Bauch, Brust und Kehle bewusst.

Lassen Sie sich jetzt zu dem Experiment einladen, allen Wahrnehmungen, die Sie dabei machen, ein fortwährendes »Nein« entgegenzusetzen. Sie sagen also »Nein« oder »Ich will das nicht erleben« zu allem, was Ihnen begegnet: »Nein« zu den unerfreulichen Empfindungen von Angst, Zorn, Scham oder Reue. Laden Sie das Wort mit der Energie von »Nein« auf: abweisend von sich wegschieben, was Sie erleben. Sollten Sie im Moment nichts Unerfreuliches in sich selbst wahrnehmen, können Sie vielleicht ein fortwährendes »Nein« allem entgegensetzen, was auch immer Sie von Augenblick zu Augenblick erleben. »Nein« zu Gedanken. »Nein« zu körperlichen Empfindungen. »Nein« zu jeglichem Gemütszustand, den Sie erleben. »Nein« zu Geräuschen, die Sie vielleicht hören, oder »Nein« zu den Worten, die jetzt durch die Übung an Sie herandringen. »Nein, nein, nein« … Sogar »Nein« zu den Atembewegungen. Und während Sie »Nein« zu allem sagen, können Sie vielleicht gleichzeitig spüren, wie sich dieser Widerstand in Ihrem Körper anfühlt. Spüren Sie Spannungen? Oder Druck? Und was geschieht mit den schmerzhaften Emotionen, wenn Sie »Nein« sagen? Was fällt Ihnen beim Atmen auf … und was geschieht mit Ihrem Herzen? Nehmen Sie sich auch die Zeit, darüber zu reflektieren, wie mitfühlend es wäre, wenn Sie in dieser bestimmten Situation weiterhin dieses »Nein« verkörpern.

Sie können jetzt das Neinsagen beenden. Atmen Sie einige Male tiefer durch und schauen Sie, ob sich der Körper etwas lockern oder entspannen kann. Wenn Sie es angenehm finden, können Sie die Augen vorübergehend öffnen oder die Haltung ein wenig verändern.

Rufen Sie sich nun die zuvor gewählte schmerzhafte Situation wieder vor Augen und erinnern Sie sich an die Bilder, Worte, Überzeugungen und Gefühle, die damit verbunden waren.

Und setzen Sie jetzt einen Strom von »Ja« in Gang. »Ja« zu den schmerzhaften Emo-

»Ich habe kommenden Samstag ein Date. Das gab bisher viel Stress. Ich habe gemerkt, dass das durch mein inneres ›Nein‹ schlimmer wird. Ich möchte daher dieser Verabredung mit einer ›Ja‹-Haltung entgegengehen. So kann ich es natürlich auch mit anderen Ängsten oder Spannungen machen!«

Kommentar einer Teilnehmerin

tionen. »Ja« zu den körperlichen Empfindungen. »Ja« zu den Gedanken oder »Ja« zu der schmerzhaften Erfahrung als Ganzes. Und wenn es Ihnen bei der Einleitung dieser Übung schwer fiel, sich mit einer schmerzhaften oder schwierigen Erfahrung zu verbinden, dann können Sie vielleicht »Ja« oder »Es ist in Ordnung« sagen zu allem, was Sie von Augenblick zu Augenblick erfahren … zu Gedanken, Emotionen, körperlichen Empfindungen, Geräuschen … und nicht zu vergessen auch »Ja« zu den Atembewegungen. Lassen Sie alles mit einem fortwährenden »Ja« zu, selbst wenn eine Welle von »Nein« in Form von Angst, Zorn oder vielleicht Widerstand gegen diese Übung aufsteigt … auch das ist in Ordnung. Auch das dürfen Sie mit einem »Ja« oder »Es ist in Ordnung« beantworten.

Nehmen Sie wahr, was dieses Jasagen mit Ihnen macht. Spüren Sie eine Entspannung oder eine andere Bewegung in Ihrem Körper? Entsteht mehr Raum und Offenheit in Ihrem Geist? Was geschieht mit dem unangenehmen Gefühl, wenn Sie »Ja« sagen? Schwächt es sich ab? Und was geschieht mit Ihrem Herzen, wenn Sie »Ja« sagen? Wie mitfühlend wäre es in dieser Situation, weiterhin ein »Ja« zu verkörpern?

»Ja« sagen zu dem, was wir im Augenblick erleben, muss natürlich nicht bedeuten, dass wir allen unseren Wünschen oder Impulsen sofort folgen müssen. Wenn aus dem Inneren heraus der Wunsch als Wunsch wahrgenommen und erkannt wird, kann aus diesem Bewusstsein heraus eine Entscheidungsmöglichkeit entstehen: manchmal dem Wunsch zu folgen, und manchmal auch nur, den Wunsch aufmerksam zu beobachten, wie dieser kommt und geht, ohne einzugreifen, nur ein inneres Beobachten, wie eine Welle, die sich auftürmt und wieder in den Ozean zurücksinkt. Manchmal kann man auch »Nein« oder »Es ist genug« sagen, wenn man erkennt, dass eine innere Grenze erreicht ist und dass es nicht klug ist, eine bestimmte Verhaltensweise oder Situation aufrecht zu erhalten. Dabei sollte man allem, was einem begegnet, immer eine anerkennende, bejahende Haltung und eine sanfte, offene Aufmerksamkeit entgegenbringen. Bleiben Sie noch einige Minuten sitzen, ohne sich zu etwas gedrängt zu fühlen. Nehmen Sie sich einfach vor, alle Empfindungen, Emotionen, Klänge, Gedanken oder Bilder, die

Ihnen begegnen, mit einem leisen »Ja« oder »Es ist in Ordnung« zu begleiten.

Übersetzt und mit Genehmigung angepasst aus Radical Acceptance, Brach 2004

Wie bei jeder Achtsamkeitsübung gibt es auch bei der vorhergehenden Übung keine »richtige« oder »falsche« Erfahrung. Es kann sein, dass Sie sich bei der »Ja«-Haltung besser fühlen als bei der »Nein«-Haltung, aber es kann auch das Umgekehrte der Fall sein. Das hängt von der schmerzhaften Situation ab, die Sie gewählt haben. Die Offenheit eines »Ja« kann ein befreiendes Gefühl vermitteln, die Klarheit eines »Nein« kann Ihnen jedoch einen Halt geben, den Sie in der betreffenden Situation gerade brauchen. Nehmen Sie Ihre Erfahrung aufmerksam so wahr, wie sie ist. Spüren und respektieren Sie Ihre Grenzen. Sie dürfen jederzeit freundlich zu sich selbst sein und auf der sicheren Seite bleiben. Sie können auch »Ja« zu Ihrem »Nein« sagen und umgekehrt.

»Es ist speziell, was diese Übung mit mir macht. Das ›Nein‹ gibt mir Kraft, das ›Ja‹ macht mich weich.«

Kommentar eines Teilnehmers

2.2.3 Fürsorge und Kontaktaufnahme *(Tend and befriend)*

Bei den meisten Formen von psychischem Stress und emotionalem Schmerz – außer wenn diese vielleicht sehr akut, intensiv und überwältigend sind und auch physische Gefahr droht – wäre eine andere Reaktion als Kampf, Flucht oder Erstarrung gesünder. Eine solche gibt es zum Glück auch. Diese vierte instinktive Reaktion auf Stress hat sich unter der Bezeichnung »*Tend and befriend*« heute im wissenschaftlichen Standard durchgesetzt (Taylor 2006). Sie ist gekennzeichnet durch eine schützende, fürsorgliche Haltung gegenüber Nachkommen und verletzlichen Artgenossen (*tend*) und strebt nach mehr sozialem Kontakt (*befriend*).

Ein Beispiel für diese grundlegende Neigung zu Fürsorge und Kontakt ist die Geschichte der zehnjährigen Tilly Smith aus England (*Daily Telegraph*, 1. Januar 2005). Tilly war mit ihren Eltern im Dezember 2004 auf einem Strandurlaub in Thailand. Sie hatte gerade zwei Wochen zuvor im Erdkundeunterricht etwas über die Ursachen und Wirkungen eines Tsunamis gelernt. Plötzlich nahm sie die Anzeichen wahr, die einem Tsunami vorausgehen: Das Meer zog sich sehr stark zurück. Tilly brachte sich nicht zuerst selbst in Sicherheit, sondern rannte zu ihren Eltern, die das Hotel informierten, woraufhin der Strand evakuiert wurde. Dadurch wurden viele Menschenleben gerettet. Ein anderes Beispiel kann man in einem

Zug beobachten, der unerwartet anhält. Wenn durchgesagt wird, dass die Ursache unbekannt ist und dass ungewiss sei, wann der Zug weiterfahren kann, stellt man oft nach einem anfänglichen Gefühl der Bedrohung und Unsicherheit ein Umschlagen der Stimmung fest. Die Fahrgäste, die erst kaum einen Blick oder ein Wort gewechselt hatten, werden plötzlich viel fürsorglicher und freundlicher miteinander. Man informiert sich beim Gegenüber, wohin die Reise geht, und zeigt Anteilnahme und Mitgefühl. Es werden Pfefferminzbonbons verteilt und Handys ausgeliehen, damit man die Lieben daheim informieren kann.

Neben Kampf, Flucht und Erstarrung gibt es also auch Fürsorge und Kontaktaufnahme. An dieser Reaktion ist das Hormon Oxytocin beteiligt, dessen Wirkung durch das hauptsächlich weibliche Hormon Östrogen verstärkt wird. Frauen scheinen daher von Natur aus besser für *Tend and befriend* ausgestattet zu sein, doch das bedeutet nicht, dass Männer nicht auch hierzu in der Lage wären. Mitgefühl (bei Frauen und Männern) scheint die Umsetzung dieser Stressreaktion des alten Säugetiergehirns durch das neue Gehirn zu sein: die bewusste Entscheidung für Fürsorge und Kontaktaufnahme, um sich dem leidenden Gegenüber und, im Falle von Selbstmitgefühl, dem leidenden Selbst zuzuwenden. Während Fürsorge und Kontaktaufnahme eine impulsive automatische Reaktion aus dem Alarmsystem ist, ist (Selbst-)Mitgefühl

eine langsamere, viel bewusstere Reaktion, die das Alarmsystem durch den beruhigenden Einfluss des Fürsorgesystems zur Ruhe bringt.

Aber auch wenn *Tend and befriend* eine weniger primitive Stressantwort zu sein scheint als Kampf, Flucht und Versteifung, kann auch eine übermäßige Fürsorgereaktion mit mehr Leiden einhergehen. Dies kann der Fall sein, wenn das Fürsorgesystem vom Alarmsystem übertönt wird. Dann liegt ein Fürsorgestress vor, der häufiger bei Frauen auftritt als bei Männern. Mütter regen sich meist viel mehr als Väter darüber auf, wenn Kinder ihren Teller nicht leer essen. Auch liegen sie öfter wach, wenn die Kinder von einer Party noch nicht nach Hause gekommen sind. Es erscheint zu bedrohlich, damit aufzuhören, sich Sorgen zu machen, und so bleiben sie dabei. Was die Natur als Reaktion gedacht hat, die auf soziale Bindung und Beruhigung abzielt, verwandelt sich in ein zwanghaftes Fürsorgeverhalten, das beim Gebenden zu Erschöpfung und beim Empfangenden zu Frustration führen kann. Die Fürsorge für andere ist nicht angemessen darauf abgestimmt, was wirklich nötig ist. Wie übermäßige Selbstkritik, Selbstisolation und Selbstabsorption die ungesunden neuen Fortsetzungen der alten Gehirnreaktionen Kampf, Flucht und Erstarrung zu sein scheinen, so scheinen Selbstaufopferung und übermäßige Konzentration auf die vermeintlichen Bedürfnisse anderer dies für *Tend and befriend* zu sein.

Die Rattenfamilie

Als ich (Frits) noch als buddhistischer Mönch in Südostasien meditierte und studierte, war ich 1986 während der Regenzeit drei Monate in einem Meditationszentrum in Thailand. Bei mir in der Nähe stand am Rand des Zentrums eine nette kleine Holzhütte. Sie lag an einem Bach inmitten eines Bambuswalds, es erschien mir sehr reizvoll, dort wohnen zu können. Als der Mönch, der dort meditiert hatte, nach der Regenzeit auszog, sah ich meine Chance gekommen und bat um die Erlaubnis, dort einige Monate bleiben zu dürfen. Dies wurde mir gewährt, und ich zog mit großer Freude in diese Hütte ein. An diesem Tag legte ich mich etwa um elf Uhr abends schlafen. Eine Stunde später schreckte ich aus dem Schlaf auf: Über meinem Kopf gab es einen gewaltigen Lärm. Ich wusste nicht, was es war, und fühlte mich sehr beunruhigt. Die gesamte Nacht blieb es laut, ich tat kein Auge zu. Am nächsten Morgen machte ich meine Almosenrunde und kam zurück, um zu essen. Ich schaute auf der Veranda noch einmal zur Decke und sah plötzlich einen langen Rattenschwanz in einem Loch verschwinden. Große Panik und Übelkeit überfielen mich, ausgerechnet Ratten hatte ich immer schrecklich beängstigend gefunden. In Gedanken zog ich schon wieder aus, verschiedene Szenarios schossen mir durch den Kopf. Bis sich plötzlich ein anderer Gedanke einstellte: Die Ratte wohnte hier zweifellos schon länger als ich.

2.2.4 Selbstmitgefühl als Antwort auf emotionalen Schmerz

Wer sich selbst liebt,
wird keinen Nebenbuhler haben.
BENJAMIN FRANKLIN

Selbstmitgefühl ist die gesündere Reaktion auf emotionalen Schmerz. Kristin Neff (2003b) unterscheidet drei Qualitäten, die ein Gegenmittel gegen die psychischen Äquivalente von Kampf, Flucht und Erstarrung sind (siehe Abb. 6):

- Das Gegenmittel gegen Selbstkritik ist *liebevolle Freundlichkeit* oder *Milde* sich selbst gegenüber.
- Das Gegenmittel gegen Selbstisolation ist *unsere gemeinsame Menschlichkeit*: ein Bewusstsein der Verbundenheit mit der Menschheit als Ganzer. Unser Leid mag in Form und Detail unterschiedlich sein, aber es ist Teil der allgemeinen menschlichen Verfassung, und in unserem Leiden sind wir nicht allein.
- Das Tausalz für Selbstabsorption und Überidentifikation ist *Achtsamkeit*: offene, nicht-urteilende Aufmerksam-

Wenn ich der Ratte zu essen gäbe, würde sie mir vielleicht nichts antun. Ich fischte ein Stück Fleisch aus der Almosenschale. Mit weichen Knien streckte ich meinen Arm nach oben und hielt mit zitternder Hand ein Stück Fleisch zwischen meinen Fingern an die Öffnung in der Decke. Nach einigen Sekunden kam eine Rattenschnauze zum Vorschein … und zu meinem Erstaunen und meiner Erleichterung biss die Ratte nicht! Sie schnupperte nur an dem Stückchen Fleisch und zog sich wieder zurück. »Ah, zum Glück kein Fleischfresser«, dachte ich. Während ich immer geglaubt hatte, dass Ratten am liebsten (Menschen-)Fleisch fressen, mochte diese Ratte also kein Fleisch. Ziemlich erleichtert, aber noch keineswegs beruhigt, nahm ich eine grüne Bohne und beschloss, noch einen Versuch zu wagen. Zu meiner großen Überraschung und Aufregung biss mich die Ratte auch dieses zweite Mal nicht. Sie schnupperte wiederum an der Speise, nahm die Bohne mit den Pfoten aus meinen Fingern und zog sich wieder zurück. Ich war gerührt. Ab diesem Zeitpunkt fütterte ich die Ratte jeden Tag. Meine Angst und Abneigung verschwanden immer mehr, und mich störte auch nachts die Polonaise immer weniger, die über meinem Kopf gefeiert wurde. Einige Wochen später sprang plötzlich eine kleine Ratte aus der Öffnung in der Decke herunter und flitzte über die Veranda fort. In dieser Nacht herrschte völlige Ruhe – die Familie war ausgezogen. Ich vermisste sie und habe das Abenteuer nie vergessen.

keit für den emotionalen Schmerz und unsere Reaktionen darauf, ohne uns mit unseren Urteilen zu identifizieren.

Indem wir achtsam »bei der Sache bleiben«, kann Gefrorenes wieder auftauen.

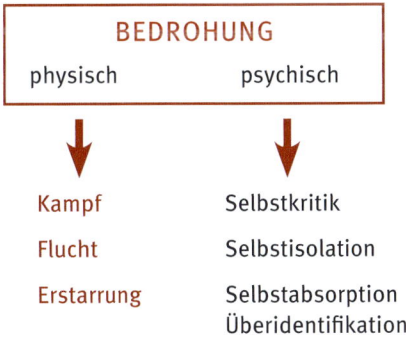

BEDROHUNG

physisch   psychisch

Kampf   Selbstkritik

Flucht   Selbstisolation

Erstarrung   Selbstabsorption
                 Überidentifikation

Fürsorge & Freundschaft schließen

SELBSTMITGEFÜHL

- Selbstfreundlichkeit
- Gemeinsame Menschlichkeit
- Achtsamkeit

Abb. 6:
Stressreaktionen und Selbstmitgefühl

2.2.5 Übung
Das Selbstmitgefühlsmantra

Wann immer wir emotionalen Schmerz erfahren, können wir uns daran erinnern, Mitgefühl mit uns selbst zu haben, indem wir die folgenden Sätze zu uns selbst sprechen. Wenn wir dies immer wieder tun, verwandeln sie sich in eine Art Mantra. Sie können, wenn Sie möchten, dabei die Hand auf die Herzregion legen.

»Dies ist ein Augenblick des Leidens.«
»Leiden gehört zum Leben.«
»Möge ich hier und jetzt freundlich (gütig, liebevoll) zu mir selbst sein.«

Diese Sätze sind kurz und leicht zu merken, und sie verbinden uns mit allen drei Komponenten des Selbstmitgefühls, wie sie Kristin Neff beschrieben hat: Achtsamkeit, Gemeinsame Menschlichkeit und Selbstfreundlichkeit. »Dies ist ein Augenblick des Leidens« unterstützt den Achtsamkeitsaspekt und hilft uns, mit unserem Leiden gegenwärtig zu sein. »Leiden gehört zum Leben« erinnert uns an die Unvollkommenheit des menschlichen Daseins, dessen Teil wir alle sind. »Möge ich hier und jetzt freundlich zu mir selbst sein« erinnert uns an den Freundlichkeitsaspekt des Selbstmitgefühls und hilft, sich in einer warmen, fürsorglichen Weise mit der Erfahrung von Schmerz verbunden zu fühlen. »Möge ich mir das Mitgefühl schenken, das ich brauche« kann man noch hinzufügen, um zu betonen, dass man wie jeder andere Mensch nicht ohne Mitgefühl sein kann. Entwickeln Sie eigene Variationen dieser Sätze, wie es für Sie am besten geeignet ist. Es sollten aber alle drei Komponenten durchklingen.

Nach *Selbstmitgefühl*, Neff 2012

2.2.6 Heilung, Fürsorge und Akzeptanz von Schmerz

Wenn wir Selbstmitgefühl praktizieren, kann dies zu einem anderen, gesünderen Verhältnis dem eigenen Schmerz gegenüber führen. Mitgefühlstraining ist kein Ersatz für andere Behandlungsmethoden, die den Schmerz lindern können, aber es ist eine Ergänzung hierzu. Es kann helfen, eine weise Entscheidung im Umgang mit dem Schmerz zu treffen. Emotionaler Schmerz kann oft nicht aktiv bekämpft werden, wie dies bei vielen physischen Schmerzen möglich ist. Man kann sich höchstens kurzzeitig davon ablenken oder durch Medikamente oder Alkohol Betäubung suchen. Sowohl Bekämpfung als auch Vermeidung von emotionalem Schmerz verschlimmern diesen häufig nur.

Wir haben bereits erwähnt, dass in der Heilkunde unterschieden wird zwischen Heilung (*Cure*) und Fürsorge (*Care*). Schritte zur Heilung sind diejenigen, die man unternimmt, wenn man eine Lösung für das Problem kennt (das Problem beseitigen: den entzündeten Blinddarm entfernen, das gebrochene Bein schienen, den Tumor bestrahlen). Fürsorge ist dasjenige, was man immer tun kann, auch wenn alle Möglichkeiten für Heilung ausgeschöpft sind. Bei emotionalem Schmerz sollten wir besser so schnell wie möglich unsere Bemühungen einstellen, das Problem beseitigen zu wollen. Paradoxerweise kann Fürsorge dann gerade zu Heilung führen (Germer 2010). Aber auch körperlicher Schmerz kann chronisch werden und seinerseits Anlass von großem emotionalem Schmerz werden. Längst nicht alle physischen Ursachen werden entdeckt, oder für die Ursachen, die entdeckt werden, ist keine Heilung bekannt. Auch kann der körperliche Schmerz selbst durch den vermehrten Stress und die erhöhte Muskelspannung ein Ausdruck von emotionalem Schmerz sein. Schmerz zu akzeptieren ist nicht leicht. Manchmal fühlt man nichts als Widerstand und es scheint ein langer Weg bis zur vollständigen Akzeptanz zu sein. Christopher Germer (2010) unterscheidet fünf Phasen im Prozess des Annehmens:

1. Abwehr – Widerstand, Vermeidung, Grübelei,
2. Neugier – man wendet sich dem Problem oder Ereignis mit Interesse zu,
3. Toleranz – man erträgt den Schmerz,
4. Zulassen – man lässt die Gefühle kommen und gehen,
5. Anfreunden – man nimmt die Dinge an, erkennt den verborgenen Wert.

Selbstmitgefühl bedeutet, sich die Fürsorge und Freundlichkeit zu gewähren, die man auch anderen lieben Menschen gewähren würde. Daran ist nichts Gekünsteltes. Es ist eine natürliche Verhaltensweise mit tiefen Wurzeln im alten Säugetiergehirn und dem Fürsorge- und Beruhigungssystem.

Kultur und Natur stehen in ständiger Wechselwirkung miteinander. In unserer Kultur scheint eine eher feindselige Haltung in Bezug auf emotionalen Schmerz zu herrschen, weshalb unser Alarmsystem oft die Oberhand über das Fürsorgesystem behält, wenn wir mit emotionalem Schmerz konfrontiert werden. Wir streben verzweifelt nach Heilung, auch wenn vielmehr Fürsorge geboten wäre. Und wenn eine Heilung oder ein Beenden des emotionalen Schmerzes nicht gelingt, werden eher Schuld- und Schamgefühle wach als Selbstmitgefühl. Die Betonung der individuellen Verantwortlichkeit, auch wenn die Entscheidung gar nicht bei uns lag, fördert die Isolation und erschwert das Bewusstsein für gemeinsame Menschlichkeit. Emotionale Vernachlässigung und psychische Traumata sollten ganz selbstverständlich zur Übung von Selbstmitgefühl führen. Und doch reagieren wir schnell mit Selbstvorwürfen, Selbstisolation oder Selbstabsorption. Wir erleben, was uns geschieht, als eigenen Fehler, denken, wir wären der Einzige, oder begeben uns in die Opferrolle. In Kulturen, in denen (Selbst-)Mitgefühl aktiv praktiziert wird, scheinen posttraumatische Belastungsstörungen seltener aufzutreten. Ein Beispiel sind die tibetischen Mönche, die in chinesischen Gefängnissen Folter ertragen mussten und unbeirrt Mitgefühl mit sich selbst und ihren Henkern praktizierten (Gyatso & Shakya 1998). In der westlichen Kultur hingegen begegnet uns Selbstmitleid öfter als Selbstmitgefühl. Im Selbstmitleid zieht sich die Welt um uns zusammen und wir sind der leidende Mittelpunkt. Im Gegensatz dazu öffnet uns Selbstmitgefühl zur uns umgebenden Welt und zum universellen Leiden der Menschheit. Mit der Kultur des Selbstmitgefühls leisten wir einen Beitrag zur Heilung unserer selbst und der Welt als ganzer. Wir entwickeln nämlich eine fürsorgliche Haltung, die sich nicht das eigene Leid beschränkt, sondern sich auf jegliche Form von Schmerz ausdehnen kann.

Wissenschaftliche Untersuchungen (Neff 2008b, siehe auch 1.5.3) haben gezeigt, dass Selbstmitgefühl einhergeht mit:

- einer lindernden Wirkung auf die Folgen von negativen Ereignissen,
- mehr persönlicher Initiative und einer größeren Fähigkeit, mit Schwierigkeiten umzugehen und Verantwortung für die eigenen Handlungen zu übernehmen (selbst wenn diese negative Folgen haben),
- weniger Angst, Fehler zu machen, und weniger Angst vor Zurückweisung,
- mehr Selbstachtung und Sympathie für die eigenen Mängel,
- besserer Selbstfürsorge und gesünderer Ernährung,
- mehr emotionaler Intelligenz und wirksamerer Emotionsregulation durch freundlichen statt feindseligen Umgang mit Emotionen,
- mehr positiven Emotionen, Weisheit, Lebensglück und Optimismus,
- mehr sozialer Verbundenheit.

2.2.7 Gute Überlebenschancen

Nicht die stärkste Art überlebt und auch nicht die intelligenteste, sondern diejenige, die sich am besten an Veränderungen anpasst.

CLARENCE DARROW, FREI ÜBERSETZT

Frans de Waal (2011) hat darauf hingewiesen, dass der von Herbert Spencer geprägte Begriff *Survival of the fittest* (Überleben der Tüchtigsten) mit dem ursprünglichen Gedanken der natürlichen Selektion aus Darwins Evolutionstheorie nichts zu tun hat. Diesen Begriff machten sich Herrscher und Geschäftemacher zu eigen, weil es ihnen zupass kam, andere glauben zu machen, es sei ein Naturgesetz, dass die Stärksten überleben. *Survival of the fittest* wurde ganz in diesem Sinne bald auch übersetzt mit dem »Recht des Stärkeren«, um denjenigen in besseren Verhältnissen, mit mehr Geld und mächtigeren Waffen einen Freibrief dafür auszustellen, die Schwachen, Armen und Unmündigen ungestraft auszubeuten. Darwin selbst war unglücklich darüber, dass andere seine Theorie so falsch auffassten und missbrauchten. In der Natur braucht ein Organismus keineswegs der physisch Stärkere zu sein, um die besten Überlebenschancen zu haben. Auch besseres Fluchtverhalten, bessere Tarnung, bessere soziale Bindung und Reaktionen des Fürsorge- und Kontaktaufnahmesystems (*Tend and befriend*) können dazu beitragen. Bei höheren Säugetierarten sind es gerade Eigenschaften wie emotionale und soziale Intelligenz, Empathie und Altruismus, die die Überlebenschancen erhöhen, auf alle Fälle für die Art als Ganzes und in langfristiger Betrachtung. Es ist eher ein Naturgesetz, dass, je verletzlicher eine Art ist, die Gesellschaftsformen, in denen sie lebt, umso größer und komplexer sind, und das Überleben genau von diesen Eigenschaften abhängt.

Dem ursprünglichen Darwinismus kommt man eher nahe, wenn wir den Begriff *Fittest* übersetzen mit »mit der besten Anpassung«. Überleben wird wahrscheinlich derjenige, der am besten an seine Umgebung angepasst ist. Im Einklang mit den Ergebnissen wissenschaftlicher Forschung und zur Vermeidung von Missverständnissen sollte man bei Säugetieren vielleicht eher von *Survival of the nurtured,* dem Überleben der gut Umsorgten, sprechen. Wer von liebevoller Fürsorge umgeben ist, hat die besten Überlebenschancen. Das bedeutet natürlich nicht, dass ein Individuum, das in seiner Jugend die erforderliche emotionale Fürsorge entbehren musste, keine Chance mehr hätte. Die angeborene Fähigkeit, Fürsorge zu empfangen und zu geben, ist noch nach wie vor vorhanden. Auch wenn die Fähigkeit vielleicht wenig entwickelt ist, können wir durch Übung dafür empfänglicher werden.

2.2.8 Fünf Wege zum Selbstmitgefühl

Christopher Germer (2010) unterscheidet fünf Hauptwege (den körperlichen, mentalen, emotionalen, spirituellen und denjenigen auf der Beziehungsebene), auf denen mehr Selbstmitgefühl in unser Leben kommen kann.

1. Der Weg des Körpers: loslassen. Wenn der Körper Stress erlebt, können wir dann, statt uns anzuspannen und uns zu verschließen, vielleicht Entspannung in unserem Körper zulassen? Erhöhte Muskelspannung gehört zu Kampf, Flucht, Erstarrung. Wenn die Bedrohung von innen kommt, ist Entspannung genau das, was unser Körper wirklich braucht. Gute Übungsmöglichkeiten sind die formellen Achtsamkeitsübungen (Bodyscan, Yoga, Sitzmeditation), die kurzen Momente bewussten Atmens und jedes informelle Achtsamkeitsmoment bei allem, was wir jetzt gerade tun. Wenn wir Anspannung im Körper wahrnehmen, können wir vielleicht zulassen, dass diese abfließt. Es geht nicht um ein krampfhaftes Bemühen um Entspannung – Forcieren erzeugt nur noch mehr Spannung. Wir brauchen die Spannung nicht wegzudrücken, sondern

können Entspannung beim Atmen in Bauch, Schultern, Gesicht oder welchen Teil des Körpers auch immer einströmen lassen. Unser Körper braucht Aufmerksamkeit, Pflege und ausgewogene Ernährung, um gut funktionieren zu können. Die Haltung des Selbstmitgefühls können wir in vielen Augenblicken praktizieren, sei es beim Zubettgehen, Aufwachen, Duschen, Ankleiden, Gehen, Wandern, Radfahren, Sport oder Essen.

2. Der Weg der Gedanken: zulassen. Können wir unsere Gedanken einfach so zulassen, wie auch immer sie sich gerade zeigen? Wenn die Gedanken schwer sind oder rasen oder wenn wir gegen sie ankämpfen: Können wir einen Schritt zurücktreten und unsere Gedanken einfach »anschauen«, ohne Widerstand? Auch wenn wir schwer an ihrem Inhalt tragen, ist es möglich, sie leicht und spielerisch im Bewusstsein zu halten. Zu sehen, wie vergänglich und flüchtig sie sind – wir können sie doch nicht festhalten. Wir können sie auch nicht vorhersagen. Oder wissen Sie, was Sie in der nächsten Minute denken werden? Lassen Sie die Gedanken daher einfach kommen und gehen. Sie gehen doch ihren eigenen Gang. Wir können uns an eine hilfreiche Metapher erinnern (den Wolken am Himmel nachschauen, den Blättern auf dem Fluss, vor dem Wasserfall stehen) oder an ein Mantra (»Auch dies darf sein … und dies … und dies …«, »Auch dies geht vorbei … und dies … und dies …«). Humor kann

ebenfalls helfen, einen Schritt zurückzutreten: »Armes überanstrengtes Gehirn … verbraucht mit seinen zwei Prozent der Körpermasse fünfundzwanzig Prozent des Sauerstoffs … armes Gehirn … was bist du doch im Stress.« Und wenn man wach liegt: »Den ganzen Tag schon beschäftigt gewesen, und jetzt auch noch nachts Überstunden machen. Ich habe Mitleid mit dir, armes Gehirn. Aber wie du willst, ich kann dich doch nicht aufhalten …«

3. Der Weg der Gefühle: umarmen. Können wir Freundschaft schließen mit unseren schmerzhaften Emotionen (Befriend), statt sie zu bekämpfen oder vor ihnen zu fliehen? Die oben erwähnten fünf Schritte der Akzeptanz können helfen, die Phasen im Prozess zu sehen. Auch kann der Blickwinkel eines Menschen, der es gut mit uns meint, hilfreich sein: Wie würde uns der beste Freund / die beste Freundin jetzt beistehen? Wie der ideale Mentor, weise Helfer, Jesus, der Buddha …? Natürlich dürfen wir uns auch positive Gefühle erlauben (nicht als Flucht vor dem Schmerz, sondern aus Freundlichkeit), indem wir eine Aktivität wählen, die uns gut tun kann, z. B. Musik hören, sich um ein Haustier kümmern, in die freie Natur gehen, ein inspirierendes Gedicht oder Buch lesen oder Kunst betrachten.

4. Die Beziehungsebene. Es uns selbst zu erlauben, anderen Menschen zu begegnen, ist auch Selbstmitgefühl, auch

wenn dies die Gefahr von emotionalem Schmerz (oder dessen Wiederholung) mit sich bringt. Natürlich können andere Menschen Schmerz in uns auslösen, ebenso jedoch Freundlichkeit und ein Bewusstsein für die Menschlichkeit, die wir teilen (man ist nicht der Einzige). Sie können auch helfen, erstarrte Denkmuster aufzulockern. Das Entscheidende ist, wie wir Kontakt aufnehmen. Wenn wir uns von dem Wunsch leiten lassen, anderen wohlgesinnt zu sein und ihnen nicht zu schaden, inspiriert dies diese wiederum, freundlich zu uns zu sein. Der Dalai Lama nennt das: weise egoistisch sein, Altruismus als weise Form des Egoismus (Gyatso 2003). Forschungen haben bestätigt, dass Altruismus, Glück und Wohlbefinden eng zusammenhängen (Klein 2011). Auch eine fürsorgliche Beziehung zu Tieren oder Pflanzen kann eine heilsame Wirkung haben: Ellen Langer (1996) hat über ältere Menschen in einem Pflegeheim geforscht. Sie verglich eine Gruppe von Bewohnern, die selbst aus einer Auswahl von Zimmerpflanzen wählen durften und für deren tägliche Pflege verantwortlich waren, mit Bewohnern, denen einfach Pflanzen zugeteilt wurden und von denen keine Verantwortlichkeit erwartet wurde, da sich das Personal um die Pflanzen kümmerte. Nach 18 Monaten wurde festgestellt, dass diejenigen, die ihre Pflanzen selbst versorgten, körperlich und geistig in einer besseren Verfassung waren als diejenigen, die keine Verantwortlichkeit hatten. Außerdem waren in der Gruppe von Bewohnern, die mehr Aufmerksamkeit und Fürsorge aufgewandt hatten, in der Zwischenzeit weniger als halb so viele Menschen gestorben als in der anderen Gruppe.

5. Der spirituelle Weg. Hier geht es nicht um eine formelle Religion (wiewohl es natürlich viele religiöse Wege zu (Selbst-)Mitgefühl gibt, die uns ansprechen können oder auch nicht), sondern um eine erfahrungsorientierte Spiritualität, die uns unterstützt, weniger schwer an uns selbst zu tragen und weniger selbstverhaftet zu sein. Dies hilft nicht nur, offen zu sein für andere, sondern auch für das Geheimnis des Lebens selbst, für das Wunder unserer Existenz und unseres Bewusstseins davon. Je weniger »Selbst« wir schützen und als »Bürde« mit uns schleppen müssen, desto mehr Raum gibt es für das Selbst übersteigende Werte. Spirituelle Selbstfürsorge widmet sich den Werten, die das Herz berühren und unserem Leben Richtung und Vitalität geben. Vielleicht glauben wir, all unserer Schmerzen wegen keinen Blick darauf zu haben. Und doch hat es seinen Grund, dass in allen Kulturen Geschichten davon erzählt werden, dass gerade im schlimmsten Schmerz, der schlimmsten Angst und der ärgsten Verzweiflung der größte Reichtum verborgen liegen kann.

Bei allen Wegen zum Selbstmitgefühl könnte man ein gemeinsames Merkmal nennen: Sie öffnen »das Herz«. Damit meinen wir nicht das Herz als Organ, das Blut durch den Körper pumpt, sondern die fühlbare Herzgegend, die uns sehr sensibel über die Qualität der Verbindung mit unseren Bewusstseinsinhalten informiert, ob es sich nun um körperliche Empfindungen, Gedanken, Emotionen, Kontakt mit anderen oder Hingabe an sinnstiftende Werte handelt. Das Herz kann sehr sensibel sein, und man kann – auch wenn wir gelernt haben, uns unserem Herzen gegenüber zu verschließen – diese Sensibilität mit der Praxis des Mitgefühls zur Entwicklung kommen lassen und weiter vertiefen. Eine sehr einfache Übung ist die folgende.

Übung
Die Hand auf dem Herzen

Seien Sie sich als Erstes der Haltung bewusst, in der Sie gerade sitzen. Was fällt Ihnen in Ihrem Körper auf? Und was fällt Ihnen bezüglich Ihrer Stimmung auf? Wie ist Ihre Atmung? Legen Sie nun eine geöffnete Hand auf Ihre Herzregion. Sie können die Atmung ruhig und sanft werden lassen und bewusst durch die Herzregion atmen. Spüren Sie die Berührung und die Wärme der Handfläche und fühlen Sie, wie diese Wahrnehmungen in Ihrer Herzregion ankommen. Welche Empfindungen sind in Ihrer Brust wahrnehmbar … und welche Wirkungen spüren Sie in Ihrem übrigen Körper? Wie ist Ihr Gemütszustand jetzt? Achten Sie auf das, was sich ereignet, ohne das zu bewerten oder darüber ein Urteil zu fällen. Alle Erfahrungen dürfen sein, wie sie sind. Beobachten Sie auch sorgfältig, was geschieht, wenn Sie die Hand wieder wegnehmen. Verändert sich etwas?

Diese Übung bringt oft viel in Bewegung. Manche Teilnehmer sagen, dass sie ihren Körper plötzlich mehr fühlen, wenn die Hand auf das Herz gelegt wird. Andere erfahren eine größere Verbindung mit sich selbst und mit ihrem Körper. Manchmal entdecken Teilnehmer auch plötzlich eine tiefer liegende Emotion in sich selbst (z. B. Traurigkeit).

Sie können zu jedem Zeitpunkt in Ihrem täglichen Leben eine geöffnete Hand auf Ihre Brust legen, wenn Sie sich selbst an die Empfindsamkeit des Herzens erinnern möchten. Auch bei formellen Übungen im Sitzen oder Liegen kann man hin und wieder beide geöffnete Hände auf das Herz legen. Und bei Bewegungsübungen kann man öfter speziell die Empfindungen in der Herzregion wahrnehmen. Die meisten Menschen, die Achtsamkeit praktizieren, sind sich einig, dass die Praxis zu einem intensiveren Körperbewusstsein und der sinnlichen Wahrnehmung dessen führt, was außerhalb von uns und was in uns ist, einschließlich unserer Herzregion. In der Mitgefühlspraxis vertieft man sein Bewusstsein der Herzgegend weiter und lernt man, noch sorgfältiger hinzuhören, wenn es sich öffnet und schließt für dasjenige, was vor sich geht. Und diese Sensibilität begleitet uns auch wieder, wenn wir die Grundübungen aus dem Achtsamkeitskurs durchführen. Daher empfehlen wir auch, während dieses Trainings regelmäßig zum Bodyscan, den Bewegungsübungen oder zu einer Sitzmeditation zurückzukehren und dabei auch alle subtilen Wahrnehmungen in der Herzregion als zusätzlichem Achtsamkeitsbereich mitzuverfolgen. Was kann dort von Moment zu Moment erlebt werden? Ist dort Schwere oder Leichtigkeit, Kälte oder Wärme, Beklemmung oder Weite spürbar? Besteht eine Empfindung des Zusammenziehens oder des Sichöffnens?

Im Anhang dieses Buches finden Sie einige Richtlinien für einen mitfühlenden Bodyscan und eine Reihe von Yoga-Übungen speziell zum Öffnen des Herzens. Im Kurs führen wir diese Übungen oft am Tag der Stille durch, aber auch in verkürzter Form während anderer Kurseinheiten, wenn sich dies gerade anbietet.

2.2.9 Übung
Der Atemraum mit Mitgefühl: Umgang mit emotionalem Schmerz

Diese Übung ist eine Variante zum Atemraum, der in der vorherigen Kurseinheit (2.1.2) beschrieben wurde, und ist für Situationen gedacht, in denen man emotionale Schmerzen oder Stress erfährt. Sie können sich für die Übung hinsetzen, diese aber auch jederzeit im Alltag durchführen, wenn Sie das Bedürfnis dazu haben und gut einen Moment innehalten können. Wie beim »normalen« Atemraum auch gibt es drei Phasen.

1. Bewusst anwesend sein: In der ersten Phase geht es darum, bewusst anwesend zu sein mit einer offenen, freundlichen Aufmerksamkeit für alles, was auftaucht ... Öffnen Sie sich vollständig und richten Sie Ihre Aufmerksamkeit auf die Erfahrung dieses Augenblicks ... Beobachten Sie, welche Gedanken, Gefühle oder körperlichen Empfindungen Sie wahrnehmen. Erkennen und benennen Sie alles, was in Ihrer Wahrnehmung erscheint ... z.B. »Ich empfinde Schmerz ... Angst ... Kummer ... Zorn ... Scham ... Verletzlichkeit ...« oder »Mein Kiefer ist verspannt ... mein Hals ... meine Schultern ...« oder »Ich kritisiere mich selbst«. Spüren und anerkennen Sie, was auch immer in diesem Moment auftaucht ... Schließen Sie nichts aus ... Öffnen Sie sich milde für körperliche Empfindungen, wie unangenehm diese auch sein mögen ... Lassen Sie alle Gedanken nicht-urteilend zu, was auch immer ihr Inhalt ist ... Nehmen Sie Emotionen an, wie schmerzhaft diese auch sein mögen.

2. Zurück zum Atem und Mitgefühl zulassen: In der zweiten Phase richten Sie die Aufmerksamkeit wieder auf den Atem und öffnen Sie sich für Mitgefühl. Sie beobachten sorgfältig jede Ein- und Ausatmung in einer Haltung der Empfänglichkeit. Lassen Sie es dabei geschehen, dass Ihr Atemrhythmus ruhiger wird ... Sie kön-

nen sich dabei auf unterschiedliche Arten unterstützen:

- Wenn die Atmung schnell und flach ist, verlangsamen Sie bewusst die Frequenz ein wenig, sanft und ohne etwas zu forcieren ... Lassen Sie den Atem vollständig ausströmen ... und das Einatmen von selbst geschehen ...
- Sie können Ihre Körperhaltung und Mimik anpassen, sodass diese einen ruhigen Atemrhythmus unterstützen.
- Sie können den Atem in Ihrem Bauch verfolgen und diesen immer weicher werden lassen.
- Sie können bewusst durch Ihre Herzgegend atmen und Gefühle von Weite, Licht und Wärme zulassen.
- Sie können eine oder beide Hände auf die Herzgegend legen.
- Sie können eine Vorstellung zulassen, die Ihnen hilft, in einen ruhigen Atemrhythmus zu kommen, wie z.B.: einen sicheren Ort, eine beruhigende Farbe, beruhigende Musik oder einen Wohltäter oder einen liebevollen Gefährten ...

3. Mitgefühl zum Körper und zum inneren Schmerz fließen lassen: In der dritten Phase erweitern Sie Ihre Aufmerksamkeit und verkörpern Sie eine Haltung des Mitgefühlgebens ... Sie können sich nun des Körpers als ganzem bewusst sein, des atmenden Körpers, in welcher Verfassung er sich auch befindet ... Erkennen Sie mit Mitgefühl den vorhandenen Schmerz und die vorhandene Not an ... und das Bedürfnis, das jetzt am deutlichsten wahrnehmbar ist.

Was könnten Sie sich jetzt Freundliches, Mildes oder Unterstützendes wünschen? Etwa: »Möge ich ... sicher sein ... frei von Schmerz oder Unannehmlichkeiten sein ... glücklich sein ... Klarheit erfahren ... in Frieden sein.« Verwenden Sie Ihre eigenen Worte und lassen Sie sie aus dem Herzen aufsteigen. Sie können sie im Atemrhythmus an sich selbst senden. Dem Einatmen können Sie »Möge ich« und dem Ausatmen dasjenige zuordnen, was Sie sich selbst wünschen. Lassen Sie den Wunsch von Ihrem Herzen aus durch den ganzen Körper strömen. Wenn es Bereiche gibt, in denen Sie mehr Beschwerden, Spannung, Widerstand oder vielleicht Leere fühlen, dann können Sie Ihren Atem speziell dorthin lenken und den Wunsch durch sich hindurchströmen lassen.

Und wenn Sie sich in einer stressigen Situation befinden, an der eine oder mehrere Personen beteiligt sind, können Sie auch deren Schmerz oder Not erkennen und wohlwollende Wünsche an diese senden. Zum Beispiel in der Form »Mögest du sicher sein oder »Mögen du und ich glücklich sein« oder »Mögen wir in Frieden und Harmonie leben«, um dann den Wunsch leise im Atemrhythmus oder unabhängig davon zu wiederholen.

Bearbeitung von *Die Achtsamkeitsbasierte Kognitive Therapie der Depression*, Segal u. a. 2008

2.2.10 Fallstricke und Missverständnisse

Je nach der eigenen Lerngeschichte kann es vorkommen, dass Sie auf all diesen Wegen schon bei den ersten Schritten auf Missverständnisse und Fallstricke stoßen wie z. B.:

Ich fühle mich so angespannt und unruhig. Müsste ich denn nicht ruhig werden? Das Arbeiten an Selbstmitgefühl und dem Fürsorge- und Beruhigungssystem kann paradoxerweise gerade zu Unruhe führen. Das Alarmsystem kann aktiviert werden, wenn man es als unsicher erfährt, Entspannung in seinem Körper zuzulassen, sich unerfreulichen Gedanken oder Bildern zuzuwenden, schmerzhafte Emotionen zu spüren oder sich von warmen Gefühlen für sich selbst und andere oder tief verwurzelten Werten berühren zu lassen (»Kann ich das gefahrlos tun?«). Das ist kein Scheitern, sondern gerade ein zusätzlicher Aufruf zu Selbstmitgefühl. Beginnen Sie mit dem, was da ist: der Unruhe selbst. Ihr Alarmsystem ist allem Anschein nach aktiviert. Aufgrund Ihrer Lerngeschichte könnte es dafür gute Gründe geben. Denken Sie an die fünf Schritte der Akzeptanz – Sie müssen keine blitzartige Kehrtwendung von Abneigung zu Freundschaft vollziehen. Und Sie können sich immer aus der Haltung des Mitgefühls selbst Ruhe wünschen: »Möge ich gelassen sein.«

Müssen und wollen. Wie bei der Praxis der Achtsamkeit können auch bei der Mitgefühlspraxis Pflichtbewusstsein und Ergebnisorientierung schnell die Zügel übernehmen. Das Verb »müssen« kommt oft aus dem Alarmsystem (Bedrohung), das Verb »wollen« aus dem Antriebssystem (Begierde). Zum Fürsorgesystem gehören aber andere Tätigkeitswörter: »dürfen«, »wünschen« oder »gönnen«. Sooft Sie ein »Müssen« oder »Wollen« in Ihrer Haltung feststellen, können Sie sich an die Tätigkeitswörter erinnern, die zu einer Haltung der Freundlichkeit und Fürsorglichkeit passen.

Ich spüre keine positiven Gefühle, mache ich etwas falsch? Emotionen können unangenehm oder angenehm sein; Mitgefühl öffnet sich für beides und gibt beidem vollständige Anerkennung. Beide sind wertvolle Boten. Möchte man unangenehme Emotionen vermeiden und wehrt diese ab, sobald sie sich zeigen (Alarmsystem), dann ist dies eine Ursache von Leid und ein Anlass für Selbstmitgefühl. Sucht man nach angenehmen Emotionen und möchte diese festhalten, sobald sie sich zeigen (Antriebssystem), dann ist dies ebenfalls eine Ursache von Leid und ein Anlass für Mitgefühl. Es ist richtig, dass die Mitgefühlspraxis oft »positive« Emotionen auslöst, aber herbeizwingen kann man diese nicht. Es geht auch nicht so sehr um die kurzfristigen Genuss- und Lustgefühle des Antriebssystems, sondern um die oft viel subtileren Gefühle von Wärme, Glück, Prickeln, Raum oder Leichtigkeit in der Herzregion und friedlicher Gelassenheit im Körper. Die Absicht, mitfühlende Gefühle zu entwickeln, bedeutet nicht, dass sie sofort da wären. Doch Sie können sich immer selbst wünschen: »Möge ich mich … fühlen.«

Wenn ich Mitgefühl praktiziere, tauchen immer alte unerfreuliche Erinnerungen auf. In der Selbstmitgefühlspraxis ist es manchmal, als ob die größere Wärme alte innere »Eisblöcke« zum Schmelzen brächte. Dieses Auftauen kann Wellen von altem Schmerz und alter Trauer auslösen. Es ist dann gut zu wissen, dass nichts Schwerwiegendes vorliegt, sondern heilende Verarbeitungsprozesse in Gang kommen. In Kapitel 2.4 werden wir noch darauf zurückkommen. Wenn diese alten Gefühle sehr heftig sind, dann ist es gut zu wissen, dass man das Üben dosieren kann. Wie ein asiatisches Sprichwort sagt: Wenn dir das Hinunterschlingen eines ganzen Elefanten schwer auf dem Magen liegt, dann ist es vielleicht besser, jeden Tag nur ein paar Bissen zu essen.

Ich darf also nicht genießen, während ich Mitgefühl praktiziere. Dass Selbstmitgefühl für das eigene »Leiden« offen macht, bedeutet nicht, dass man nicht gleichzeitig auch für schöne Momente offen sein dürfte. Es gehört vielmehr unbedingt zum Freundlichkeitsaspekt des Selbstmitgefühls und der Absicht, das Leiden zu lindern, dass man für die sich einstellenden angenehmen Sinnesempfindungen und Gefühle offen bleibt und sie in vollem Umfang genießt, solange sie da sind, ohne sich an diese zu klammern.

Das Achtsamkeitstraining fand ich schon schwierig, da wird mir das Mitgefühlstraining überhaupt nicht gelingen. Es ist zwar richtig, dass Achtsamkeitstraining eine gute Basis für Mitgefühlstraining sein kann, aber es ist nicht so, dass man erst dann mit dem Mitgefühlstraining beginnen kann, wenn man schon große Fortschritte im Achtsamkeitstraining gemacht hat. Beides gehört zusammen und verstärkt einander. Es heißt oft: Öffnen sich die Augen, dann öffnet sich das Herz. Aber auch das Umgekehrte ist wahr: Öffnet sich das Herz, dann öffnen sich die Augen. Die Schulung der Achtsamkeit und die Schulung des Herzens gehen Hand in Hand.

»Ich lerne, dass ich die Wüste in meinem Inneren bewässern kann.«
Kommentar einer Teilnehmerin

Ich finde das alles ziemlich »soft«. Mitgefühl verlangt neben Milde und Fürsorglichkeit auch Mut und Stärke. Man muss sich darüber im Klaren sein, dass Mitgefühl in unserem Überlebensinstinkt wurzelt und nicht nur dafür gedacht ist, kleinen Unannehmlichkeiten ins Auge zu sehen, sondern auch schwerwiegendem Leid. Mit »Softheit« überlebt man nicht, wenn es hart auf hart kommt. Hat man den Mut und das Vertrauen, nicht wegzuschauen, sondern sanftmütig zu bleiben und zu tun, was notwendig ist? Mut und (Selbst-)Mitgefühl sind Qualitäten des Herzens, die Hand in Hand gehen. Ein anderes Wort für Mut, »Courage«, ist abgeleitet von »cor« bzw. »coeur« (Herz). (Selbst-)Mitgefühl ist auch gepaart mit einer Haltung der Gewaltlosigkeit oder des Nicht-Schadens. Auch das ist nicht »soft«. Es verlangt Mut, auf Gewalt zu verzichten. Gewalt vergrößert das Leiden nur. Das heißt nicht, dass Mitgefühl nicht auch einmal zu »harten« Maßnahmen und Disziplinierung führen könnte. Aber wenn das geschieht, dann nicht aus einer Haltung des »Müssens« oder »Wollens«, sondern aus dem Wunsch, auf dem sanftesten und am wenigsten schädlichen Weg unter Anwendung der sanften, gewaltlosen Kraft des Mitgefühls Leiden zu lindern.

2.2.11 Stellen Sie sich vor … Das Vorstellungsvermögen als Hilfsmittel

Lasse ein wenig Raum in deinem Herzen für das Unvorstellbare.
AUS »EVIDENCE« VON MARY OLIVER, FREI ÜBERSETZT, 2009

Wir haben bereits festgestellt, dass unser neues Gehirn mit seinen zahllosen Möglichkeiten für und gegen uns arbeiten kann. Beim Mitgefühlstraining machen wir dankbar Gebrauch von unserem Sprach- und Vorstellungsvermögen, sodass dieses für uns arbeitet. Wir machen uns die Tatsache zunutze, dass unser emotionales Gehirn und unser Körper in derselben Weise reagieren, wenn ein vergleichbarer Reiz von außen oder von innen, aus dem Vorstellungsvermögen, kommt (siehe Abb. 7).

Wenn wir bei einer köstlichen Mahlzeit sitzen, zeigt der Körper verschiedene physiologische Reaktionen (Speichelfluss, Magensaftsekretion). Wenn wir uns eine köstliche Mahlzeit bloß vorstellen, dann treten im Körper die gleichen Reaktionen auf. Der bloße Gedanke an Essen lässt uns das Wasser im Mund zusammenlaufen. Sind wir sexuell aktiv, zeigt der Körper verschiedene Symptome der Erregung. Wenn wir nur an Sex denken, geschieht dasselbe, und je lebendiger die Vorstellung ist, desto heftiger reagiert der Körper. Befinden wir uns in einer Situation, in der wir von anderen beschämt oder bestraft werden, dann löst dies im Körper eine Reihe von Stressreaktionen aus. Denken wir dann an diese Situation zurück, geschieht wieder das Gleiche im Körper. Denken wir sehr oft daran oder stellen uns immer wieder vor, dass es wieder geschehen könnte, wiederholt sich die Stressreaktion stets aufs Neue. Wir brauchen die Außenwelt gar nicht, um in

Stress zu geraten. Auch wenn wir uns selbst in Gedanken kritisieren, tritt die Stressreaktion auf, und tun wir dies oft genug, dann befindet sich der Körper in einem Zustand von chronischem Stress, wodurch man immer ängstlicher und deprimierter werden kann. So vermag unser neues Gehirn gegen uns zu arbeiten.

Wenn wir uns in einer warmen, sicheren Situation befinden und von fürsorglichen Menschen umgeben sind, dann reagiert der Körper mit Empfindungen von Gelassenheit, Zufriedenheit und Behaglichkeit. In diesem Zustand ist Raum für Regeneration, Wachstum und neue Möglichkeiten zu einer Veränderung. Auch hier gilt, dass der Körper in derselben Weise reagiert, wenn wir uns diese Situation nur vorstellen. Und ebenso gilt, dass wir, wenn wir das Pech hatten, nur wenige solcher Situationen erlebt zu haben, trotzdem mithilfe unseres Vorstellungsvermögens unser Fürsorge- und Beruhigungssystem trainieren können. So kann unser neues Gehirn *für* uns arbeiten. Das ist nicht immer einfach. Es kann schwierig sein, sich in eine Situation mit fürsorglichen anderen Menschen zu versetzen, wenn man wenig oder keine liebevolle Fürsorge von Eltern oder Erziehern empfangen hat, oder wenn sich ihre Liebe als unzuverlässig erwiesen hat, wenn sie unberechenbar aggressiv waren, man von ihnen missbraucht oder im Stich gelassen wurde. Stellt man sich eine Situation mit fürsorglichen anderen Menschen vor, dann kann es geschehen, dass nicht das

Beruhigungssystem, sondern das Alarmsystem aktiviert wird. Die Übung »Der sichere Ort« oder »Mitgefühl in Tönen, Farben und Gerüchen« kann dann ein besserer Start sein, denn dabei sind keine anderen Personen im Spiel.

Es gibt mehrere Arten, Mitgefühl über das Vorstellungsvermögen zu trainieren, sodass Sie die Übungen so aufbauen können, wie es am besten zu Ihnen passt. Geeignet sind auch geführte Erinnerungen (z. B. zurückdenken an Augenblicke, in denen Sie Mitgefühl verschenkt oder empfangen haben) oder geführte Fantasiereisen (z. B. sich eine liebevolle Person vorstellen). Hierbei kommt es oft vor, dass man dabei keine klaren visuellen Bilder hat. Das ist nicht schlimm. Es ist normal, dass mentale Bilder nicht scharf sind, sondern eher flüchtige Eindrücke, die von Augenblick zu Augenblick wechseln. Es geht auch nicht nur um Visualisierung, sondern um die Öffnung für alle sinnlichen Aspekte. Manchmal stehen andere als optische Sinneswahrnehmungen mehr im Vordergrund (Hören, Riechen, Fühlen). Der Schlüssel zur Praxis ist die Absicht, offen zu sein für Empfindungen des Mitgefühls, auch wenn diese manchmal auf sich warten lassen.

Auch Abschweifen ist normal, und damit kann man in derselben Weise umgehen wie bei anderen Achtsamkeitsübungen: Dies wahrnehmen, ohne be- oder verurteilen zu müssen, und dann freundlich zum gewählten Achtsamkeitsbereich zurückkehren, zur Vorstellung der betref-

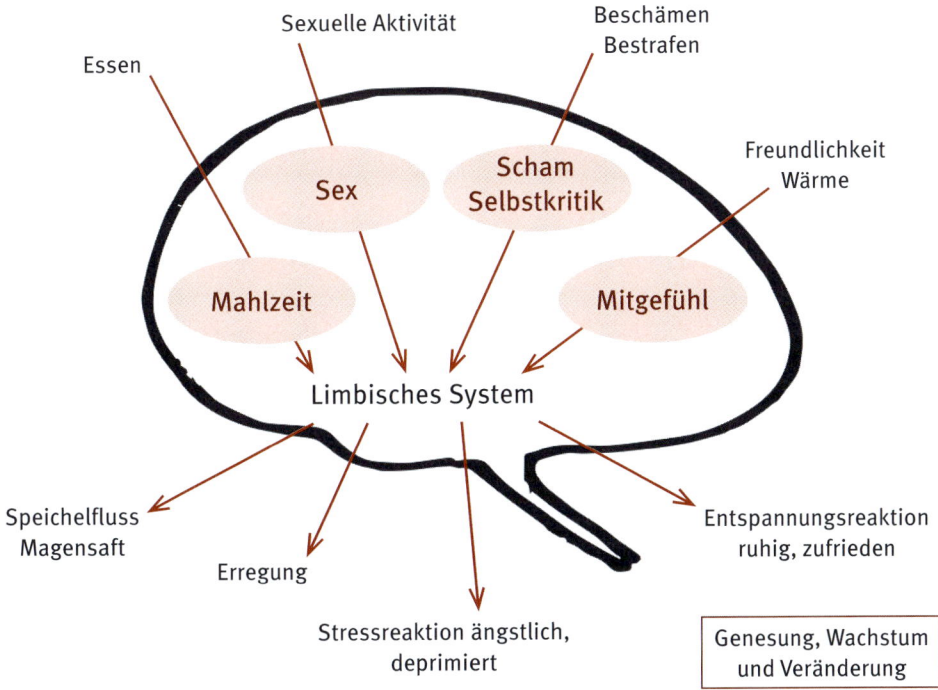

Abb. 7: Gleiche Reaktionen bei äußerem und innerem Reiz (nach Gilbert 2011)

Mit freundlicher Genehmigung wiedergegeben und bearbeitet aus *Mitgefühl* von Paul Gilbert,
Arbor Verlag 2011

fenden Übung. Die begleitenden Anweisungen zu Visualisierungsübungen,
wie sie in diesem Buch beschrieben sind,
enthalten oft mehr Text, als bei grundlegenden Achtsamkeitsübungen üblich
ist. In der Anfangsphase kann dies hilfreich sein. Sobald Sie jedoch feststellen,
dass die Anweisungen überflüssig werden
oder das Üben eher behindern, können
Sie natürlich auch ohne diese Hilfsmittel
weiterüben. So werden in den Anweisungen für »Der sichere Ort« (2.1.7) eine
Reihe von Beispielen genannt, die Sie

vielleicht überhaupt nicht ansprechen
und die die Vorstellung eines sicheren
Orts bei Ihnen nur behindern. Bei den
Imaginationsübungen besteht die Kunst
darin, sich von denjenigen Anweisungen
leiten zu lassen, die hilfreich sind, und
andere Anweisungen einfach zu übergehen.

Alle Übungen in diesem Kurs sind so gedacht, dass man auch hilfreiche Anweisungen auf die Dauer verinnerlicht und
die Hilfsmittel immer weniger benötigt

(aber natürlich solange verwenden kann, wie dies als angenehm empfunden wird).

Die folgende von Paul Gilbert (2011) entlehnte Übung ist ein weiteres Beispiel für eine Praxis, die die Kraft des Vorstellungsvermögens nutzt.

2.2.12 Übung
Der liebevolle Gefährte

Mein Geist ist eine unsichere Gegend. Ich möchte dort lieber nicht alleine hingehen.
ANNE LAMOTT, 1993

Sie können sich bei dieser Übung von Menschen anregen lassen, die für Sie ein ideales Vorbild an Mitgefühl sind. Das können Menschen sein, die Sie aus der Vergangenheit oder der Gegenwart kennen, aus der Geschichte oder aus Ihrem persönlichen Leben, aus Erzählungen, Büchern oder Filmen, die Ihnen gefallen. Sie dürfen Ihrer Fantasie freien Lauf lassen. Wichtig ist, dass Sie sich eine eigene Idealvorstellung von Mitgefühl machen, die frei ist von Projektionen, die bedrohlich sein können. Wenn Sie z. B. ein Idealbild aus der Religion Ihrer Kindheit wählen, das Assoziationen mit Bedrohung oder Zwang hervorruft, wird nicht Ihr Beruhigungssystem, sondern Ihr Alarmsystem aktiviert. Ihr Bild sollte eines sein, das nichts Bedrohliches hat, sondern alle Qualitäten des Mitgefühls beinhaltet. Es kann ein Mensch sein, aber auch ein übermenschliches Wesen oder ein Motiv aus der Natur (wie das Meer, ein Berg,

ein Baum oder ein Tier), solange es in Ihrer Vorstellung einen »Charakter« hat, der Sie anspricht und mit dem Sie sich verbinden können.

Was das Wesen oder das Motiv ausdrücken kann, ist

- vollständige Zuwendung: Es hegt den tiefen Wunsch, Ihnen (wie auch anderen) zu helfen, Ihr Leiden zu tragen und damit umzugehen,
- Kraft und Mut: Es wird nicht von Ihrem Schmerz überwältigt, sondern kann ihn immer selbst ertragen, wird nie vor ihm zurückschrecken, was es auch ist,
- Weisheit: Es weiß aus tiefer Erfahrung, was Sie durchmachen, es hat dies selbst durchgemacht und kann Ihren Schmerz und Ihren Kampf wie niemand sonst nachvollziehen,
- Wärme: Es ist freundlich, zärtlich, fürsorglich und mitfühlend,
- Akzeptanz: Es ist Ihnen gegenüber nicht wertend oder kritisch eingestellt und akzeptiert Sie einfach so, wie Sie sind.

Sie können in einen ruhigen Atemrhythmus gehen und sich dann, wenn Sie möchten, an Ihren sicheren Ort versetzen. Möglicherweise eignet sich dieser Ort ganz besonders gut dazu, Ihren liebevollen Gefährten erscheinen zu lassen und ihm zu begegnen. Eine Reihe von Fragen kann Ihnen dabei helfen, Ihren liebevollen Freund aus Ihrer Vorstellungskraft heraus entstehen zu lassen:

- Wie soll Ihr idealer liebevoller Gefährte aussehen: alt / jung, männlich / weiblich, Mensch / nicht Mensch, welche Farbe(n), Aussehen, optischen Aspekte?

- Welche sonstigen sinnlich wahrnehmbaren Eigenschaften sollten Ihren liebevollen Gefährten auszeichnen? Welcher Stimmklang? Welcher Rhythmus? Welche Tonlage? Wie soll sich die Anwesenheit Ihres liebevollen Gefährten bei Ihnen anfühlen?
- Was könnte Ihnen helfen zu entdecken, dass Ihr liebevoller Gefährte Zuwendung, Weisheit, Wärme, Anteilnahme und Akzeptanz ausstrahlt?
- Wie sollte das Verhältnis Ihres liebevollen Gefährten Ihnen gegenüber sein? Wie sollte Ihr eigenes Verhältnis zu Ihrem liebevollen Gefährten aussehen?

(Sie können die vorstehenden Fragen auch auf ein Blatt Papier schreiben und die entstehenden Antworten notieren.)

Es geht bei dieser Übung nicht so sehr darum, ein klares visuelles Bild zu erhalten. Das Bild kann vage oder flüchtig sein und kann sich verändern – es spielt keine Rolle. Immer wenn Sie sich Ihren liebevollen Gefährten vorstellen, ist das eine Übung, eine fürsorgliche Haltung eines anderen Wesens Ihnen gegenüber zuzulassen … eine Übung, um Mitgefühl anzunehmen …

Während wir uns einen idealen liebevollen Gefährten vorstellen, können wir uns darauf konzentrieren, wie es sich anfühlt, wenn ein anderes Wesen uns bedingungslos liebt … Stellen Sie sich vor, wie Ihnen Ihr liebevoller Gefährte Wärme und Wohlwollen entgegenbringt und Ihnen von ganzem Herzen wünscht, dass Sie in Sicherheit sind … dass Sie frei von Angst und Schmerz sind … dass Sie glücklich und zufrieden sind … Welche körperlichen Empfindungen und Emotionen nehmen Sie wahr? Was fällt Ihnen an Ihrer Körperhaltung auf? An Ihrem Gesichtsausdruck? Es geht darum, dass Sie spüren lernen, wie Ihr liebevoller Gefährte das Allerbeste für Sie im Sinn hat und sich für Ihr Wohlbefinden einsetzt.

Vielleicht denken Sie: »Das ist ja alles schön und gut, aber es ist nicht wirklich. Ich möchte kein Fantasiebild, sondern einen Menschen aus Fleisch und Blut, der sich um mich kümmert!« Durch diese Übung wird Ihnen das Fehlen eines solchen Menschen vielleicht noch mehr bewusst, und das wird Sie traurig oder wütend machen. Denken Sie dann daran, dass die Übung nicht als Beruhigungsmittel gedacht ist und dass sie nicht gegen unsere intuitive Weisheit gerichtet ist. Das Verlangen nach realen fürsorglichen Mitmenschen brauchen wir nicht zu ignorieren. Wir dürfen uns milde und achtsam eingestehen, dass wir dieses Bedürfnis nun einmal haben. Gleichzeitig ist es aber auch wichtig, dass wir Gefühle warmer Anteilnahme in Augenblicken zulassen können, in denen kein realer fürsorglicher Mensch da ist. Vor allem, wenn wir oft von einem inneren Quälgeist geplagt werden. Denn diesen nehmen wir oft durchaus ernst, obwohl er nicht real ist. Mit Selbstmitgefühl kommen wir immer weiter als mit Selbstquälerei. Der Vorteil des liebevollen Gefährten ist, dass wir ihn zu Hilfe rufen können, wann immer wir Mitgefühl brauchen. Und je mehr Übung wir haben, uns einen liebevollen Gefährten vorzustellen, desto leichter fällt es, sich für das Mitgefühl realer Menschen zu öffnen.

Der liebevolle Gefährte ist Ihre ureigenste Schöpfung, und Sie können sich vorstellen, dass er sich darüber freut, in Ihrer Nähe zu sein. Erlauben Sie es sich selbst, diese Freude zu spüren. Und erlauben Sie es sich, Dankbarkeit dafür zu spüren, dass Ihr liebevoller Gefährte für Sie da ist ... und dafür, dass Sie die Möglichkeit haben, diesen zu rufen, wann immer Sie möchten.

Nachfolgend ein Gedicht, das sehr schön die Stimmung vermittelt, wie eine Erfahrung mit einem liebevollen Gefährten sein kann:

Ich bin nicht ich,
ich bin derjenige,
der unsichtbar an meiner Seite geht,
den ich manchmal besuche
und manchmal vergesse,
derjenige, der gelassen schweigt, wenn ich rede,
der sanftmütig verzeiht, wenn ich hasse,
der dort umherschweift, wo ich nicht hingehe,
der weiterlebt, wenn ich sterbe.
JUAN RAMÓN JIMÉNEZ, FREI ÜBERSETZT

2.2.13 Tagebuchübung
Das Alarmsystem

Achten Sie einmal auf Augenblicke, in denen sich das Alarmsystem deutlich meldet. Zum Beispiel, dass Sie in einem Park spazieren gehen und Ihnen ein unbekannter Mann entgegenkommt. Dieser Mann spricht Sie plötzlich an. Danach können Sie sich die folgenden Fragen stellen und sich Notizen dazu machen:

- Waren Sie sich dessen bewusst, dass das Alarmsystem aktiviert wurde?
- Welche körperlichen Empfindungen hatten Sie genau? (z. B. »angespannt« oder »Mein Herz begann zu hämmern«.)
- Mit welchen Emotionen und Gedanken war dieses Ereignis verbunden? (z. B. »Ich fühlte mich unsicher und dachte: »Was will der Mann von mir? Was hat er vor? Ich hoffe, dass jemand in der Nähe ist.« Oder: »Erleichterung, als er sich nur nach dem Weg erkundigte.«)
- Was geschieht dann, beim Aufschreiben oder Darübernachdenken, in Ihnen? (z. B. »Schön, dass ich ihm helfen konnte. Ich brauche mich nicht dafür zu verurteilen, dass mein Alarmsystem angesprungen ist. Ich darf mir dazu gratulieren, dass ich ruhig geblieben bin. Indem ich mich selbst und die Situation bewusst beobachtete, entdeckte ich, dass es ein freundlicher Mann war.«)

Überblick Kurseinheit 2: Stressreaktionen und Selbstmitgefühl

Thema

In der zweiten Kurseinheit behandeln wir die bekannteren instinktiven Stressreaktionen Kampf, Flucht und Erstarrung, aber auch die weniger gängigen Stressreaktionen Fürsorge und Kontaktaufnahme oder Freundschaft schließen (*Tend and befriend*). Wir zeigen auf, wie Stressreaktionen bei physischer und psychischer Bedrohung gleich verlaufen können. Weiterhin befassen wir uns damit, wie man Mitgefühl mit sich selbst entwickeln kann und wie man hierfür seine Vorstellungskraft einsetzen kann. Daneben setzen wir uns mit Fallstricken und Missverständnissen bei der Entwicklung von Selbstmitgefühl auseinander.

Ablauf

- Innerer Wetterbericht: Teilnehmer berichten mit wenigen Worten, wie es ihnen geht und was sie sich selbst in diesem Augenblick wünschen möchten
- Beginnen mit der Übung »Mitfühlend mit Widerstand umgehen«
- Nachbesprechung der Übung
- Besprechen von Übungen aus der Woche nach Kurseinheit 1
- Kurze Pause mit Tee oder Kaffee und Austausch in Kleingruppen über die Tagebuchübung »Mitgefühl geben oder empfangen«
- Nach der Pause einige Bewegungsübungen
- Besprechen von Übungen zu Hause in der vergangenen Woche
- Theorie: Stressreaktionen und Komponenten des Selbstmitgefühls
- Übung »Der liebevolle Gefährte«
- Übungsvorschläge für die kommende Woche für zu Hause geben
- Abschluss mit einer kurzen Meditationsübung mit Selbstmitgefühl

Übungsvorschläge für die Woche nach Kurseinheit 2

Formell

- Einmal täglich Verbindung mit dem sicheren Ort aufnehmen (2.1.7)
- Einmal täglich Verbindung mit dem liebevollen Gefährten aufnehmen (2.2.12). Diesen ggf. schriftlich beschreiben
- Mehrmals täglich die Übung »Mitfühlend mit Widerstand umgehen« praktizieren (2.2.2)
- Regelmäßig die Hinweise zur »Freundlichkeitsmeditation: Selbstmitgefühl« lesen und die Übung praktizieren (2.1.10)

Informell

- Nach Bedarf das Selbstmitgefühlsmantra verwenden (2.2.5)
- Nach Bedarf die Übung »Der Atemraum mit Mitgefühl« durchführen (2.1.2)
- Nach Bedarf die Übung »Der Atemraum mit Mitgefühl: Umgang mit emotionalem Schmerz« durchführen, wenn unangenehme Gefühle auftreten (2.2.9)
- Tagebuchübung: Sich täglich der Wirkungen des Alarmsystems bewusst sein und Aufzeichnungen darüber führen (2.2.13)

2.3 Kurseinheit 3: Innere Muster

2.3.1 Welcher Modus herrscht vor?

In Achtsamkeitskursen wie MBSR oder MBCT werden oft zwei Grundhaltungen betrachtet: der »Aktivmodus« und der »Seinsmodus« – die innere Haltung von Tun und von Sein. In dieser Kurseinheit befassen wir uns mit der inneren Haltung von Wettbewerb und von Alarm, Sonderformen des Aktivmodus, und stellen den »Mitgefühlsmodus« vor, eine Sonderform des Seinsmodus. Zunächst möchten wir einen etwas genaueren Blick auf die unterschiedlichen Modi, man könnte auch sagen Mentalitäten oder innere Muster, werfen.

Es wird manchmal gesagt, dass der Mensch viele innere Gesichter hat. Es gibt viele Teile in uns, die mehr oder weniger dominant vorhanden sind, und das hängt davon ab, wie viel »Futter« sie bekommen. Die buddhistische Psychologie lehrt, dass wir im Grunde »Selbst-los« sind. Was wir unser »Selbst« nennen, ist derjenige Teil von uns, mit dem wir uns jeweils identifizieren, und das ist vergänglich und unstet. Dies entspricht auch den Erkenntnissen aus der evolutionären Psychologie (Gilbert 2013). Je wichtiger soziale Bindung für das Überleben wurde und je komplexer die Beziehungen untereinander in einer Lebensgemeinschaft wurden, desto wichtiger wurde es auch, sich eine Vorstellung von einem anderen

Geschichte: Zwei Wölfe

Ein alter Indianer belehrt seinen Enkel über das Leben. »In meinem Inneren tobt ein Kampf«, sagt er zu dem Jungen. »Es ist ein schrecklicher Kampf zwischen zwei Wölfen. Der eine Wolf ist böse – er besteht aus Wut, Eifersucht, Verdruss, Bedauern, Gier, Arroganz, Selbstmitleid, Schuldgefühlen, Groll, Minderwertigkeit, Lügen und Stolz.
Der andere Wolf ist gut – er ist Freude, Frieden, Liebe, Hoffnung, Gelassenheit, Bescheidenheit, Freundlichkeit, Wohlwollen, Mitgefühl, Großzügigkeit, Wahrheit, Barmherzigkeit und Vertrauen. In dir tobt der gleiche Kampf – und das gilt für jeden einzelnen Menschen.«
Der Enkel denkt einige Augenblicke darüber nach und fragt dann seinen Großvater: »Welcher Wolf wird den Kampf gewinnen?«
Der alte Indianer lächelt und antwortet schlicht: »Derjenige, den du fütterst.«

Menschen machen zu können und sich das Bild vorzustellen, das der andere von einem hatte. Es entstanden verschiedene soziale »Mentalitäten«, Rollen oder Muster, die wichtig waren, um in einer Gruppe Stabilität zu erhalten und damit die

Überlebenschancen zu erhöhen. Einige davon sind so allgemeingültig, dass man sie als sogenannte Archetypen (Urmuster oder Blaupausen für die Gesellschaft) in praktisch allen Kulturen findet: Vorherrschaft und Macht, Unterwürfigkeit und Gehorsam, Rivalität und Hierarchie, Fürsorge geben und Fürsorge empfangen, männliche und weibliche Rollenmuster. Neben den archetypischen Mustern gibt es jedoch noch viele weitere Mentalitäten, die in den einzelnen Kulturen und in den einzelnen Menschen mehr oder weniger ausgeprägt vorhanden sein können, je nachdem, wie stark sie sich durch Übung und Schulung festigen konnten. In bestimmten Situationen verhalten wir uns oft gemäß einer solchen Mentalität. Dies ist daran zu erkennen, worauf wir unsere Aufmerksamkeit richten, daran, was unsere Fantasie mit Inhalt füllt, was unser Denken und Sinnen beschäftigt, was un-

serer Motivation und unseren Verhaltensweisen Richtung gibt und unsere Emotionen färbt.

Wir möchten es hier aber nicht mit komplizierten Theorien unnötig schwierig machen, sondern eine Sprache wählen, die es erlaubt, unsere komplexen Erfahrungen verständlich zu formulieren. Vor allem sollten Sie sich durch die Theorie nicht von Ihren eigenen Erfahrungen ablenken lassen. Die Praxis der Achtsamkeit kann dabei helfen, Muster in Echtzeit (das heißt: in dem Augenblick, in dem sie auftreten) in all ihren Eigenheiten bei sich zu erkennen. Damit wir von diesen nicht überwältigt werden, kann es hilfreich sein, sie in Worte zu kleiden. Alle Elemente eines solchen Musters können auch Gegenstand einer Therapie sein. Weil Sie in diesem Training Ihr eigener Therapeut sind, zeigen wir das Hilfsschema in Abbildung 8.

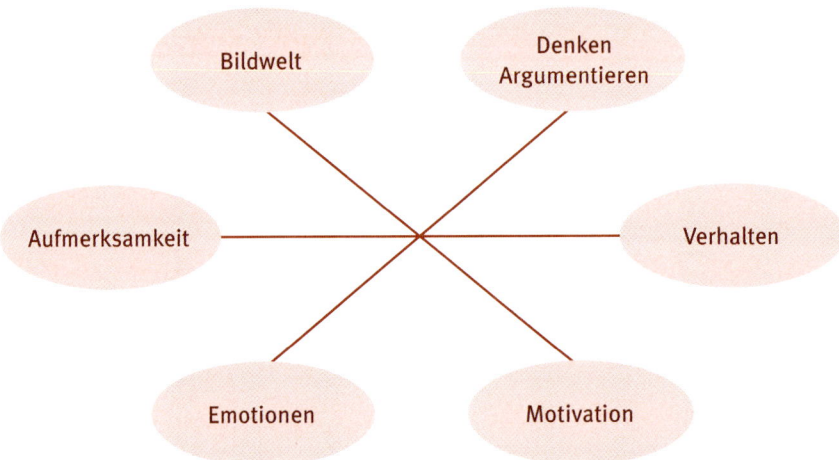

Abb. 8: Ansatzpunkte für die (Selbst-)Therapie (nach Gilbert 2013)

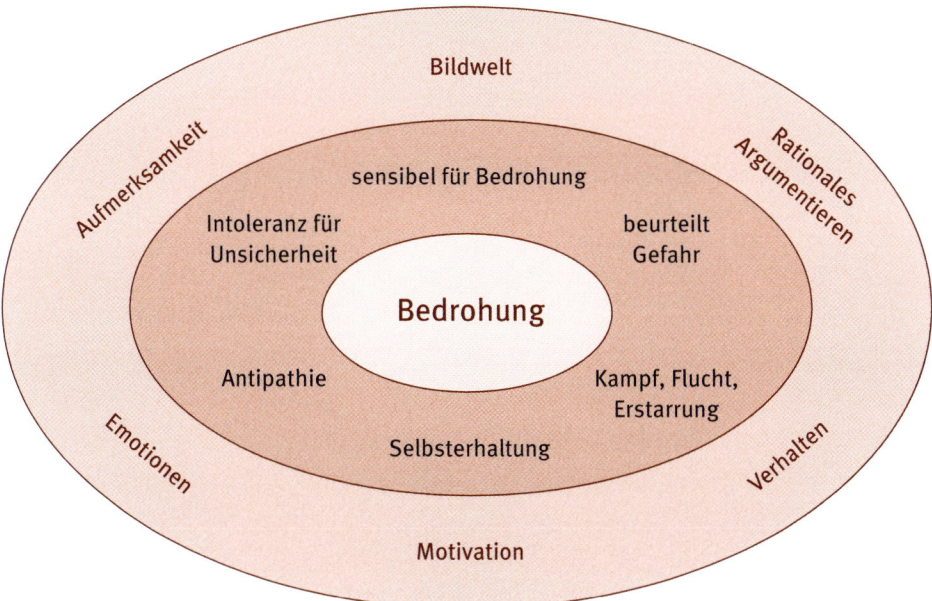

Abb. 9: Alarmmodus (nach Gilbert 2011)

Mit freundlicher Genehmigung wiedergegeben und bearbeitet aus *Mitgefühl*,
Paul Gilbert, Arbor Verlag 2011

Für die Mentalitätsbildung sind Funktionen des neuen Gehirns erforderlich, aber die instinktiveren Funktionen des alten Gehirns spielen eine wichtige motivierende Rolle. Die emotionalen Regulationssysteme und Stressreaktionen, die wir in Kurseinheit 1 und 2 besprochen haben, sind in unserem alten Gehirn verankert und können sehr gut ohne das neue Gehirn arbeiten. Die komplexeren inneren Muster, die in dieser Einheit des Kurses behandelt werden, entstehen aus der Wechselwirkung zwischen alten und neuen Gehirnfunktionen. Die Manifestation eines solchen Musters ist nicht immer einfach zu verstehen. Mehr Einblick bekommt man, wenn man die tiefere Schicht, die Alte-Gehirn-Komponente des Musters, erkennt. In Abbildung 9, 10 und 11 werden schematisch drei Beispiele für Grundmuster (nach Gilbert 2011) angegeben, die eng mit den drei emotionalen Regulationssystemen (Alarm-, Antriebs- und Fürsorgesystem) zusammenhängen:

- der Alarmmodus (Abb. 9), der in Situationen mit starker Bedrohung vorherrscht und auf Selbstschutz und Verteidigung ausgerichtet ist
- der Wettbewerbsmodus (Abb. 10), der in Gruppen mit großer Rivalität vorherrscht und auf die Steigerung des Eigenwerts ausgerichtet ist, und
- der Mitgefühlsmodus (Abb. 11), der in Situationen vorherrscht, in denen bei

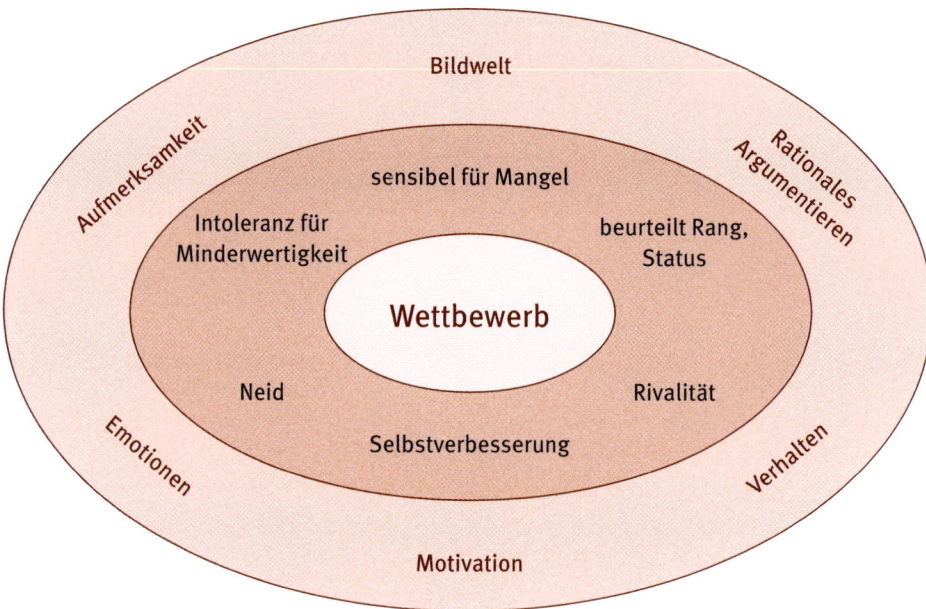

Abb. 10: Wettbewerbsmodus (nach Gilbert 2011, 2013)

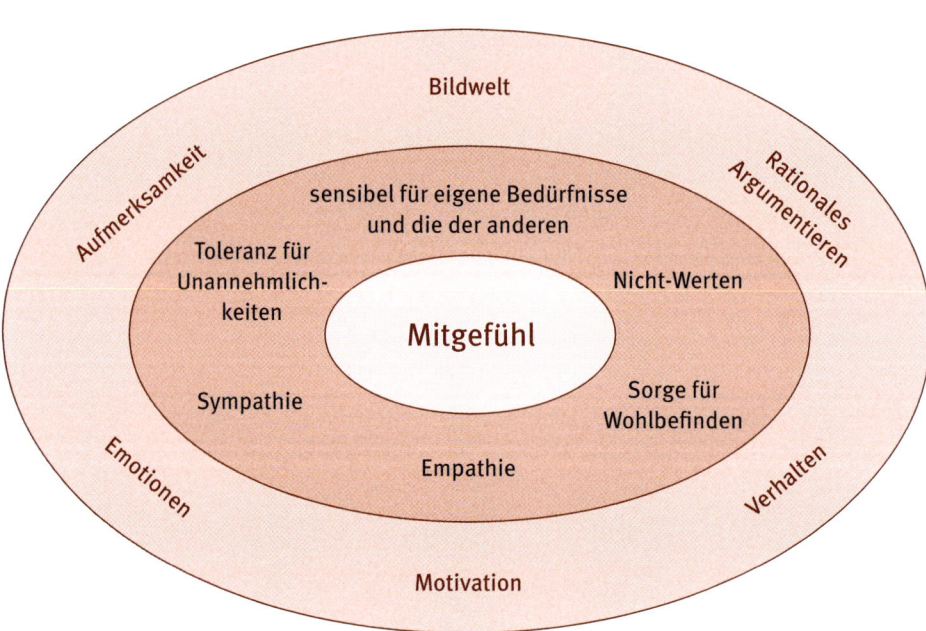

Abb. 11: Mitgefühlsmodus (nach Gilbert 2011)

Schmerz und Leiden freigiebige, fürsorgliche Anteilnahme gefragt ist. Diese ist auf heilsame Verbindung ausgerichtet.

Im inneren Kreis stehen typische Merkmale der betreffenden Mentalität, die sich in den verschiedenen Funktionen des äußeren Kreises ausdrücken. Weil diese drei Mentalitäten so allgemein verbreitet sind, ordnen wir sie untereinander an, und Sie können sich die Frage stellen, welche davon bei Ihnen mehr oder weniger stark entwickelt ist.

Eine Mentalität, ein Muster oder ein Modus können hartnäckiger werden, je öfter sie im eigenen Leben aktiviert und wiederholt werden. Was im einen Kontext eine gesunde Anpassung darstellt und unser Wohlbefinden und unsere Überlebenschancen verbessert, kann in einem anderen Kontext ungesund und unangemessen sein und die Aussicht auf Überleben und Wohlbefinden gerade verkleinern. Nicht nur im Umgang mit anderen Menschen, sondern auch im Umgang mit sich selbst kann ein bestimmter Modus überwiegen. Ob wir unsere Beziehungen zu den Eltern und Angehörigen überwiegend als fürsorglich und anerkennend oder aber als vernachlässigend, missbräuchlich oder feindselig erfahren haben, hat große Auswirkungen darauf, wie wir uns selbst erfahren. Unsere Lerngeschichte bestimmt, was die Oberhand behält, und das macht für das eigene Gefühl des Wohlbefindens einen erheblichen

Unterschied. Wenn der Alarmmodus fest verankert ist, sind wir vor allem auf Bedrohliches fixiert und fühlen uns anderen gegenüber eher unbehaglich (und uns selbst gegenüber, denn auch damit verbundene Gedanken und Gefühle stellen eine Bedrohung dar), als wenn der Mitgefühlsmodus vorherrscht. Wenn der Wettbewerbsmodus vorherrscht, fühlen wir uns ebenfalls oft unbehaglich in Gesellschaft, weil sehr schnell der Drang auftritt, zu rivalisieren und sich in eine dominante Position zu manövrieren.

2.3.2 Übung
Mitfühlend mit Verlangen umgehen

Die Übung aus dem vorigen Kapitel »Mitfühlend mit Widerstand umgehen« (2.2.2) kann beim Erkennen von Empfindungen helfen, die zum Alarmsystem und zum Alarmmodus gehören. Die folgende Übung ist mehr mit Aspekten des Antriebssystems und des Wettbewerbsmodus verbunden und wie man mitfühlend damit umgehen kann. Überlegen Sie sich, in welchem Bereich Ihres Lebens Sie sich von Verlangen und Festhaltenwollen beherrscht fühlen. Dies kann mit Nahrung zusammenhängen, mit Zigaretten, Kaffee, Alkohol, Sex, der Neigung zu einseitiger Kritik, Computerspielen, Arbeit, Kaufsucht usw. ... Es kann eine leichte Tendenz sein, aber auch eine hartnäckige Angewohnheit, durch die sich Schuld- und Schamgefühle und ein geringes Selbstwertgefühl verfestigen und verstärken können. Versuchen Sie einmal, wenn Sie den Drang verspüren, diesem Verhalten nachzugeben, bewusst innezuhalten.

Beobachten Sie dann beim Innehalten mit Interesse die Art des Verlangens und des Habenwollens. Was nehmen Sie körperlich wahr, wenn das Verlangen stark ist? Wo erleben Sie diese körperlichen Empfindungen am ausgeprägtesten? Spüren Sie sie als »Schmetterlinge im Bauch«? Oder als Spannung in der Brust? Oder als Schmerzen in den Armen? Haben Sie das Gefühl, dass Sie sich nach vorne lehnen, zur Zukunft hin? Ist Ihr Geist niedergeschlagen und gehetzt? Oder eher langsam und dumpf? Achten Sie darauf, ob sich Ihre körperlichen Wahrnehmungen nach einem kurzen Innehalten ändern. »Surfen« Sie gleichsam auf der Welle Ihres Verlangens, bleiben Sie in engem Kontakt mit ihr, wie sich diese auch verhält, ohne dass Sie sich von ihr fortreißen oder überspülen lassen. Dann können Sie sich die Frage stellen: »Was fehlt mir in diesem Augenblick?« Hören Sie mit dem Herzen auf die Antwort. Sie können diese Fragen oder Varianten dazu stets etwas tiefer in sich widerhallen lassen. »Was fehlt jetzt wirklich? Was ist mein wirkliches Bedürfnis ... mein tiefster Wunsch?« Und lassen Sie sich von den auftauchenden Antworten überraschen. Und wenn es keine sofortige Antwort gibt, ist das auch in Ordnung. Wenn aber ein Bewusstsein für ein tieferes Bedürfnis auftaucht, dann können Sie sich selbst wünschen, was Sie wirklich brauchen, z. B.: »Möge ich Ruhe ... Glück ... Frieden erfahren.«

»Das ›Surfen‹ auf dem Verlangen macht mir bewusst, was mir fehlt, und verbindet mich tiefer mit meinen inneren Gefühlen und meiner Verletzlichkeit.«

Kommentar eines Teilnehmers

Manchmal können das Innehalten und das Gewahrwerden dafür sorgen, dass wir die Neigung nur einfach anschauen und nicht in Verhalten umsetzen. Wenn Sie sich nach dem kurzen Innehalten doch dafür entscheiden, der Neigung nachzugeben, ist das auch in Ordnung; tun Sie es dann aber langsam und achtsam. Was erleben Sie dabei? Verspüren Sie eine Spannung oder Erregung, Selbstkritik oder Angst? Seien Sie sich in einer klaren, liebevollen Weise auftauchender körperlicher Empfindungen, Gedanken und Emotionen bewusst.

Mit freundlicher Genehmigung übersetzt und bearbeitet aus *Radical Acceptance*, Brach 2004

2.3.3 Die Sehnsucht nach Selbstwertgefühl

Dass ein stark vorherrschender Alarmmodus nicht glücklich macht, erscheint selbstverständlich. Dass aber auch ein stark vorherrschender Wettbewerbsmodus zulasten unseres Wohlbefindens geht, wird in unserer Kultur viel weniger leicht akzeptiert. Von allen Seiten bekommen wir zu hören, dass wir alles Mögliche verpassen und dass wir nur glücklich sein können, wenn wir bestimmte Produkte kaufen und bestimmte Erfolge erzielen. Das mag für die Wirtschaft gut sein, aber nicht für unser Wohlbefinden, denn wenn das eine Verlangen gestillt ist, taucht schon wieder das nächste auf.

Der Wettbewerbsmodus scheint ganz besonders in unseren sozialen Beziehungen vorzuherrschen. Das betrifft aber nicht immer reale Beziehungen, denn wir treten oft auch in Wettbewerb mit imaginären anderen. Wir möchten gerne den Anforderungen genügen, von denen wir *glauben*, dass sie an uns gestellt werden. Tun wir das nicht, meinen wir die Wertschätzung anderer zu verlieren, die wir brauchen, um akzeptiert zu werden. Nur dann, wenn uns andere schätzen, können wir uns selbst schätzen; das glauben wir jedenfalls.

Eine Sonderform des Wettbewerbsmodus ist die Jagd nach Selbstwertgefühl. Kristin Neff (2012) gibt eine wissenschaftlich fundierte Übersicht darüber, wie lange die westliche Psychologie im Banne der Idee stand, dass Selbstwertgefühl sehr wichtig für unser Wohlbefinden sei und dass dies zu besseren Leistungen führen würde. Viele Lernprogramme für Kinder und Erwachsene zielten demgemäß darauf ab, das Selbstwertgefühl zu stärken. Später entdeckten Forscher dann, dass ein positives Selbstwertgefühl nicht die *Ursache* besserer Leistungen war, sondern die *Folge* davon. Das Bemühen um ein

positives Selbstwertgefühl als Zweck an sich begünstigte einen unnötig starken sozialen Wettbewerb und führte dazu, dass Menschen sich ständig mit anderen verglichen, was den Leistungen eher schadete.

Der Drang nach Selbstwertgefühl ist wie eine Sucht: Jedes Mal, wenn das Verlangen danach gestillt ist, hält die Zufriedenheit nur kurz an, und der Wunsch nach mehr regt sich wieder. Das erzeugt Stress statt Wohlbefinden, und die Energie wird nicht mehr in die Verbesserung der eigenen Leistung, sondern in die Verbesserung des Egos investiert. Es scheint, dass unser Antriebssystem (besser sein zu wollen als andere) und auch unser Alarmsystem (Angst, nicht anerkannt und sozial isoliert zu werden) über das Ziel hinausschießen und dass wir uns keine Zeit mehr dafür nehmen, unser Fürsorgesystem zu pflegen. Wir werden von unserem Drang nach Perfektionismus und einem fieberhaften Streben nach immer mehr beherrscht.

Neuere Forschungen haben gezeigt, dass Selbstmitgefühl für unser Wohlbefinden wichtiger ist als Selbstwertgefühl (Neff u. a. 2007, Neff & Vonk 2009). Wenn man Selbstwertgefühl hoch veranschlagt, fördert man dadurch einen Narzissmus und das eigene Ego fühlt sich schnell bedroht. Man macht sich ständig Sorgen, ob man gut genug ist. Dies behindert die soziale Verbundenheit, weil man die Tendenz hat, sich anderen gegenüber abzusetzen. Selbstmitgefühl fördert dagegen ein nachhaltigeres Selbstwertgefühl, das nicht von der Wertschätzung anderer abhängig ist, sondern durch das Bewusstsein genährt wird, dass man so sein darf, wie man ist, einschließlich seiner Verletzlichkeiten. Selbstmitgefühl geht mit der Einsicht einher, dass niemand perfekt ist und dass wir alle in unserer Unvollkommenheit eine Daseinsberechtigung haben und Mitgefühl brauchen. Dieses Bewusstsein einer uns verbindenden Menschlichkeit fördert die soziale Bindung. Bemerkenswert ist, dass wir über Selbstmitgefühl leichter zu besseren Leistungen gelangen als über die Jagd nach Selbstwertgefühl, gerade weil wir akzeptieren, dass wir Fehler machen können. Mehr noch: Wir müssen Fehler machen, da wir sonst auch keine neuen Entdeckungen machen könnten. Wie sagte schon Albert Einstein: »Wer noch nie einen Fehler begangen hat, hat noch nie etwas Neues probiert.«

Der Wettbewerbsmodus kann sich so auswirken, dass wir ständig damit beschäftigt sind, uns auf der Hierarchieleiter nach oben zu rangeln, um »gesehen« zu werden. Aber es kann umgekehrt auch so sein, dass wir ständig bemüht sind, uns klein zu machen und sich unterwürfig nach unten zu arbeiten. In beiden Fällen sucht man nach einem klaren Platz in der Gruppe, der man angehören möchte. Für unser Überleben ist es eben wichtig, dass wir von Artgenossen akzeptiert werden, und unser Platz in der Hierarchie bietet dabei einen Halt, egal ob dieser Platz hoch oder niedrig ist. Ein starker Verbündeter, der uns hilft, uns selbst nach unten zu drücken, ist der »innere Quälgeist«.

2.3.4 Der innere Quälgeist

Wenn das Alarmsystem im Leben immer wieder aktiviert wird, weil wir nach Auffassung anderer Menschen (und später unserer eigenen) versagt haben, und ständig die Drohung von Aggression, Zurückweisung oder Verlassenwerden in der Luft lag, kann sich eine selbstkritische Mentalität entwickeln, eine Sonderform des Alarmmodus (Gilbert & Irons 2005, Gilbert 2011, 2013). Dieser innere Quälgeist (Peiniger, Kritiker, Zyniker, Intrigant, Kontrolleur, Zweifler, Wichtigtuer, schwierige Mensch, oder welche Bezeichnung man auch immer passender finden möchte) kann uns das Leben in verschiedener Weise vergällen. In der Achtsamkeits- und Mitgefühlspraxis steht der innere Quälgeist schnell mit seinen Kommentaren parat: »Du hast doch viel Besseres zu tun.« »Wenn das schon sein muss, dann gib dir jedenfalls redlich Mühe.« »Jetzt bist du *schon wieder* am Abschweifen … am Streben … am Urteilen.« »Die anderen Teilnehmer machen es viel besser.« »Du kannst es einfach nicht.«

Schon während der formellen Übung und aus der Haltung des nicht-urteilenden Beobachters ist es schwierig genug, sich selbst zu beobachten. Umso mehr im täglichen Leben. Der innere Quälgeist aktiviert sich oft automatisch und kontrolliert uns, ohne dass wir es bemerken. Wenn wir diesen Kritiker schon kennen, wie können wir dann mit ihm umgehen? Wir können zurückmobben – aber dann setzen wir bloß eine Spirale in Gang, die alles nur schlimmer macht. Wir können aber dem inneren Quälgeist auch ins Auge sehen, und zwar mit Mitgefühl. Vermögen wir das Leid und die Bedürfnisse zu sehen, die sich dahinter verstecken?

Können wir den inneren Quälgeist als Ausdruck unseres tiefen Verlangens sehen, psychisch zu überleben, dann verstehen wir vielleicht auch die zugrundeliegenden »guten Absichten«. Funktionen des inneren Quälgeists können beispielsweise sein:

- nicht akzeptable Teile von uns selbst abzulehnen,
- den Beifall anderer zu suchen,
- seinen Eltern treu zu bleiben, indem man sich selbst genauso behandelt, wie man von ihnen behandelt wurde,
- der Auffassung treu zu bleiben, dass es hilfreich ist, sich selbst zu bestrafen oder Schmerz zuzufügen,
- sich selbst daran zu hindern, (noch mehr) Fehler zu machen,
- sich selbst anzufeuern und zu besseren Leistungen anzuspornen,
- jemand anderen zu schützen, indem man seinen Zorn auf sich selbst lenkt,
- die Kontrolle über sich selbst zu behalten,
- eine vertraute Gewohnheit und ein Selbstbild aufrecht zu erhalten, denn das gibt einem Halt und Sicherheit und

befreit von der Verantwortung, sich zu ändern.

Es erstaunt nicht, dass die Gründe, warum man den inneren Quälgeist hätschelt, mit den Gründen zusammenfallen, warum man *keine* Mitgefühlsübungen durchführen sollte (wir hatten uns damit am Anfang von Kurseinheit 1 beschäftigt, siehe 2.1.1). Wenn man sich lange von diesen Gründen hat leiten lassen, dann ist es nicht verwunderlich, wenn sich der innere Quälgeist bei den ersten Schritten auf dem Weg der Mitgefühlspraxis nachdrücklich zu Wort meldet. Eine selbstkritische Mentalität wird vor allem durch Scham und Schuld genährt, Emotionen, die später in der Evolution bei höheren Säugetieren mit dem Selbst-Bewusstsein entstanden. Das Bedürfnis, Zuwendung von anderen zu erhalten, ist uns angeboren. Um unsere Chancen zu vergrößern, eine solche Zuwendung zu erhalten, haben wir die Fähigkeit entwickelt, fortwährend zu prüfen, welches Bild andere von uns haben (könnten).

»Ich habe gelernt, dass ich milde auf den inneren Quälgeist hinschauen kann, und merke, dass er mir dann weniger Schwierigkeiten macht.«

Kommentar eines Teilnehmers

Da soziale Bindung für unser Überleben so große Bedeutung erlangt hat, haben wir ein sehr starkes Bewusstsein unserer selbst entwickelt und ist es sehr wichtig geworden, dass andere ein positives Bild von uns haben. Wenn das nicht der Fall ist, fühlen wir uns unsicher und das Alarmsystem wird ausgelöst. Scham und Schuld sind die Boten, die uns deutlich machen, dass das Bild, das andere von uns haben, beeinträchtigt sein könnte und wir aus der Gruppe fallen könnten. Ein besseres Verständnis für diese Emotionen kann uns bei der Praxis des Selbstmitgefühls helfen.

2.3.5 Scham

Auch Scham, so unangenehm sie sein mag, kann ein hilfreicher Bote sein. Man stelle sich einmal eine »schamlose« Person vor. Solche Menschen sind nicht beliebt. Scham schützt vor Exzessen und antisozialem Verhalten und davor, aus der Gruppe ausgestoßen zu werden, die für die eigene Sicherheit und das eigene Überleben wichtig ist. Wenn aber andere an unser Schamgefühl appellieren, während wir uns eigentlich nichts vorzuwerfen haben, kann Scham auch zu einer destruktiven Emotion werden – vor allem, wenn man jung und sensibel ist und sich in einer abhängigen Position befindet. Beschämende Erinnerungen können die gleichen Auswirkungen haben wie traumatische Erinnerungen, mit denselben

Stressreaktionen und physischen Symptomen. Wenn wir viele Momente erlebt haben, wo wir von anderen kritisiert wurden und uns schämten, dann können wir sehr empfindlich für negative Begegnungen werden. Scham und alles, was Scham hervorruft, wird dann als bedrohlich erlebt und aktiviert das Alarmsystem. Wenn wir sehr hohe Anforderungen an uns selbst stellen, beruht dies oft auf beschämenden Erfahrungen und der Angst, zu versagen und nicht akzeptiert zu werden. Hohe Anforderungen zu stellen führt selbst wieder zu erhöhter Empfindlichkeit für Scham, und so entsteht ein Teufelskreis. Je größer die Diskrepanz zwischen dem bestehenden Selbst und dem idealen Selbst ist (demjenigen, der wir glauben sein zu müssen), desto leichter schämen wir uns.

Die Empfindlichkeit für negative Behandlung kann sich in einer Neigung zu externalisieren und einer Neigung zu internalisieren äußern. Bei Externalisierung fühlt man sich schnell durch andere gedemütigt und verletzt. Die Scham richtet sich nach außen (»Der andere ist schlecht«), und man sucht Rechtfertigung und Genugtuung oder sogar Vergeltung und Rache. Unser Alarmsystem reagiert vor allem auf externe Signale, die darauf hindeuten könnten, dass andere negativ über uns denken. Externalisieren geschieht vor allem dann, wenn auch der Wettbewerbsmodus stark ausgeprägt ist: Man verträgt es nicht, beherrscht und herabgesetzt zu werden, und greift den anderen an. Bei Internalisierung kehrt sich die Scham nach innen (»Ich bin ein schlechter Mensch«) und man übernimmt das negative Bild, das andere von einem haben. Man verstärkt dies sogar noch, indem man sich selbst kritisiert und herabsetzt. Man fällt über sich selbst her. Unser Alarmsystem reagiert nicht nur auf externe, sondern auch auf interne Signale. Jede Vorstellung, jedes Gefühl, jede Verhaltensweise und jedes körperliche Merkmal, von dem man auch nur den Verdacht hat, dass es bei einem anderen ein negatives Bild auslösen könnte, bilden ein Ziel für Selbstkritik. Internalisierung geschieht vor allem, wenn man wenig an Wettbewerb interessiert ist. Wenn man zu sehr externalisiert, wird man zum Quälgeist für andere, bei übermäßigem Internalisieren entwickelt man einen inneren Quälgeist.

Scham kann wiederum zu Angst vor Scham führen. Eine spezielle Manifestation davon wird Erythrophobie (Angst vor dem Erröten) genannt. Der innere Quälgeist äußert sich dann als extreme oder irrationale Angst, (in Gegenwart anderer) zur erröten.

2.3.6 Schuld

Bei Scham geht es um das Bild, das andere von uns haben. Bei Schuld geht es um das Bild, das wir selbst vom anderen haben. Schuld ist in der Evolution später entstanden als Scham, als nicht nur Fürsorgeerhalten, sondern auch Fürsorgegeben immer wichtiger wurde. Schuld ist-verknüpft mit Empathie oder Einfühlungsvermögen (»Was habe ich dem anderen angetan?«) und Verantwortungsbewusstsein (»Wie kann ich es wieder gutmachen?«). Nach innen gerichtete Scham zielt auf die ganze Person (»Ich bin ein schlechter Mensch«), Schuld zielt auf einen kleineren Teil (»Mein schädliches Verhalten dem anderen gegenüber«). Schuld kann helfen, soziale Beziehungen wieder zu kitten, und ist eine sinnvolle Emotion, wenn sie in eine fürsorgliche Mentalität eingebettet ist. Aber auch Schuld kann zerstörerisch werden, wenn diese Emotion das Alarmsystem auslöst. Das geschieht, wenn wir gelernt haben, dass wir vor unseren Fehlern Angst haben müssen. Und leider haben viele Menschen dies in der häuslichen oder schulischen Erziehung gelernt. Schädliches Verhalten anderen Menschen gegenüber wird dann zu beschämendem Verhalten. »Ich begehe einen Fehler, den ich wieder gutmachen kann« wird gesteigert zu »Ich bin ein schlechter Mensch«. Wenn wir einen Fehler begehen, sehen wir das nicht mehr als Herausforderung, daraus zu lernen, sondern als Beweis dafür, dass wir nichts wert sind, und als Grund, den inneren Quälgeist auf uns selbst loszulassen. Kleine Fehler werden zu großen aufgebauscht, und wenn auch die Versuche, sie wieder gutzumachen, nicht gut genug gelingen, stapelt sich Fehler auf Fehler. Wir werden immer selbstkritischer, und die Schuldgefühle wachsen mit dem inneren Quälgeist.

Wenn Scham und Schuld nicht mehr die hilfreichen Boten sind, als die sie ursprünglich gedacht waren, können sie zu destruktiven Emotionen werden. Wenn ständig die Alarmglocke schrillt, um uns einzuhämmern, dass wir unzulänglich sind, dann kann das Leben zur Hölle werden. Selbstkritik kann sich zu Selbsthass auswachsen. Eine selbstkritische Mentalität löscht man nicht ohne weiteres aus. Aber man kann sie mit Mitgefühl ansehen, sowohl in Bezug auf das Leiden, aus dem der innere Quälgeist entstanden ist, als auch in Bezug auf das, das dieser verursacht. Wie eine selbstkritische Einstellung ungewollt durch Übung entstanden ist, so können wir durch bewusste Übung eine fürsorgliche, mitfühlende Einstellung aufbauen. Welchen Teil von uns selbst wollen wir nähren: einen inneren Quälgeist oder einen inneren Helfer? Durch Einüben des Mitgefühlsmodus können wir einen starken inneren Helfer entwickeln.

2.3.7 Überlebendensyndrom

Eine Sonderform von Schuldgefühl ist das sogenannte Überlebendensyndrom, auch *Survivor's guilt* genannt: Man fühlt sich schuldig für Ursachen, auf die man keinen Einfluss hatte. Ein Überlebender bei einer Katastrophe, einem schweren Unfall oder einer traumatischen Erfah-

rung hat das Gefühl, versagt zu haben, weil andere dabei ums Leben kamen. Oder man fühlt sich als Kollege schuldig, weil andere Kollegen bei einer Umorganisation ihren Arbeitsplatz verloren haben. Dies trotz der Tatsache, dass der »Überlebende« letztlich nichts hätte tun können, um die leidvolle Situation zu vermeiden. Paul Gilbert arbeitet schon seit vielen Jahren mit Menschen, die unter starken Schuld- und Schamgefühlen leiden. Eine der Strategien, die er einsetzt, um die Gehirnwäsche durch den so real erscheinenden Inhalt der Schuld- und Schamgefühle zu deprogrammieren, besteht in der schlichten, regelmäßigen Wiederholung des folgenden Satzes: »Es ist nicht deine Schuld.«

Nicht nur, wenn man eine Katastrophe überlebt hat, an der man in keiner Weise etwas ändern konnte, ist es wertvoll, sich diesen Satz einzuprägen. Wir haben als Menschen ein Talent dafür, uns grundsätzlich für Ereignisse schuldig zu fühlen, für die wir nichts können. Wir können wie kein anderer Warmblütler uns selbst für Ereignisse kritisieren, die außerhalb unserer Kontrolle liegen. Dass wir ein komplexer Organismus sind, hervorgegangen aus Millionen Jahren Evolution, mit einem mehrschichtigen Gehirn, das bei weitem nicht ausreichend ist, um das Gewirr innerer und äußerer Prozesse zu verarbeiten, die größtenteils unbewusst ablaufen; dass wir zum großen Teil das Ergebnis eines komplexen Zusammenspiels von genetischen und Umgebungseinflüssen sind; dass unsere automatischen Reaktionen auf Reize das Ergebnis vieler Konditionierungen sind; dass wir die Reaktionen von und die Wechselwirkungen mit unseren Schicksalsgenossen, die ebenso komplexe Wesen sind, unmöglich kontrollieren können: *Dies alles ist nicht unsere Schuld.*

Dies oft genug in Momenten zu wiederholen, in denen wir uns selbst auf den Kopf schlagen möchten wegen Dingen, an denen wir nichts ändern können, kann sehr heilsam sein. Gleichzeitig kann uns dies helfen, das Unterscheidungsvermögen zu schärfen und die Bereiche in den Blick zu bekommen, in denen wir sehr wohl Verantwortung tragen können: dort, wo das Licht unserer Achtsamkeit entzündet wurde und unsere automatischen Verhaltensmuster und Reaktionen sichtbar werden. Dort entsteht mehr Wahlfreiheit und eine automatische Reaktion kann vielleicht durch eine bewusste Aktion ersetzt werden. Wie soll man aber dann mit allem umgehen, was unbeherrschbar, unkontrollierbar und unvorhersehbar ist in unserem Leben? Die Antwort ist einfach: mit Selbstmitgefühl. Wir wissen jetzt, dass dies viel gesünder ist als Selbstvorwürfe.

In der nächsten Einheit folgt ein besonderer Mitgefühls-Trainingsmodus, wobei letztlich alle Übungen in diesem Kurs darauf abzielen, sich in der inneren Haltung von Mitgefühl zu schulen, auch diejenigen Übungen, die helfen, sich innerer Muster, Widerstand und Verlangen

bewusst zu werden. Diese öffnen die Tür zur Heilung alter Wunden, indem wir sowohl den Schmerz, der alten Mustern zugrunde liegt, als auch den Schmerz, der immer noch aus diesen entspringt, mitfühlend annehmen. Wir können immer dann, wenn dieser im Hier und Jetzt auftritt, unseren Schmerz in unserem Bewusstsein halten, wie eine Mutter ihr verletzliches Baby im Arm hält.

2.3.8 Übung
Innere Muster erkennen

Bevor Sie nun weiterlesen, möchten wir Sie ermuntern, die Übung auf der folgenden Seite auszuprobieren. Sie können hierfür die Sätze in Tabelle 1 »Meine inneren Muster« nacheinander durchlesen und dafür eine Punktzahl zwischen 1 und 5 vergeben: 1 = »Dies erkenne ich in meinem Leben überhaupt nicht«, 2 = »Dies erkenne ich ein wenig«, 3 = »Dies erkenne ich einigermaßen«, 4 = »Dies erkenne ich gut« und 5 = »Dies erkenne ich sehr gut«.

2.3.9 Innere Muster benennen

Es gibt verschiedene Therapeuten, die Achtsamkeitsübungen und die sogenannte Schematherapie kombiniert haben (Bennett-Goleman 2004, Germer 2010, Van Vreeswijk u. a. 2009). Die Schematherapie wurde von Young u. a. (2003) entwickelt. Mit Schemata sind die inne-

Innere Muster erkennen

1	Meine engen Beziehungen werden in die Brüche gehen, weil die Menschen unzuverlässig und unberechenbar sind.	1	2	3	4	5
2	Ich gehe davon aus, dass andere mir schaden wollen und auf ihren eigenen Vorteil aus sind.	1	2	3	4	5
3	Ich kann anscheinend nicht bekommen, was ich von anderen brauche (Wärme, Aufmerksamkeit, Verständnis, Schutz, Unterstützung).	1	2	3	4	5
4	Ich bin ein Versager, kann nichts, verdiene es nicht, dass andere mich mögen.	1	2	3	4	5
5	Ich bin allein in dieser Welt, anders als andere, gehöre nicht dazu.	1	2	3	4	5
6	Ich bin langweilig und überhaupt nicht interessant für andere, sie möchten mich nicht in ihrer Gesellschaft haben.	1	2	3	4	5
7	Ohne Hilfe komme ich in meinem Leben nicht gut zurecht und kann keine Entscheidungen treffen.	1	2	3	4	5
8	Jeden Augenblick kann mir eine Katastrophe zustoßen, gegen die ich machtlos bin.	1	2	3	4	5
9	Ohne Führungsgestalten fühle ich mich leer, verwirrt und verloren.	1	2	3	4	5
10	Ich bin ein Verlierer, dumm, ungeschickt, im Vergleich mit anderen werde ich nie erfolgreich sein.	1	2	3	4	5
11	Ich habe Anspruch auf alles, was ich bekommen kann, die anderen müssen sich nach mir richten.	1	2	3	4	5
12	Ich bin schnell frustriert, reagiere impulsiv oder schmeiße Sachen einfach hin.	1	2	3	4	5
13	Ich passe mich dem an, was andere von mir erwarten, aus Angst vor ihrem Zorn oder ihrer Zurückweisung.	1	2	3	4	5
14	Ich mache mich am liebsten ganz klein, um anderen behilflich sein zu können.	1	2	3	4	5
15	Alles dreht sich bei mir darum, die Anerkennung und Wertschätzung anderer zu gewinnen.	1	2	3	4	5
16	Ich gehe davon aus, dass alles, was schief gehen kann, auch schief gehen wird, und dass meine Entscheidungen bestimmt falsch sind.	1	2	3	4	5
17	Ich zeige anderen gegenüber lieber keine (positiven oder negativen) Gefühle und ziehe eine rationale Vorgehensweise vor.	1	2	3	4	5
18	Ich bin ein Perfektionist, muss meine Zeit effizient nutzen und halte mich strikt an die Regeln.	1	2	3	4	5
19	Ich habe wenig Geduld mit anderen (und mit mir selbst) und bestehe darauf, dass Menschen für ihre Fehler büßen müssen.	1	2	3	4	5

Tabelle 1 »Meine inneren Muster« (übersetzt und bearbeitet aus Germer 2010)

ren Muster gemeint, die bereits in frühen Lebensjahren entstanden sind und im Erwachsenenalter hartnäckig bestehen bleiben. Meist werden achtzehn oder neunzehn Schemata unterschieden, die einer gesunden Anpassung im Weg sein können. Bei der vorigen Übung (2.3.8) haben Sie vielleicht eine Reihe von Schemata erkannt, die speziell bei Ihnen bestehen. Nachfolgend finden Sie eine ausführlichere Liste dieser alten unangepassten Schemata, um Ihnen das Erkennen zu erleichtern. Um sich besser von diesen lösen zu können, ist es wichtig, sie erkennen und benennen zu können. Ihnen einen Namen zu geben, kann schon ein erster Schritt sein, Distanz zu ihnen zu gewinnen. Auch hier gilt wiederum, dass es im Allgemeinen nicht die eigene Schuld ist, dass sich ein solches Schema entwickelt hat.

Ein Schema zu erkennen ist Achtsamkeit. Milde sich selbst gegenüber zu sein und ein Schema mit einem gütigen Blick anzusehen, ist Selbstmitgefühl. Um das Ganze etwas lockerer zu gestalten, haben wir den neunzehn inneren Mustern auch einen Beinamen gegeben. So kann man z. B., wenn man kurz davor ist, in die Luft zu gehen, sagen: »Aha, da ist Rumpelstilzchen wieder. Guten Morgen.« Natürlich dürfen Sie gerne für alle diese Schemata oder Tendenzen selbst einen Namen erfinden (es darf ruhig ein Name sein, der Sie auch ein wenig schmunzeln lässt …).

Vielleicht ist eine Reihe dieser Schemata für Sie einfacher zu erkennen als der innere Quälgeist, oder sie gehören zu ihm. Achten Sie darauf, welche Emotionen und körperlichen Empfindungen sich einstellen, wenn das Schema auftaucht, welche Gedanken Ihnen durch den Kopf gehen und welche Impulse Sie wahrnehmen. Es kann sehr aufschlussreich sein, die zugrunde liegenden emotionalen Regulationssysteme zu erkennen. Ist das Schema Ausdruck eines überschießenden Emotionsregulationssystems? Oder ist das Schema gerade Ausdruck eines unterentwickelten Emotionsregulationssystems? Beispiele sind: ein überschießendes Alarmsystem bei Schema 2, 8 und 16, ein überschießendes Antriebssystem bei 11 und 15, ein unterentwickeltes Antriebssystem bei 4 und 10, und ein unterentwickeltes Fürsorgesystem bei 3, 7 und 19. Oft liegt auch eine Kombination von überschießenden und unterentwickelten Systemen vor wie z. B. die Kombination eines überschießenden Alarmsystems mit einem unterentwickelten Fürsorgesystem bei Schema 1. Wird ein System übermäßig oft aktiviert, muss das zwangsläufig auf Kosten der Entwicklung eines anderen Systems gehen.

Unser Selbstmitgefühl kann sich vertiefen, wenn wir den Schmerz erkennen, aus dem das Schema entstanden ist, und auch den unbeabsichtigten Schmerz, der durch das Schema entsteht, wenn wir in dieses verstrickt sind. Und denken Sie daran, dass Schemata keine »Wahrheiten« oder unveränderlichen Teile von Ihnen selbst sind, sondern mentale Konstruktionen, die als Überlebensstrategien in schwierigen Umständen entstanden sind. Einstmals waren sie vielleicht selbstverständlich und haben geholfen, schwierige Situationen durchzustehen, aber die Frage ist, ob das immer noch so ist. Wenn es nur verbliebene Verhärtungen einer länger zurückliegenden Vergangenheit sind, können wir sie langsam abklingen lassen und uns im Licht unserer Aufmerksamkeit und der Wärme des Mitgefühls von ihnen lösen.

1. Verlassen werden / Instabilität: Man erwartet, letztlich von allen im Stich gelassen zu werden. Andere sind unberechenbar, und man kann sich nicht auf ihre Unterstützung und Zuwendung verlassen. Angst, Trauer und Wut wechseln einander ab, wenn man sich im Stich gelassen fühlt.
Beiname: »Ich-bin-so-arm-dran«

2. Misstrauen / Missbrauch: Man ist davon überzeugt, dass man von anderen letztlich in der einen oder anderen Weise missbraucht werden wird, von ihnen betrogen oder gedemütigt werden wird. Das eigene Gefühlsleben ist sehr labil, und man ist ständig auf der Hut.
Beiname: Der Misstrauische

3. Emotionale Vernachlässigung: Man erwartet, dass die eigenen grundlegenden emotionalen Bedürfnisse (wie Unterstützung, Fürsorge, Empathie und Schutz) von anderen nicht oder unzulänglich befriedigt werden. Man fühlt sich allein und einsam.
Beiname: Der Vernachlässigte oder Ausgestoßene

4. Minderwertigkeit / Scham: Man findet sich innerlich unzulänglich und schlecht. Sobald andere einen besser kennenlernen, werden sie das entdecken und einen ablehnen. Das Gefühl der Wertlosigkeit führt oft zu Scham.
Beiname: Der Unwürdige

5. Soziale Isolation / Entfremdung: Man fühlt sich isoliert von der übrigen Welt und anders als andere Menschen.
Beiname: Der Weltfremde oder Sonderling

6. Soziale Unerwünschtheit: Man ist davon überzeugt, sozial ungeschickt und uninteressant zu sein. Man findet sich selbst langweilig, fade und hässlich.
Beiname: Das hässliche Entlein

7. Abhängigkeit / Inkompetenz: Man empfindet sich als hilflos und von anderen abhängig. Man ist bei alltäglichen Problemen schwer zu Entscheidungen fähig und oft angespannt und ängstlich.
Beiname: Der Hilflose

8. Für Krankheit und Gefahren überempfindlich: Man glaubt, dass einem selbst und seinen Lieben jederzeit etwas Schreckliches zustoßen kann und dass man nichts tun kann, um sich / sie zu schützen.
Beiname: Der Schwarzseher

9. Verstrickung / unterentwickeltes Selbst:
Man ist so sehr mit einem oder mehreren
seiner Bezugspersonen übertrieben verbunden, dass man keine eigene Identität
aufbauen kann.
Beiname: *Der Klammeraffe*

10. Versagen: Man ist davon überzeugt,
nicht in der Lage zu sein, mit seinen Al-
tersgenossen mitzuhalten. Man fühlt sich
dumm und unfähig.
Beiname: *Der Taugenichts* oder *Loser*

11. Sich Rechte anmaßen. Anspruchsden-
ken / Selbstbezogenheit: Man findet, dass
man anderen überlegen ist und besondere Ansprüche hat. Man kann tun und
lassen, was man will, ohne Rücksicht auf
andere nehmen zu müssen. Das zentrale
Thema ist, Kontrolle über Situationen
und Menschen zu haben.
Beiname: »*Mittelpunkt-der-Welt*«

12. Mangel an Selbstbeherrschung: Man
hat keine Frustrationstoleranz und kann
Impulse und Gefühle nicht kontrollieren.
Man verträgt keine Unannehmlichkeiten
(Schmerzen, Streit, Belastungen).
Beiname: *Der Ungeduldige* oder *das Rum-
pelstilzchen*

13. Unterwerfung: Man unterwirft sich
dem Willen anderer, um negative Folgen
zu vermeiden. Man unterdrückt seine
eigenen Bedürfnisse aus Angst vor Konflikten und Strafe.
Beiname: *Der Anpasser* oder *Duckmäuser*

14. Selbstaufopferung: Man opfert sich
freiwillig auf für andere, die man als
schwächer ansieht als sich selbst. Wenn
man auf seine eigenen Bedürfnisse achtet,
fühlt man sich schuldig und gibt daher
den Bedürfnissen anderer Vorrang. Aber
am Ende ist man genervt von den Menschen, für die man sorgt.
Beiname: »*Help-aholic*« oder »*Retter-der-
Menschheit*«

> »Wenn ich meinen Reaktionsmus-
> tern einen witzigen Namen gebe,
> fallen sie leichter von mir ab.«
>
> *Kommentar eines Teilnehmers*

15. Anerkennung / Beifall suchen: Man ist
in einer übertriebenen Weise auf der Suche nach Anerkennung, Wertschätzung
und Aufmerksamkeit, was zulasten der
eigenen Entwicklung und der eigenen Bedürfnisse geht.
Beiname: *Die Rampensau*

16. Negativität / Pessimismus: Man sieht
immer die negative Seite von allem und
ignoriert die positive Seite. Man ist ständig am Brüten und in Alarmstimmung.
Beiname: *Der Pessimist*

17. Emotionale Gehemmtheit: Man unterdrückt Emotionen und Impulse, weil man
glaubt, dass deren Äußerung anderen
schaden könnte oder dass sie Scham,

Strafe oder Ablenkung nach sich ziehen könnten. Man reagiert nie spontan und setzt ganz auf Rationalität.
Beiname: *Der langsame Brüter*

18. Strenge Normen/übermäßig kritisch: Man glaubt, dass man es nie gut genug machen kann und dass man sich mehr anstrengen muss. Man ist kritisch sich selbst gegenüber und anderen, perfektionistisch, starr und übermäßig effizient. Dies geht zu Lasten von Genuss, Entspannung und sozialen Kontakten.
Beiname: *Der Kontrollfreak* oder *Perfektionist*

19. Vergeltungsdrang: Man findet, dass Menschen für ihre Fehler hart bestraft werden müssen. Man ist aggressiv, ungeduldig und unversöhnlich.
Beiname: *Der Henker* oder *Ankläger*

2.3.10 Übung
Freundlichkeitsmeditation:
Ein Wohltäter

1. Wir möchten Sie jetzt einladen, die Übung der Freundlichkeitsmeditation wieder aufzunehmen. Nehmen Sie hierzu eine Haltung ein, in der Sie entspannt aufrecht sitzen können, z.B. auf einem Kissen, einem kleinen Hocker oder einem Stuhl. Wenn Sie sich hierdurch körperlich eingeschränkt fühlen, können Sie sich eventuell auf den Rücken legen. Wie Sie sich dabei auch fühlen – es ist in Ordnung. Sie können

Ihr Gefühl wahrnehmen, wie es ist, in diesem Moment. Wenn Sie möchten, können Sie damit anfangen, einen freundlichen oder sanften Wunsch in Bezug auf Sie selbst zu wiederholen. Ein Wunsch, der Ihnen spontan in den Sinn kommt, wie etwas, das Sie sich selbst gönnen und wünschen möchten. Wenn Sie nicht genau wissen, was Sie sich wünschen können und wollen, können Sie einen allgemeinen grundlegenden Wunsch wählen wie z.B.: »Möge ich mich sicher oder geborgen fühlen.« »Möge ich so gesund wie nur möglich sein.« »Möge ich glücklich sein.« »Möge ich in Frieden und Leichtigkeit leben.«

2. Sie können dies eventuell im Atemrhythmus sprechen: die erste Hälfte des Wunsches beim Einatmen und die zweite Hälfte jeweils beim Ausatmen mitfließen lassen. Ohne den Atem zu beeinflussen, können Sie den Wunsch im Atemrhythmus mitfließen lassen. Eine andere Möglichkeit ist, den Wunsch jeweils beim Ausatmen mitfließen zu lassen. Sie können hierzu normal einatmen und den Wunsch beim Ausatmen mitfließen lassen. Der Wunsch kann auch einfach unabhängig vom Atemrhythmus leise wiederholt werden.

3. Wir werden jetzt die Reichweite der Freundlichkeit erweitern. Zuerst möchten wir Sie bitten, an jemanden zu denken, der in Ihrem Leben ein Vorbild für Sie ist. Jemanden, der möglicherweise etwas wie Wärme, Stabilität, Weisheit, Mildheit und offene, nicht-urteilende Aufmerksamkeit

verkörpert. Vielleicht kennen Sie jemanden in Ihrer Verwandtschaft oder einen früheren Lehrer oder eine Lehrerin. Oder wählen Sie ein Lebensvorbild: Buddha, Jesus Christus, Maria, Mohammed, den Dalai Lama, Mutter Teresa, Nelson Mandela oder Albert Einstein – jemanden, den Sie respektieren und der Ihnen viel bedeutet, einen Wohltäter.

4. Wenn es Ihnen hilft, können Sie diese Person visualisieren und in Gedanken vor sich hinstellen. Wenn Sie Freude oder Glück dabei spüren, können Sie dies bewusst wahrnehmen und wie folgt darüber nachsinnen: »So wie ich selbst glücklich und in Harmonie leben möchte, mögest auch du Glück und Harmonie erfahren.« Um daraufhin ganz leise einen freundlichen Wunsch in Bezug auf dieses Lebensvorbild zu wiederholen und diesen Wunsch im Atemrhythmus oder auch unabhängig davon durch Sie hindurchfließen zu lassen. Was möchten Sie dieser Person wünschen? Vielleicht etwas, das Ihnen spontan in den Sinn kommt und gut zu diesem Lebensvorbild von Mitgefühl und Weisheit passt, oder einen der sonstigen allgemeinen Wünsche: »Mögest du frei von Gefahr sein.« »Mögest du frei von Krankheit sein.« »Mögest du glücklich sein.« »Mögest du in Leichtigkeit und Frieden leben.«

2.3.11 Tagebuchübung
Das Antriebssystem

Achten Sie einmal auf Augenblicke, in denen sich das Antriebssystem deutlich manifestiert. Ein Beispiel kann sein, dass Sie an einem Projekt arbeiten und feststellen, dass Sie alles daran setzen, es so gut wie möglich zu machen. Danach können Sie sich die folgenden Fragen stellen und sich Notizen dazu machen:

- Waren Sie sich dessen bewusst, dass das Antriebssystem aktiviert wurde?
- Welche körperlichen Empfindungen hatten Sie genau? (z. B. »Hochgezogene Schultern« oder »ziemlich verkrampft«)
- Mit welchen Emotionen und Gedanken war dieses Ereignis verbunden? (z. B. »Ich fühlte mich gut, aber auch müde, und ich bemerkte, dass ich mir selbst Druck machte. Ich dachte: Das muss heute Abend fertig sein!«)
- Was geschieht jetzt, beim Aufschreiben oder darüber Nachdenken, in Ihnen? (z. B. »Es ist mir klar geworden, dass ich ziemlich getrieben sein kann. Eigentlich geht es mir darum, mich zu beweisen, und ich suche die Anerkennung meiner Kollegen. Ich sollte doch etwas mehr auf meinen Körper hören und mir Ruhe gönnen. Gut genug ist auch in Ordnung.«)

Überblick Kurseinheit 3:
Innere Muster

Thema

In der dritten Kurseinheit behandeln wir drei Grundmuster, die in den drei emotionalen Regulationssystemen wurzeln: den Alarmmodus, den Wettbewerbsmodus und den Mitgefühlsmodus. Wir besprechen den »inneren Quälgeist« als besondere Manifestationsform des Alarmmodus, der aus übertriebenen Scham- und Schuldgefühlen entstehen kann. Wir untersuchen, welche früh entstandenen ungesunden Muster uns am stärksten beherrschen und wie man diese erkennen und benennen kann.

Ablauf

- Innerer Wetterbericht und »Was wünschen Sie sich selbst?«
- Übung »Mitfühlend mit Verlangen umgehen« und anschließender Austausch
- Besprechen von Übungen aus der Woche nach Kurseinheit 2
- Kurze Pause mit Tee / Kaffee und Austausch zu zweit oder in Kleingruppen über die möglichen Vorzüge des inneren Quälgeists
- Einige kurze Bewegungsübungen (im Stehen) und / oder Selbstmassage
- Gemeinsame Besprechung der möglichen Vor- und Nachteile des inneren Quälgeists
- Übung »Innere Muster erkennen« mit anschließendem Austausch
- Theorie: Drei Modi (Alarm-, Wettbewerbs- und Mitgefühlsmodus); der innere Quälgeist und Scham und Schuld
- Übungsvorschläge für zu Hause geben für die Woche nach Einheit 3
- Abschluss mit einer kurzen Meditationsübung mit Selbstmitgefühl

Übungsvorschläge für die Woche nach Kurseinheit 3

Formell

- Regelmäßig Verbindung mit dem sicheren Ort (2.1.7) und / oder dem liebevollen Gefährten aufnehmen (2.2.12)
- Die Übung »Innere Muster erkennen« (2.3.8) zu Hause und in aller Ruhe durchführen
- Mehrmals die Übung »Mitfühlend mit Verlangen umgehen« durchführen (2.3.2)
- Die Hinweise zur »Freundlichkeitsmeditation: Ein Wohltäter« (2.3.10) lesen und die Übung praktizieren

Informell

- Bei Bedarf die Übung »Der Atemraum mit Mitgefühl« (2.1.2) und ggf. »Der Atemraum mit Mitgefühl: Umgang mit emotionalem Schmerz« (2.2.9) durchführen, wenn unangenehme Gefühle auftreten
- Bei Bedarf das Selbstmitgefühlsmantra anwenden (2.2.5)
- Sich täglich mittels der Tagebuchübung »Antriebssystem« der Wirkungen des Antriebssystems bewusst werden (2.3.11)

2.4 Kurseinheit 4: Der Mitgefühlsmodus

Die Zeit wird kommen,
wenn du mit Schwung
dich selbst an deiner eigenen Tür
begrüßen wirst, in deinem eigenen
Spiegel,
und jeder wird beim Gruß des anderen
lächeln
und sagen, setz dich hier hin. Iss.
Du wirst wieder den Fremden lieben,
der du warst.
Gib Wein. Gib Brot. Gib dein Herz sich
selbst
zurück, dem Fremden, der dich geliebt hat
dein ganzes Leben, den du wegen eines
anderen
übersahst, der dich inwendig kennt.
Nimm die Liebesbriefe vom Bücherbord
herunter,

die Fotografien, die verzweifelten Zeilen,
pelle dein Bild vom Spiegel ab.
Setz dich. Schmause von deinem Leben.
»LIEBE NACH DER LIEBE«,
DEREK WALCOTT, 1986

2.4.1 Der Kreis des Mitgefühls

In Abbildung 12 ist nochmals das Schema des Mitgefühlsmodus gezeigt. Dieses von Paul Gilbert (2011) entlehnte Schema bietet einen Leitfaden für das Mitgefühlstraining in allen Facetten und wird auch der Kreis des Mitgefühls genannt.

Der innere Kreis stellt die Qualitäten dar, die Mitgefühl kennzeichnen und die einander verstärken und unterstützen.

Die Kraft der Poesie

Während eines Workshops 2006 in Bangor (Wales), den Jon Kabat-Zinn leitete, hörte ich (Erik) zum ersten Mal das obige Gedicht von Derek Walcott. Es waren rund zweihundert Teilnehmer mit ganz unterschiedlichem Hintergrund versammelt: Psychologen, Ärzte, Therapeuten, Berater, Sozialarbeiter, Wissenschaftler, aber auch Fachleute aus Richtungen, die sich bis dahin eher aus dem Weg gegangen waren, aus der verhaltenstherapeutischen, humanistischen, systemischen, medizinischen und psychoanalytischen Schule. Und doch war unter uns eine deutlich wahrnehmbare Stimmung der Verbundenheit und Gemeinsamkeit gewachsen. Mit welchen Methoden und Modellen wir auch gelernt hatten zu arbeiten – die Praxis der Achtsamkeit brachte uns in Kontakt damit, was von wesentlicher Bedeutung ist für das Heilen anderer Menschen, einschließlich unseres

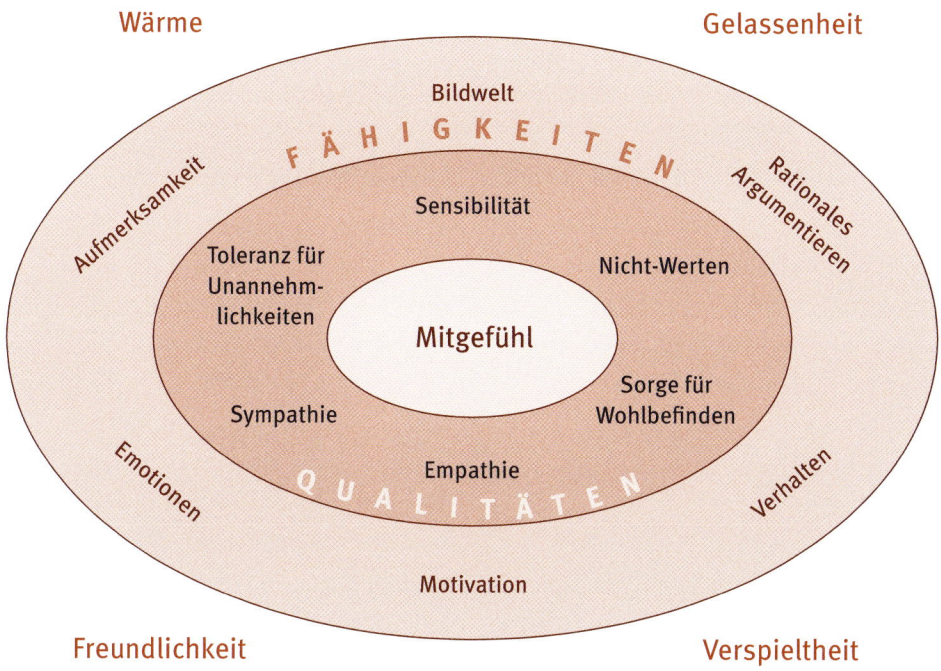

Abb. 12: Der Kreis des Mitgefühls (nach Gilbert 2011)

Schlüsselattribute von Mitgefühl (innerer Kreis) und die notwendigen Fähigkeiten,
sie zu entwickeln (äußerer Kreis)

eigenen Schmerzes. Jon trug das Gedicht während einer Meditation vor, und als die letzten Worte verklungen waren, herrschte eine ehrfürchtige Stille im Saal. Es war, als hätte das Gedicht zum Ausdruck gebracht, was viele von uns zu diesem Zeitpunkt erlebten: eine Heimkehr zu uns selbst und zugleich zueinander; als ob das zutiefst Menschliche, das wir gemeinsam hatten, viel wichtiger wäre als all unsere Unterschiede. Als ob die scheinbar undurchdringlichen Grenzen und unüberbrückbaren Abgründe, die wir in uns selbst und untereinander konstruiert hatten, sich in der heilenden Kraft des Mitgefühls aufgelöst hätten. Als ob unser Herz sich selbst zurückgegeben worden wäre, dem Fremden, der uns liebte, unser ganzes Leben lang. Die Worte des Gedichts haben mir seither oft geholfen, die Erfahrung des Mitgefühlsmodus zum Leben zu erwecken und zu erkennen, dass in der Wiedervereinigung mit unserem tiefsten Schmerz Freude aufblühen kann.

Der äußere Kreis enthält die Elemente unserer Verfassung, die für das Training von Mitgefühlsfertigkeiten erforderlich sind. Die Kreise werden von einer Atmosphäre der Wärme, Gelassenheit, Freundlichkeit und Verspieltheit getragen. Dies muss der Grundton sein, auf dem das Fürsorgesystem basiert – es ist schwer, Mitgefühl zu praktizieren, wenn Alarm- oder Antriebssystem dominieren. Die Qualitäten kommen zur Blüte, je besser man seine Fertigkeiten geschult hat.

Qualitäten

Gehen wir die Qualitäten des inneren Kreises noch einmal der Reihe nach durch:

Für Wohlbefinden sorgen: uns der Fürsorge für andere und uns selbst aus der Intention widmen, Schmerz und Leiden zu lindern und Wachstum, Wohlbefinden und Glück zu fördern.

Empfindsamkeit oder »Erfühlen«: die Fähigkeit, sensibel für Schmerz und Leid zu sein, auch in subtilen Abstufungen, und die genaue Wahrnehmung von Bedürfnissen bei anderen und bei uns selbst.

Sympathie oder »Mitfühlen«: die Fähigkeit, uns emotional berühren zu lassen und sowohl an den schmerzhaften als auch den freudigen Emotionen bei anderen und uns selbst Anteil zu nehmen.

Empathie oder »Einfühlen«: die Fähigkeit, uns in andere (uns selbst) einzufühlen und auf sie abzustimmen und die Beweggründe hinter ihrem (dem eigenen) Denken, Fühlen und Handeln zu verstehen. Während Sympathie vor allem eine emotionale Qualität ist, ist Empathie sowohl emotional als auch kognitiv. Empathie kann sehr wertvoll sein, aber man kann auch unter Empathie leiden, wenn man z. B. die grauenvollen Bilder im Fernsehen nicht mehr sehen kann, die einen krank machen. Mitgefühl ist daher auch mehr als nur Empathie; Mitgefühl gibt Empathie durch den Wunsch, Schmerz und Leiden zu vermindern oder zu beseitigen, eine heilsame Wendung. Heilsame Empathie geht mit den anderen Qualitäten des Mitgefühls wie Sympathie und Fürsorge für das Wohlbefinden Hand in Hand. Man kann Empathie auch missbrauchen, um andere zu seinem eigenen Vorteil zu manipulieren. Ein Beispiel für Empathie mit schädlichen Konsequenzen: Ein Verbrecher bedroht ein Kind, um die Eltern zu zwingen, ihm Geld zu geben; dank seiner empathischen Fähigkeit weiß er, dass die Eltern dann viel eher bereit sind zu tun, was er will. Das Gegenstück zu Empathie ist Projektion: Man sieht andere nicht so, wie sie sind, sondern sieht nur das Bild des anderen, das man selbst konstruiert hat und auf ihn projiziert.

Frustrationstoleranz: die Fähigkeit, Unerfreuliches gelassen und aufmerksam in unser Bewusstsein dringen zu lassen und die eigenen Reaktionen zu beobachten, ohne uns davon mitreißen zu lassen, fördert die Toleranz für solche Ereignisse und macht stressresistenter. Fürsorglich und empfindsam zu sein, berührt und verständnisvoll zu sein ohne Stressresistenz würde bedeuten, dass wir schnell überwältigt werden.

Nicht-Urteilen: die Fähigkeit, anderen und uns selbst in einer offenen Haltung, mit Unbefangenheit und Respekt für die Komplexität des Daseins gegenüberzutreten. Das bedeutet nicht, dass man keine Prioritäten haben dürfte – so kann z. B. die Sorge um das Wohlbefinden Priorität haben. Dennoch können wir zu einem besseren Urteil gelangen, wenn wir eine Situation zuerst aus einer nicht-urteilenden Haltung betrachten und dann auf eine spontane Befürwortung oder Ablehnung achten, sodass wir uns davon nicht unbemerkt mitreißen lassen.

Fertigkeiten
Bezüglich der Entwicklung von Fertigkeiten konzentrieren wir uns auf die Aspekte unserer Verfassung im äußeren Kreis:

Aufmerksamkeit schenken mit Mitgefühl: Hierbei geht es nicht nur um die milde, nicht-urteilende Haltung, mit der wir Aufmerksamkeit schenken (das Wie), sondern auch um den Achtsamkeitsbereich, für den wir uns entscheiden (das Was) und die Absicht, mit der wir es tun (das Warum). In der Freundlichkeitsmeditation kommt dies bereits sehr deutlich

zum Ausdruck, wenn wir uns selbst, einem Wohltäter, einem guten Freund oder einem lieben Menschen oder einem Tier einen freundlichen Wunsch zukommen lassen. Man kann aus Freundlichkeit gegenüber sich selbst auch einen bestimmten Achtsamkeitsbereich wählen: eine bestimmte Sinneserfahrung (Berührung, Geruch, Farbe, Geräusch erzeugen), ein Lächeln um den Mund verspüren, ein Gefühl der Entspannung im Körper wahrnehmen oder einer beruhigenden Beschäftigung mit Achtsamkeit nachgehen. Mitgefühl äußert sich in der Milde für uns selbst, wenn wir feststellen, dass wir von einem gewählten Achtsamkeitsbereich abgeschweift sind, und in der Geduld, mit der wir die Aufmerksamkeit wieder zurückleiten. Die Entscheidungen, die aus der Haltung der Achtsamkeit getroffen werden, entstehen aus Freundlichkeit (Fürsorgesystem), nicht aus der Begierde (Antriebssystem), aus Angst oder Zwang (Alarmsystem).

Vorstellungen erzeugen mit Mitgefühl: Hiermit ist gemeint, bewusst die Fantasie einzusetzen, um Bilder wachzurufen, die eine heilsame Wirkung haben, wie z. B. den »Sicheren Ort« aus Einheit 1 oder den »Liebevollen Gefährten« aus Einheit 2.

Denken und Argumentieren mit Mitgefühl: Man kann sein Denken natürlich nicht unmittelbar steuern, aber man kann das eigene Denken anschauen und den Einfluss der Gedanken auf das eigene

Wohlbefinden beobachten. Man kann unterscheiden zwischen Gedanken, die hilfreich sind, und Gedanken, die das nicht sind. Man kann wählen, in welchem Umfang man sich auf bestimmte Gedanken einlässt, aus welcher Perspektive man eine Situation betrachtet und seine Entscheidung aus der Haltung des Mitgefühls begründen. Die eine Argumentationslinie kann viel heilsamer sein als die andere. Tabelle 2 zeigt Unterschiede im Argumentieren aus der Perspektive des Mitgefühlsmodus und derjenigen des inneren Quälgeists. Oft argumentieren wir schematisch. Wir haben bereits festgestellt, wie oft unser neues Gehirn vom alten Gehirn gesteuert ist, auch wenn wir sorgfältig zu überlegen versuchen. Soll man aus dem Alarmsystem, dem Antriebssystem oder dem Fürsorgesystem heraus argumentieren? Sie können auch noch einen Blick auf die Schema-Übung »Innere Muster erkennen« werfen (2.3.8). Gibt es vielleicht noch alte, unangepasste Schemata, von denen aus Sie oft automatisch argumentieren?

Emotionen: Fühlen von Mitgefühl. Ebenso wenig wie unsere Gedanken können wir unsere Gefühle direkt steuern. Neben der achtsamen Wahrnehmung des gesamten Spektrums von Emotionen, angenehmen und unangenehmen, von Moment zu Moment, kann man auch bewusst üben, eine warme emotionale Gestimmtheit zu erzeugen und geeignete Bedingungen für die Empfindung positiver Emotionen zu schaffen. Entscheiden wir uns bewusst für eine freundliche, fürsorgliche und nicht egoistische Haltung, dann verspüren wir auch eher die zugehörigen Emotionen der Wärme und Verbundenheit in unserem Herzensraum, als wenn wir unter dem Joch von Kampf, Flucht, Erstarrung (Alarmsystem) oder des Strebens nach schnellem Genuss (Antriebssystem) stehen. Wenn wir bewusst diese mitfühlenden Emotionen beachten und beobachten, schulen wir unsere Fähigkeit, Mitgefühl zu empfinden.

Sich selbst mit Mitgefühl motivieren. Hierbei geht es um ein liebevolles Erkennen desjenigen, was uns bewegt. Motivation aus Mitgefühl bedeutet, dass wir uns bewusst in Richtung möglichst heilsamer Wirkungen und eines geringstmöglichen Schadens für so viele Beteiligte wie möglich (einschließlich uns selbst) leiten lassen. Diese Motivation ist mehr auf eine nachhaltige Linderung von Leiden und Förderung von Wohlbefinden ausgerichtet (auch wenn das vielleicht kurzfristig Unannehmlichkeiten mit sich bringt) als auf ein schnelles Ergebnis (mit größerem Risiko eines langfristigen Schadens). In Kurseinheit 7 werden wir ausführlich auf das eingehen, was uns bewegt.

Verhalten (reden und handeln) mit Mitgefühl. Was man sagt und was man tut (oder auch nicht sagt und nicht tut), hat Folgen, die heilsam oder schädlich sein können. Religionen betonen oft, was man

Selbstkorrektur aus dem Mitgefühlsmodus	Selbstkritik aus dem inneren Quälgeist heraus
Wunsch nach Verbesserung	Drang, zu verurteilen und zu bestrafen
Wachstum und Entwicklung	Fehler und Mängel
Auf die Zukunft ausgerichtet (»Was ist möglich?«)	Auf die Vergangenheit ausgerichtet (»Was ist schief gegangen?«)
Freundliche, unterstützende, ermutigende Haltung	Strenge, ungeduldige, herabsetzende Haltung
Baut auf dem auf, was bereits gut ist (»Glas ist halb voll«)	Greift an, was nicht richtig ist (»Glas ist halb leer«)
Konzentriert sich auf spezifische Teile des Selbst (»Dieses Verhalten hat jene Folge«)	Das Selbst als Ganzes ist Zielscheibe (»Du taugst nichts als Person«)
Hoffnung auf Erfolg	Drohendes Scheitern
Mit anderen beschäftigt sein	Anderen aus dem Weg gehen
Wenn etwas misslingt ...	**Wenn etwas misslingt ...**
Sich schuldig fühlen aus Anteilnahme mit anderen	Sich schämen und Angst vor einer Zurückweisung durch andere haben
Reue, Sorge wegen der Folgen für andere	In den Boden versinken, Grübeln über die Folgen für sich selbst
Verständnis für sich selbst und andere, Verantwortung übernehmen für Korrektur und Wiederherstellung der Beziehung	Aggressiv gegenüber sich selbst (und / oder anderen), ausweichend (oder reizbar) gegenüber anderen, Selbstbestrafung und Abwehren von Kontakt
Metapher: freundlicher, geduldiger Lehrer, der einem Kind mit Lernschwierigkeiten hilft	*Metapher:* kritischer, ungeduldiger Lehrer, der ein Kind mit Lernschwierigkeiten demütigt und bestraft

Tabelle 2: Selbst-Korrektur und Selbstkritik (Gilbert 2011, 2013)

nicht tun darf, wobei die zentrale Botschaft lautet: keinen Schaden verursachen (nicht lügen / stehlen / töten / sich sexuell falsch verhalten / sich betäuben usw.). Mitfühlendes Verhalten heißt aber keineswegs, sich brav und gehorsam zu verhalten, um Anerkennung oder Beloh-

nung zu erringen. Es ist vielmehr ein Verhalten, das Befreiung vom Leiden bringt und Wohlbefinden und Wachstum fördert. Es geht dabei vor allem um den Mut, im Bewusstsein der eigenen Werte zu leben, darum, dasjenige, was wir sagen und tun, im Einklang mit den Werten zu halten, die unser Herz berühren. Das Nicht-Schaden ist dann von innen heraus motiviert. (In Kurseinheit 6 und 7 kommen wir noch hierauf zurück.)

2.4.2 Übung
Freundlichkeitsmeditation: Ein guter Freund

Um zu üben, Aufmerksamkeit mit Mitgefühl zu schenken, kann es wertvoll sein, das Feld der Freundlichkeit noch weiter auszudehnen und so den Geist in Freundlichkeit und Mitgefühl zu schulen. Viele Teilnehmer sind der Meinung, dass es in dieser Phase ausreicht, Freundlichkeit weiterhin nur sich selbst zufließen zu lassen. Andere empfinden es gerade als bereichernd, den Kreis des Mitgefühls zu erweitern und auch andere Menschen in das Feld der Freundlichkeit aufzunehmen. Nachfolgend einige Erweiterungen, mit denen Sie üben können.

1. Nehmen Sie eine Haltung ein, bei der Sie entspannt aufrecht sitzen können, z. B. auf einem Kissen, einem kleinen Hocker oder einem Stuhl. Dann wiederholen Sie Ihren freundlichen oder sanften Wunsch für sich selbst: einen Wunsch, der Ihnen spontan in den Sinn kommt, etwas, das Sie sich selbst gönnen und wünschen möchten. Wenn Sie nicht genau wissen, was Sie sich wünschen können und wollen, können Sie einen der vier allgemeinen Wünsche verwenden: »Möge ich frei von Angst oder Gefahr sein, möge ich so gesund wie nur möglich sein, möge ich glücklich sein, möge ich in Frieden oder in Leichtigkeit leben.«

2. Sie können dies eventuell im Atemrhythmus sprechen: Die erste Hälfte des Wunsches beim Einatmen und die zweite Hälfte jeweils beim Ausatmen mitfließen lassen, ohne den Atem dabei zu beeinflussen. Eine andere Möglichkeit ist, den Wunsch oder nur das wichtigste Wort daraus jeweils beim Ausatmen einfließen zu lassen. Sie können den Wunsch aber auch einfach unabhängig vom Atemrhythmus leise wiederholen.

3. Anschließend können Sie das Feld der Freundlichkeit erneut erweitern und wenn Sie möchten, einen guten Bekannten oder eine Freundin in das Feld der Freundlichkeit aufnehmen, indem Sie ihm oder ihr spielerisch etwas Freundliches oder Sanftes wünschen. Jemandem, der Ihnen viel bedeutet und der es versteht, bei Ihnen ein Lächeln hervorzuzaubern. Jemandem, dem Sie vertrauen, der Ihnen lieb ist und der Ihnen das Herz öffnet. Dies kann jemand in Ihrer Verwandtschaft sein: ein Elternteil, ein Bruder oder eine Schwester, eine Großmutter oder ein Großvater, ein guter Freund oder eine gute Freundin, vielleicht eines der Kinder, wenn Sie welche haben, oder ein lieber Kollege … Sie können sich auch für Ihren Partner entscheiden, jedoch nur, wenn Sie nicht über beide Ohren verliebt sind. Die Übung kann in einem solchen Fall nämlich viel an Kraft verlieren, da Sie vielleicht durch Ihre sinnliche Begierde überwältigt

werden (dagegen ist an sich nichts einzuwenden, aber in diesem Augenblick wird dann eher die Leidenschaft als das Mitgefühl entwickelt).

4. Wenn es Ihnen hilft, können Sie die gewählte Person visualisieren und in Gedanken vor sich hinstellen. Es kann eine vertiefende Wirkung haben, dem anderen dabei ins Gesicht oder in die Augen zu schauen. Sie können dann Folgendes sprechen: »So wie ich selbst glücklich und in Harmonie leben möchte, mögest auch du Glück und Harmonie erleben.« Was möchten Sie dieser Person wünschen? Vielleicht etwas, das Ihnen spontan in den Sinn kommt, oder sonst einen der allgemeinen Basiswünsche: »Mögest du frei von Gefahr sein.« »Mögest du frei von Krankheit oder im Gleichgewicht sein.« »Mögest du glücklich sein.« »Mögest du unbeschwert leben.«

5. Sie können bei einer einzigen Person bleiben, aber wenn Ihnen jemand anderes in den Sinn kommt, den Sie auch sehr gerne haben, können Sie diese Person ohne weiteres in Ihre Übung mit aufnehmen und ihm, ihr oder ihnen einen freundlichen Wunsch senden. Sie können auch bei einem einzigen Wunsch bleiben, doch wenn Ihnen spontan ein neuer Wunsch einfällt, der besser passt, können Sie gerne diesen verwenden. Und wenn es zu anstrengend ist, den gesamten Wunsch immer erneut zu wiederholen, dann ist es auch in Ordnung, ihn etwas zu kürzen und im Atemrhythmus oder unabhängig davon ein oder zwei Worte leise zu wiederholen. Oder Sie können auch eine Weile gar nicht mehr an Ihren Wunsch denken und nur Ihren Gemütszustand wahrnehmen und den Wunsch dann erneut leise wiederholen, wenn Sie feststellen, dass Ihr Geist unruhig wird.

6. Wenn es Ihnen schwer fällt, eine geeignete Person zu finden, können Sie auch an ein Haustier denken, Ihren Hund, Ihre Katze oder Ihr Pferd, und diesem Lieblingstier Freundlichkeit zufließen lassen. Ob die Wünsche ankommen und Einfluss auf die gewählte Person oder das gewählte Tier haben, ist schwer zu sagen (und vielleicht auch irrelevant), doch Ihre wohlwollende und mitfühlende Absicht, in der Sie die Übung durchführen, enthält auf jeden Fall etwas sehr Wertvolles. Sie befinden sich nämlich in einer Geistesverfassung, die frei von Verbitterung und Abneigung und offen und großherzig ist. Scheuen Sie sich also nicht, den Wunsch im Atemrhythmus oder unabhängig davon leise und ungezwungen durch sich hindurchfließen zu lassen. Wenn Sie spüren, dass Ihre Gedanken abschweifen oder dass Ihre Aufmerksamkeit durch ein Geräusch oder etwas anderes nachlässt, gilt auch jetzt, dass Sie dies nicht verurteilen sollen. Vielleicht können Sie dies mit Sanftmut als »Denken«, »Hören« oder »Fühlen« anerkennen und mit der gleichen geduldigen Einstellung in einer Weise, die im Moment zu Ihnen passt, den Wunsch erneut durch sich hindurchfließen lassen.

2.4.3 Übung
Freundlichkeitsmeditation:
Eine neutrale Person

1. Wenn Sie es als angenehm empfinden, können Sie wieder zu sich selbst als Mittelpunkt des freundlichen Wunsches zurückkehren, um anschließend an jemanden zu denken, dem gegenüber Sie eine eher neutrale Einstellung haben. An jemanden, den Sie vielleicht oberflächlich kennen und den Sie nicht ausgesprochen nett oder sympathisch, aber auch nicht langweilig oder unangenehm finden. Einfach eine neutrale Person. Dies kann jemand aus der Nachbarschaft sein, mit dem Sie wenig Kontakt haben. Oder jemand, der im Supermarkt arbeitet, in dem Sie gelegentlich einkaufen. Oder ein Arbeitskollege, dem Sie ab und zu in Ihrer Firma über den Weg laufen. Überlegen Sie kurz, ob Sie eine solche Person kennen.

2. Es kann sich als schwierig erweisen, jemanden zu finden, zu dem Sie eine eindeutig neutrale Einstellung haben. Gelingt das nicht, können Sie jemanden wählen, der in Ihrer emotionalen Wahrnehmung vielleicht nicht ganz, aber doch ziemlich neutral ist. Wenn es Ihnen hilft, können Sie die ausgewählte Person visualisieren und in Gedanken vor sich hinstellen, um über sie nachzusinnen: »So wie ich selbst glücklich und in Harmonie leben möchte, mögest auch du Glück und Harmonie erleben.« Und dann einen Wunschsatz, der Ihnen spontan einfällt, oder einen der vier Basiswünsche lei-

se und im Atemrhythmus oder unabhängig davon wiederholen und durch sich hindurchfließen lassen.

3. Sie können nach einiger Übung vielleicht auch einige andere neutrale Personen (und eventuell auch Tiere) in Ihre Übung aufnehmen und diesen einen freundlichen Wunsch zukommen lassen. Wenn Sie die Wünsche auf diese Weise wiederholen, entwickeln Sie vier heilsame Qualitäten gleichzeitig. Es besteht eine heilsame Absicht in Form von Wohlwollen. Dazu kommt das Achtgeben oder die gezielte Aufmerksamkeit dafür, sich in einer milden, ruhigen Weise wieder auf den Wunsch zu konzentrieren, wenn Ihre Gedanken abgeschweift sind. Positive Emotionen werden durch Entspannung, Leichtigkeit und Freude des Geistes ausgelöst werden und die tiefere Verbindung mit sich selbst und anderen sorgen für Geborgenheit. So können Sie Menschen und Tieren, die zuvor eher neutral waren, durch regelmäßiges Üben einen größeren Platz in Ihrem Herzen geben. Lassen Sie so noch einige Minuten den freundlichen oder mitfühlenden Wunsch ruhig durch sich hindurchströmen, indem Sie Verbindung mit einem oder mehreren neutralen Menschen oder Tieren aufnehmen.

2.4.4 Was Mitgefühlspraxis *nicht* ist

Ergänzend zu den »Fallstricken und Missverständnissen« in Einheit 2 (2.2.10) möchten wir klären, was die Praxis des

(Selbst-)Mitgefühls und der Freundlichkeit für sich selbst alles nicht ist. Wir verwenden dazu eine überarbeitete Darstellung von Christopher Germers Auflistung (Germer 2010).

So ist diese Praxis z. B. *nicht*:

Egoistisch. Dass zu Beginn der Übung der Nachdruck vor allem auf Freundlichkeit und Mitgefühl mit sich selbst liegt, bedeutet nicht, dass man jetzt egoistisch werden würde. Bei vielen Menschen geht es wahrscheinlich eher darum, eine starke Neigung zu einer erlernten Lebenshaltung der Form »Du bist in Ordnung, ich bin nicht in Ordnung« zu kompensieren. Daneben wird mehr von der folgenden Perspektive ausgegangen: »Mache die Welt gütiger – beginne bei dir selbst« und »Liebe deinen Nächsten wie dich selbst.«

Ein Weg zur Vermeidung von Problemen. Freundlichkeit und Mitgefühl können instinktive und erstickende Neigungen (bis hin zu Angst und (Selbst-)Hass) allmählich lindern. Das Leben wird dadurch einfacher, auch wenn man dadurch noch nicht soweit ist, Probleme zu umgehen. Durch mehr Mitgefühl und Achtsamkeit wächst auch die Weisheit, die erkennen lässt, was kluges Handeln (oder Nicht-Handeln) ist.

Dasselbe wie positive Affirmationen. Bei Affirmationen (Bekräftigungen) klingt leicht etwas an, was eigentlich mit der konkreten Realität des Augenblicks wenig

zu tun hat. Man sagt z. B. »Ich habe Vertrauen«, während man überhaupt kein Vertrauen verspürt. Die Wunschsätze im Mitgefühlstraining sind eher Aspirationen (Hoffnungen):

»Oh, wenn das so wäre, das wäre schön. Das würde ich mir für mich wünschen.« Ob das dann wirklich eintritt oder nicht, ist gar nicht so wichtig. In der heilsamen Hoffnung an sich steckt schon etwas Raumschaffendes.

Nur leere Worte. Die Wünsche, die wir verwenden, werden unterstützt und begleitet von heilsamen *Intentionen*, von *Aufmerksamkeit* oder offener Achtsamkeit, von *Verbindung* (mit dem Wert des Wunsches und dem Gegenstand des freundlichen Wunsches) und von der *Emotion*, die mit der Praxis zu diesem Zeitpunkt verknüpft ist. So kann man z. B. beim Üben Freude, Frieden, Zuneigung, aber auch Kummer, Enttäuschung oder ein neutrales Gefühl erfahren und dies akzeptierend wahrnehmen, wenn sich solche Gefühle deutlich zeigen.

Erzeugung eines »Zuckergusses«. Wir versuchen nicht, die Realität des Lebens mit süßlichen Worten und Gedanken zu kaschieren. Vielmehr öffnen wir uns gerade für die Tiefe der menschlichen Erfahrung und Tragödie. Und dies ist viel eher möglich, wenn wir bei diesem Schmerz eine mitfühlende Haltung entwickeln.

Eine »Jammer- und Mitleidsparty«. Wir nehmen eine Haltung ein, bei der wir Schmerz nicht verdrängen müssen, aber wir brauchen auch nicht in Schmerz und Kummer zu ertrinken. Durch diese Haltung können wir den Schmerz, der nun einmal da ist, ertragen und mit demjenigen leben, was geschieht.

Ein Wohlfühl-Happening. Wir sind mehr mit dem Kultivieren von gutem Willen beschäftigt als dem bloßen Kultivieren von guten (angenehmen) Gefühlen. Manchmal stellen sich angenehme Gefühle ein, manchmal gerade unangenehme, und manchmal kann die Erfahrung auch ganz neutral bleiben. Wir werden mit dieser Veränderlichkeit vertrauter und lernen, mitfühlend darauf zu schauen und damit Frieden zu schließen.

Ermüdend. Die Praxis wird erst dann ermüdend, wenn man sich heftig anstrengt: um zu verändern, was ist, um zu beherrschen, was ist, um loszuwerden, was ist, um etwas zu verwirklichen, was nicht sein kann ... Wenn man akzeptierend und mit Milde für das, was ist, übt, zeigt sich, dass die Praxis keineswegs ermüdend ist, sondern vielmehr in eine Oase der Ruhe führen kann.

Zwanghaft. Wenn man sich auf den Inhalt der freundlichen Wünsche versteift und diese so schnell wie möglich realisieren möchte, wird die Praxis zwanghaft und im Allgemeinen auch frustrierend. Glück,

Frieden und Weisheit lassen sich aber nicht erzwingen. Sind wir weniger auf die Wirkung der Praxis fixiert und achten stattdessen mehr auf die schlichte und freundliche Beschäftigung mit der Praxis, dann scheinen paradoxerweise die heilsamen Wirkungen viel einfacher und schneller einzutreten.

»Ich merke, dass es immer mehr in mein System eindringt und auch mehr in meine Umgebung ausstrahlt. Ich muss nur regelmäßig weiter üben.«

Kommentar einer Teilnehmerin

2.4.5 *Backdraft:* Wie Selbstmitgefühl alten Schmerz wachrufen kann

Mitgefühl und Freundlichkeit mit sich selbst zu üben ist nicht immer einfach. Paul Gilbert (2013) bestätigt, dass Klienten in der psychotherapeutischen Praxis Mitgefühl auch als Bedrohung erfahren und Widerstand gegen die Empfindung warmer Gefühle zeigen können. In seiner Forschungsabteilung zeigte sich, dass Probanden mit einem geringen Maß an Selbstkritik auf mitfühlende Vorstellungen mit einer Zunahme der Herzfrequenz-Variabilität und einer Senkung des Cortisolspiegels reagierten, beides Symptome einer Beruhigungsreaktion.

Probanden mit einem hohen Maß an Selbstkritik reagierten mit einem Rückgang der Herzfrequenz-Variabilität (einem Zeichen von Bedrohung) und keiner Veränderung des Cortisolspiegels (Rockliff u. a. 2008). In einer anderen Studie, bei der ein fMRT-Scan eingesetzt wurde, zeigten sehr selbstkritische Probanden, wenn sie aufgefordert wurden, sich zu entspannen, öfter ein Muster, das zu Bedrohung passt, als Personen, die weniger selbstkritisch waren (Longe u. a. 2010).

Christopher Germer (2010) verwendet den Begriff *Backdraft*, wenn eine heftige Reaktion auf die Praxis des Selbstmitgefühls auftritt. Leider gibt es hierfür keine gute deutsche Entsprechung, aber Feuerwehrleute sind mit diesem Phänomen wohlvertraut. Wenn z. B. in einem großen Mietshaus mit vielen Wohnungen ein Brand ausbricht, stehen verschiedene Räume in Flammen. Jedoch kann es auch Räume geben, in denen wenig Sauerstoff vorhanden ist. Hier glimmt das Feuer nur. Wenn dann ein Fenster durch die Hitze zerspringt oder jemand die Tür öffnet, gelangt schlagartig viel Sauerstoff an das schwelende Feuer. Die Folge ist ein plötzliches Auflodern des zuvor schwelenden Feuers, das jetzt Raum und Sauerstoff hat.

Ein ähnliches Phänomen ist auch bei der Praxis der Freundlichkeitsmeditation zu beobachten. Wenn wir bislang nicht gewöhnt waren, uns selbst mit freundlichen Augen anzusehen und uns etwas Nettes zu wünschen, dann scheint Freundlichkeit gewissermaßen Bereiche in uns selbst, die bislang abgeschlossen waren, mit Sauerstoff zu versorgen. Dies kann manchmal für heftige Reaktionen sorgen, da plötzlich viel Kummer und alter, unverarbeiteter Schmerz frei werden. Es ist dann gut zu wissen, dass dies nichts Schlimmes bedeutet. Im Gegenteil: Es entstehen jetzt eine gesunde, tiefere Verbindung und Vertrautheit mit inneren Räumen, die bislang unzugänglich waren. Auch hier ist es sehr hilfreich, mit der Praxis der Achtsamkeit vertraut zu sein. Dies sorgt dafür, dass man damit besser umgehen kann, indem man es akzeptierend zur Kenntnis nimmt; man kann das Feuer gewissermaßen sich selbst verzehren lassen, während man als Zeuge zugegen ist. Es ist aber keineswegs so, dass das Phänomen des Backdrafts immer auftreten muss; dies hängt von der Person, der Lebensgeschichte und der Vertrautheit mit Bewusstwerdungsprozessen ab. Es ist jedoch gut zu wissen, dass dies geschehen *kann*.

Mitgefühl zuzulassen ist schwieriger, wenn wir in unserer Erziehung keine Vertrautheit damit entwickeln konnten. Wenn wir Mitgefühl trainieren wollen, weil es unterentwickelt geblieben ist, kann die Hürde, damit zu beginnen, sehr hoch sein. Häufig liegt das daran, dass jedes Mal das Alarmsystem aktiviert wird, wenn eine Erfahrung von Mitgefühl einsetzt. Der Grund dafür kann sein, dass Kindheit und Jugend als sehr unsicher erlebt wurden und sich keine gute Bindung mit den Eltern oder Betreuern entwickeln konnte, dass man keine guten mitfühlenden Vorbilder kennenlernen und verinnerlichen konnte, dass man Erinnerungen an traumatische Erfahrungen hat, bei denen man nicht mitfühlend aufgefangen wurde, und dass Situationen, die ursprünglich sicher zu sein schienen, sich doch immer wieder als unzuverlässig erwiesen. Vielleicht ist man dann allein schon auf die Worte »Mitgefühl« und »liebevolle Freundlichkeit« allergisch geworden und spürt großen Widerstand, die damit verbundenen Gefühle zuzulassen. Man hat sich dann mit einem ungeliebten Selbst identifiziert und gelernt, ohne Mitgefühl und mit einem unterentwickelten Fürsorgesystem zu überleben, und reagiert aus seinem Alarmsystem heraus mit Abneigung, Angst oder Aggression, wenn Fürsorge angeboten wird. Man hat Schwierigkeiten, auch nur eine geringe Menge Fürsorge zuzulassen, da man diese schnell als Überdosis empfindet. Kampf, Flucht und Erstarrung sind Reaktionen, auf die man sich blind verlässt, während man Fürsorge und Kontaktaufnahme (*Tend and befriend)* misstrauisch gegenübersteht. Wenn man emotionalen Schmerz erfährt, tritt schnell eine Variante des inneren Quälgeists auf den Plan, während man doch gerade einen inneren Helfer bräuchte. Das Fürsorgesystem wirkt aber nur als Auslöser für das Gefühl einer noch größeren Bedrohung, weil es mit noch mehr emotionalem Schmerz in Verbindung gebracht wird.

Abbildung 13 zeigt, welche Mechanismen eine Rolle spielen, wenn emotionaler Schmerz als Bedrohung von innen heraus erfahren wird, das Fürsorgesystem unterentwickelt ist und der innere Quälgeist dominiert. Das Ergebnis ist, dass wir uns von der Erfahrung des Augenblicks abwenden, vorwurfsvoll in die Vergangenheit zurück- und mit Misstrauen in die Zukunft vorausblicken.

Abbildung 14 zeigt, welche Erfahrungen das Fürsorgesystem nähren und wie unter dem Einfluss des Mitgefühlsmodus, des inneren Helfers, emotionaler Schmerz viel weniger als Bedrohung erfahren wird und durch Aktivierung des Fürsorgesystems früher abnimmt. Haben wir in der Kindheit sichere Bindung erlebt, mitfühlende Vorbilder verinnerlicht, haben wir Erinnerungen daran, wie wir bei Schwierigkeiten akzeptiert und getröstet wurden, und uns mit einem geliebten Selbst identifiziert, ist das Fürsorgesystem stärker entwickelt und wir können Mitgefühl vertrauensvoll zulassen. Zum Glück ist unser Gehirn flexibel genug, um auch bei einer ungünstigen Erziehung allmählich ein stärkeres Fürsorgesystem zu entwickeln. Die Einsicht in diese Mechanismen kann dabei Hilfe und Motivation sein, geduldig und mit Achtung vor dem eigenen inneren Schmerz und dem Widerstand zu üben, der sich zeigt, wenn wir aufgerufen sind, Mitgefühl zuzulassen. Die Mitgefühlspraxis beginnt dann eben bei genau diesem Widerstand. Ein Verständnis da-

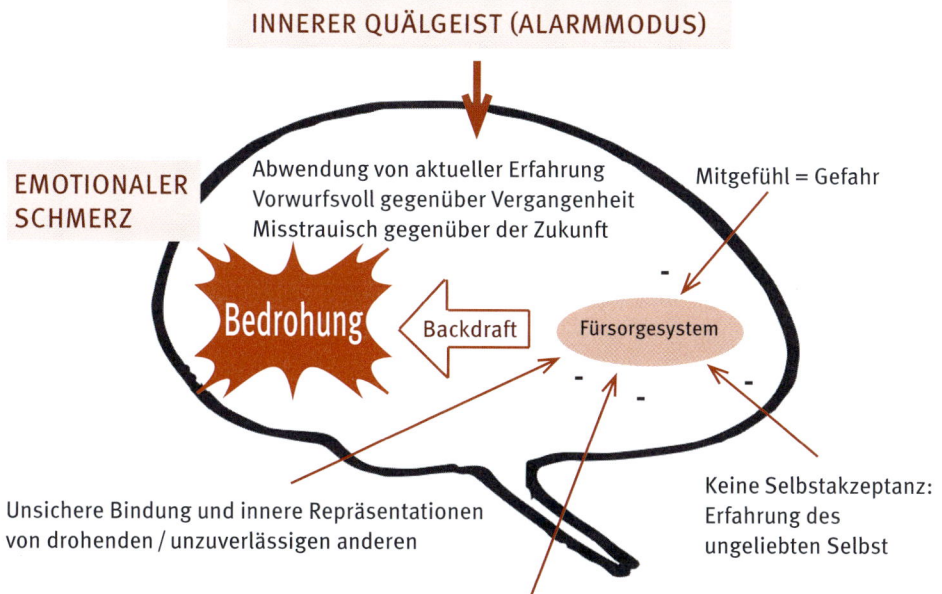

INNERER QUÄLGEIST (ALARMMODUS)

EMOTIONALER SCHMERZ

Abwendung von aktueller Erfahrung
Vorwurfsvoll gegenüber Vergangenheit
Misstrauisch gegenüber der Zukunft

Mitgefühl = Gefahr

Bedrohung

Backdraft

Fürsorgesystem

Unsichere Bindung und innere Repräsentationen
von drohenden / unzuverlässigen anderen

Keine Selbstakzeptanz:
Erfahrung des
ungeliebten Selbst

Abb. 13: Bedrohung bei emotionalem
Schmerz und mehr Bedrohung durch
ein unterentwickeltes Fürsorgesystem
(nach Gilbert 2011, 2013)

Emotionale Erinnerungen an traumatische Erfahrungen,
Scham und ausbleibende Beruhigung

INNERER HELFER (MITGEFÜHLSMODUS)

EMOTIONALER SCHMERZ

Milde Anerkennung der aktuellen Erfahrung
Versöhnlichkeit gegenüber Vergangenheit
Zuversichtlich gegenüber der Zukunft

Mitgefühl = sicher

Bedrohung

beruhigt

Fürsorgesystem

Sichere Bindung und innere Repräsentation
eines fürsorglichen / tröstenden anderen

Selbstakzeptanz:
Erfahrung eines
geliebten Selbst

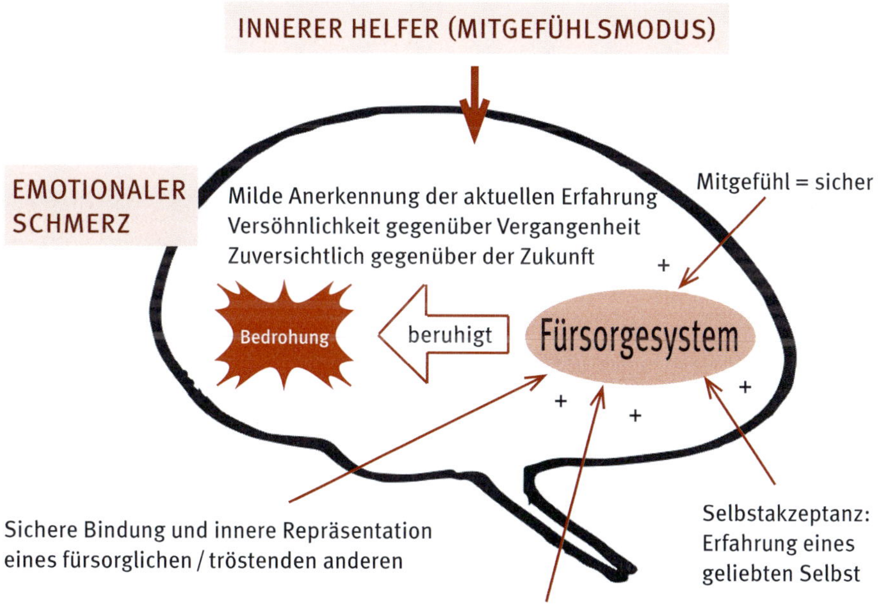

Abb. 14: Bedrohung bei emotionalem Schmerz und
Abnahme der Bedrohung durch ein gut entwickeltes
Fürsorgesystem (nach Gilbert 2011, 2013)

Erinnerungen der Beruhigung,
Akzeptanz und Geborgenheit

für, warum aus der eigenen Lerngeschichte heraus das Alarmsystem und der innere Quälgeist leichter aktiviert werden als das Fürsorgesystem und der innere Helfer, kann die Augen und das Herz für die Erfahrung des Augenblicks öffnen, auch wenn dieser aus Schmerz und Widerstand besteht. Auch blicken wir dann milder in die Vergangenheit und die Zukunft. Sooft wir dies tun, wird das Fürsorgesystem ein wenig stärker.

Auch wenn im Prozess des Mitgefühlstrainings normalerweise keine sehr schweren »Nebenwirkungen« auftreten, sind bei vielen Teilnehmern doch Höhen und Tiefen erkennbar. Christopher Germer (2010) benennt die drei Phasen bei der Übung von Selbstmitgefühl, die man auch mit den Phasen in einer Ehe vergleichen kann: Die erste Phase ist die Verliebtheit in die Methodik, wobei die Übungen als wohltuend empfunden werden; wir nehmen diese gerne immer wieder auf. Dann folgt eine zweite Phase der Ernüchterung und des Stillstands, wobei wir immer neuen Hindernissen und hartnäckigen inneren Mustern begegnen; wir fühlen immer mehr inneren Widerstand und Zweifel, ob wir weitermachen sollen. Schließlich folgt eine dritte Phase der Akzeptanz, wobei wir dem Widerstand selbst in die Augen sehen und dieser das Ziel des Mitgefühls wird. Dann ist eine tatsächliche Annahme des eigenen Leidens möglich und wir erfahren mehr Entspannung und Wohlbefinden.

2.4.6 Übung
Der Mitgefühlsmodus

Je mehr uns der innere Quälgeist im Griff hat, desto schwieriger wird es sein, fürsorglich mit uns selbst umzugehen, da gerade diese Haltung mangels Übung wenig entwickelt ist. Eine Möglichkeit, um diese Entwicklung zu stärken, könnte folgendermaßen aussehen: Wir stellen uns vor, dass wir diese Haltung des Selbstmitgefühls verkörpern. Man könnte sagen: Anstelle des inneren Quälgeistes stärken wir den inneren Helfer. Wir füttern nicht länger den dunklen, sondern den hellen Wolf. Wie können wir feststellen, ob wir uns im Mitgefühlsmodus befinden? Die folgende Aufzählung fasst wichtige Aspekte zusammen. Fügen Sie eventuell noch andere, für Sie wichtige Punkte hinzu:

- Anerkennung und Zuwendung: Sich eingestehen, dass Mitgefühl etwas Wertvolles und kein Zeichen der Schwäche ist.
- Weisheit und Empathie: Unterscheidende und einfühlsame Fähigkeit, Verständnis und Einsicht in die Wirkung unseres Geistes und des von anderen zeigen.
- Sympathie: Mitfühlende Fähigkeit, Schmerz und Freude nachzuempfinden, sowie der Wunsch, Leiden zu lindern und Glück zu fördern.
- Nichtwertung und Versöhnlichkeit: Keine Kritik und Strafe, sondern Verständnis für Fehler zeigen und sich selbst und anderen ermöglichen, daraus zu lernen.
- Toleranz und Akzeptanz dessen, was ist,

wie es ist. Dies bedeutet auch, bereit zu sein, Unannehmlichkeiten hinzunehmen.

- Sich öffnen für warmherzige Gefühle sich selbst und anderen gegenüber.
- Empfindsamkeit für das, was wirklich an Fürsorge und Unterstützung notwendig ist, um sich auf die eigenen Werte hin zu entwickeln.
- Bereitschaft, Verantwortung für die eigenen Entscheidungen zu übernehmen, auch wenn diese im Nachhinein negative Auswirkungen haben.
- Geduld und Ausdauer, sich schrittweise in Mitgefühl zu üben.
- Und nicht zuletzt: Humor und Verspieltheit. Wir sollten uns durch die Mitgefühlsübung das Leben nicht schwerer machen – es sollte dadurch gerade leichter werden!

Eine Übung, um sich selbst im Mitgefühlsmodus zu visualisieren, könnte folgendermaßen aussehen:

Setzen Sie sich an einen ruhigen Ort, und nehmen Sie sich Zeit dafür, in einen sanften Atemrhythmus zu finden und übermäßige Spannungen loszulassen. Stellen Sie zu Beginn eine Verbindung mit Ihrem sicheren Ort her ... Und lassen Sie dann Ihren liebevollen Gefährten erscheinen ... Stellen Sie sich jetzt vor, wie die Eigenschaften Ihres liebevollen Gefährten zu Ihnen fließen ... Stellen Sie sich vor, wie Sie selbst zu einem Menschen werden, der Mitgefühl verkörpert. Seien Sie sich aller Qualitäten bewusst, die Sie dann in sich finden würden.

Stellen Sie sich vor, dass Sie durch vielfältige Erfahrungen ruhig und weise sind ... dass Sie sich für die Bedrängnisse und Bedürfnisse anderer öffnen ... dass Sie stark und mutig sind, Schmerzen und Leiden zu erkennen und zu tragen ... dass Sie warme und freundliche Gefühle zeigen ... dass Sie nicht (ver)urteilen und versöhnlich sind ... dass Sie verspielt und großzügig sind ... dass Sie sich zutiefst wünschen, Leiden zu lindern und anderen und sich selbst ein glückliches und wertvolles Leben zu ermöglichen ... Lassen Sie Ihre Augen, Ihren Mund, Ihr Gesicht Mitgefühl ausdrücken ... lassen Sie Ihre Körperhaltung Mitgefühl ausdrücken ... lassen Sie Mitgefühl durch Ihr Herz und Ihren ganzen Körper fließen ... lassen Sie zu, dass das Mitgefühl über die Grenzen Ihres Körpers hinaus strömt und auf die Welt um Sie herum ausstrahlt ...
Konzentrieren Sie sich auf Ihren Wunsch, Mitgefühl und alle dessen Qualitäten zum Ausdruck zu bringen ... in Ihren Gedanken, Gefühlen, Worten und Ihrem Tun ... für alle, die es brauchen ... schließen Sie niemanden aus ... auch Sie selbst nicht ... auch Sie selbst nicht.
Beobachten Sie sich, wie Sie hier sitzen ... mit all den Schmerzen, die Sie mit sich tragen ... mit all den Erinnerungen ... an kleine Schmerzen ... an große Schmerzen ... an Ihren tiefsten Schmerz ... an schwierige Situationen, allein oder mit anderen ... vor kurzem oder bereits länger zurückliegend ... Und mit all Ihrer Unsicherheit, was die Zukunft angeht ... mit Ihren Ängsten, Ihren Hoffnungen, Ihren Wünschen und Be-

dürfnissen ... mit all Ihren Möglichkeiten ... bekannten und unbekannten ... mit Ihren Wünschen und Träumen für Sie selbst und Ihre Umwelt ... mit Ihrem tiefsten Herzenswunsch ... Und während Sie Anteilnahme verkörpern, lenken Sie Ihr Mitgefühl auf denjenigen Teil Ihrer selbst, der sich Ihnen jetzt zeigt ... und jetzt ... und jetzt ... Lassen Sie Mitgefühl aus Ihrem Herzen zum leidenden Teil Ihrer selbst fließen und fahren Sie hiermit fort, solange es wohltuend für Sie ist ... Sie können währenddessen im Atemrhythmus mitfühlende Wünsche zu sich selbst fließen lassen, wie Sie das auch bei den Freundlichkeitsmeditationen geübt haben. »Möge ich ... Ruhe ... Geborgenheit erfahren ... mich angenommen fühlen ...«

Natürlich können Sie den Mitgefühlsmodus auch verkörpern, während Sie Mitgefühl zu einer anderen Person fließen lassen ... zu wem Sie möchten ... Sie brauchen niemanden auszuschließen ... Wie bei der Freundlichkeitsmeditation können Sie Wünsche zu einem anderen Menschen fließen lassen. Sie können sich länger auf eine einzelne Person konzentrieren, den Strom des Mitgefühls aber auch zu anderen Menschen fließen lassen: zu einem geliebten Menschen, einer neutralen Person oder, wenn Sie spüren, dass dazu Raum in Ihrem Herzen ist, zu einer Person, die Sie weniger gerne mögen.

Wenn wir anderen Menschen Mitgefühl schenken, erfahren wir vielleicht auch wieder Schmerz, der in uns selbst entsteht ... den Schmerz unserer Sorge um das Wohl-

ergehen eines anderen Menschen ... oder den Schmerz darüber, was der andere uns angetan hat ... oder den Schmerz des eigenen Fehlverhaltens dem anderen gegenüber. Und so kann man den Strom des Mitgefühls ständig in seiner Richtung ändern und abwechselnd zu sich selbst und dann wieder zum anderen fließen lassen ... Fahren Sie hiermit fort, solange Sie das als wohltuend empfinden.

Wie für jede Übung gilt auch hier: Respektieren Sie Ihre Grenzen, übertreiben Sie nichts, seien Sie sanft. Das ist an sich bereits Ausdruck des Mitgefühlsmodus. Sie können die Übung auch aufteilen und über mehrere Sitzungen durchführen, Sie können während Ihrer formellen und informellen Übungen jederzeit dorthin zurückkehren, in jedem Moment Ihres täglichen Lebens. Denken Sie daran, dass es sich bei Mitgefühlsübungen auch immer um weiterführende Achtsamkeitsübungen handelt. Beobachten Sie, welche Empfindungen von Moment zu Moment auftreten. Manchmal werden Sie das Üben als heilend und wohltuend empfinden, manchmal als hart und schwer. In beiden Fällen können Sie dies aus einer nichtwertenden Haltung heraus bemerken. In dem einen Fall machen Sie es nicht besser als in dem anderen. Die Erfahrung zählt. Sowohl angenehme als auch unangenehme Erfahrungen können zu Einsicht und Mitgefühl führen, und bei fortschreitendem Üben werden Sie neue Entdeckungen machen.

Und vergessen Sie nicht: Sie müssen keine Resultate erzielen! Mitgefühl kann bedingungslos gegeben werden. Wenn Sie beim Üben nur krampfhaft ein bestimmtes Ergebnis anstreben, geraten Sie in die Falle des Leistungsprinzips und befinden sich im Aktivmodus. Denken Sie daran, dass der Mitgefühlsmodus eine besondere Form des Seinsmodus ist. Sie stellen das Leiden in das klare Licht Ihrer Aufmerksamkeit, Sie tun dies in vollem Bewusstsein. Nicht mit einem kalten, unempfänglichen, distanzierten Blick, sondern mit einer sanften, warmen Ausstrahlung voller Mitgefühl. Es geht hier nicht nur um das Sehen mit den Augen, sondern auch um das Schauen mit dem Herzen, um einen Weg des »Seins« in Geistesgegenwart und mit fürsorglicher Anteilnahme. Achtsamkeit und Herzenswerte halten Sie wie zwei Flügel im Gleichgewicht, sodass Sie klügere Entscheidungen treffen können, was zu tun oder zu lassen ist.

2.4.7 »Tun als ob«: Die Macht des Vorstellungsvermögens

Sei selbst die Veränderung,
die du in der Welt sehen willst.
MAHATMA GANDHI

Wie gehen wir vor, wenn uns der Mitgefühlsmodus alles andere als vertraut ist? Wie setzt man das neue Gehirn so ein, dass das Fürsorgesystem des alten Gehirns mehr Training bekommt? Nur durch Übung kann ein ungeübtes Fürsorgesystem stark werden und auf Dauer eigenständig arbeiten. Wir tun das mit Achtsamkeitsübungen, wobei wir das Vorstellungsvermögen für uns arbeiten lassen. Übungen wie »Der sichere Ort« und »Der liebevolle Gefährte« haben wir schon kennengelernt, und inzwischen in dieser Einheit auch den »Mitgefühlsmodus«. Dies sind alles Übungen, bei denen wir das Vorstellungsvermögen einsetzen, um das Fürsorgesystem zu aktivieren und achtsam zu bemerken, was dabei geschieht.

Die Motivation, diese Übungen auszuführen, kann leicht durch die Idee untergraben werden, mentale Vorstellungen seien nicht »echt«. Vielleicht glauben Sie gar, dass Ihr Vorstellungsvermögen bestimmt nicht in der Lage sei, auch nur das Mindeste zu verändern. Dann gilt es sich jedoch klarzumachen, dass man durch den Glauben an diesen Gedanken dem Vorstellungsvermögen gerade sehr viel Macht gibt – das dann aber nicht *für* uns, sondern *gegen* uns arbeitet. Es ist nämlich selbst eine Vorstellung, dass das Vorstellungsvermögen nichts verändern könne. Und es ist zudem eine Überzeugung, die von der klinischen Praxis und Forschung nicht bestätigt wird (Rossman 2000, Gilbert & Irons 2004, 2005, Lee 2005, Singer 2006, Gordon 2008, Rockliff u. a. 2008, Brewin u. a. 2009, Longe u. a. 2010). Unser Geist hat sehr wohl Einfluss auf unser Gehirn, unseren Körper und unser Wohlbefinden. Auch die Funktion unseres Gehirns hat wieder Auswirkungen auf unseren Geist. Mit Visualisierungsübungen trainiert man bestimmte neuronale Netze, und je stärker diese werden, desto wahrscheinlicher wird es, dass bestimmte Muster spontan auftreten, selbst wenn man alte Muster nicht wirklich auslöschen kann (Brewin 2006). Am Anfang muss man sich mehr anstrengen; später geht es leichter.

Wenn Sie sich selbst überhaupt nicht sicher oder mitfühlend fühlen, bekommen Sie bei den Visualisierungsübungen vielleicht das Gefühl, als ob wir von Ihnen verlangen würden, sich selbst zum Narren zu halten und an Wunder zu glauben. Was uns betrifft, brauchen Sie keineswegs an Wunder zu glauben, sondern nur so zu tun, *als ob* es ein kleines, bescheidenes Wunder gäbe, nämlich das Wunder eines *inneren* Zustands, einer Seinsweise, von der eine heilsame Wirkung ausgeht. Damit riskieren Sie überhaupt nichts. Sie brauchen sich nur *eine erwünschte Wirklichkeit* vorzustellen, ohne sich Gedanken darüber zu machen, ob diese Vorstellung jemals Wirklichkeit wird. Tappen Sie nicht in die Falle des Antriebssystems, indem Sie sich auf die Jagd nach einem Ergebnis machen. Versagen können Sie hier nicht, sie simulieren nur etwas. Tappen Sie auch nicht in die Falle des Alarmsystems, indem Sie die Vorstellung als etwas Gefährliches auffassen. Was nicht vertraut ist, ist nicht per definitionem gefährlich, solange man nicht vergisst, dass es sich nur um eine Vorstellung handelt.

Lassen Sie sich nicht in den Bann von Begehrtem oder Befürchtetem schlagen, sondern prüfen Sie mild und mit offener Aufmerksamkeit, was die Vorstellungsübungen in Ihnen bewirken.

Wenn Sie sich vorstellen, dass ein heilsamer innerer Zustand besteht, dann ist die Wahrscheinlichkeit groß, dass sich etwas in der gewünschten Richtung verändert, auch wenn dieser Zustand (noch) nicht wirklich ist. Wenn Sie so tun, als ob der heilsame innere Zustand unmöglich wäre, dann stellen Sie sich auch etwas vor, aber in einer Richtung, die *gegen* Sie arbeitet. Sie werden sich wahrscheinlich weiterhin unzufrieden fühlen. Mit der Annahme, dass der heilsame innere Zustand tatsächlich besteht, schneiden Sie immer besser ab, zumindest solange Sie sich nicht auf ein Ergebnis festlegen. Wenn doch ein Wunder geschehen sollte, dann sind Sie dafür nur empfänglicher geworden. Geschieht es nicht, dann haben Sie zumindest geübt, sich mehr für die Gefühle, Gedanken und Verhaltensweisen zu öffnen, die zum gewünschten Zustand gehören. Dadurch wird es wiederum wahrscheinlicher, dass diese häufiger auftreten werden. Gedankenexperimente haben nämlich auf Anhieb günstige Wirkungen, und zwar nicht nur psychisch, sondern auch physisch, und diese sind *echt* in dem Sinne, dass sie sowohl erfahrbar als auch messbar sind. Es kommt nicht darauf an, ob Wunder in der Zukunft eintreten werden, sondern darauf, ob sie *jetzt* eine Wirkung haben.

Auch wenn wir momentan vielleicht noch wenig spüren – auf der physiologischen Ebene geschieht bereits etwas. Ihr neues Gehirn ist schon damit beschäftigt, andere Verschaltungen zu bilden, die die emotionalen Systeme des alten Gehirns positiv beeinflussen. In einer Situation, die ein inneres Wunder verlangt, hat die Annahme, dass es Wunder gibt, bereits eine günstige Wirkung. Wir möchten sicher nicht den Eindruck erwecken, als könne man in dieser Weise schwerwiegende physische Störungen heilen. Aber wir möchten Sie bitten zu prüfen, ob diese Übungen eine lindernde Wirkung auf emotionalen Schmerz und Leiden haben, für die es nun einmal keine einfache Heilung gibt.

»Wenn ich z. B. beim Fahrradfahren ein kleines Lächeln auf mein Gesicht zaubere, beginne ich mich oft von selbst weniger streng, leichter und letztlich ruhiger zu fühlen.«

Kommentar eines Teilnehmers

Vielleicht möchten Sie sich für das folgende Gedankenexperiment öffnen.

Übung
»Tun als ob«

Was nehmen Sie wahr, wenn Sie einige Zeit, z. B. zehn Minuten, so tun, als ob Sie wütend wären? Ziehen Sie dabei eine wütende Grimasse und nehmen Sie eine wütende Haltung ein. Setzen Sie den Zorn bestmöglich in eine Körperhaltung um. Geben Sie sich wirklich alle Mühe. Was spüren Sie in Ihrer Gesichtsmuskulatur, was fällt Ihnen an Ihrem Körper, an Ihrer Stimmung auf?
Tun Sie dann zehn Minuten so, als ob Sie glücklich wären. Bringen Sie ein Lächeln auf Ihr Gesicht und nehmen Sie eine Haltung ein, die zu Freude passt. Verkörpern Sie die Freude so gut wie möglich. Erlegen Sie sich keine Zurückhaltung auf. Was nehmen Sie jetzt in Ihrem Gesicht, Ihrem Körper, Ihrer Stimmung wahr? Reflektieren Sie anschließend über diese Übung und schreiben Sie auf, was Ihnen aufgefallen ist.

2.4.8 Übung
Freundlichkeitsmeditation: Mitfühlendes Gehen

1. Freundlichkeit oder Sanftmut lässt sich auch im Gehen entwickeln. Wählen Sie eine Strecke, die drei bis zehn Meter lang ist, sodass Sie hin- und hergehen können. Stellen Sie sich an ein Ende der Strecke und seien Sie sich zunächst kurz Ihrer stehenden Haltung bewusst. Achten Sie darauf, dass Sie bequem stehen. Platzieren

Sie die Füße hüftbreit auseinander, die Knie sollten nicht durchgedrückt sein. Der Körper ist entspannt und aufrecht, die Arme hängen locker herab, oder die Hände sind vor dem Bauch oder hinter dem Rücken übereinandergelegt, der Kopf ist aufrecht. Die Augen sind geöffnet und der Blick ist etwa drei bis vier Meter vor Ihnen auf den Boden gerichtet, ohne dass Sie sich auf etwas Spezielles konzentrieren.

2. Bemerken Sie nun, in welchem Gemütszustand Sie sind, während Sie so hier stehen. Wie Sie sich auch dabei fühlen – es ist in Ordnung. Dann können Sie sich fragen: »Welchen freundlichen Wunsch könnte ich mir selbst in diesem Augenblick senden? Was gönne ich mir?« Warten Sie ab, welche Antwort Ihnen in den Sinn kommt. Vielleicht Sanftmut, Vertrauen, Mut, Ruhe oder Raum ... Wenn Sie keinen klaren Wunsch haben, können Sie wieder einen der vier Basiswünsche verwenden: »Möge ich mich geborgen fühlen.« »Möge ich mich körperlich wohlfühlen.« »Möge ich glücklich sein.« »Möge ich in Frieden oder in Leichtigkeit leben.«

3. Diesen Wunsch können Sie als kurzen, einfachen Satz für sich wiederholen. So wie Sie dies im Sitzen im Atemrhythmus gesprochen haben, können Sie dies auch im Gehen in die Bewegung der Füße einfließen lassen. Während Sie den linken Fuß vorwärts bewegen, fließt der Wunsch synchron mit, z. B.: »Möge ich glücklich sein.« Lassen Sie dann den gleichen Wunsch mit dem rechten Fuß mitfließen, usw. So wiederholen Sie Schritt für Schritt einen Wunsch, der gut zu Ihnen passt.

4. Wählen Sie ein Tempo, bei dem Sie entspannt gehen können, d. h. ein wenig langsamer als normalerweise. So, wie wenn Sie mühelos und leichtfüßig schlendern würden. Wenn Sie es zu kompliziert finden, den Wunsch mit den Bewegungen Ihrer Füße zu koordinieren, können Sie diesen auch einfach unabhängig vom Geh-Rhythmus leise wiederholen. Und wenn es zu anstrengend ist, stets den gesamten Wunsch zu wiederholen, dann ist es auch in Ordnung, ihn wiederum etwas zu kürzen. So kann ein Wunsch wie »Möge ich Freiheit erleben« in »Freiheit erleben« und »Möge ich Vertrauen zu mir und anderen haben« in »Vertrauen haben« gekürzt werden. Sie wissen ja, welche Bedeutung sich hinter den einzelnen Wörtern verbirgt.

5. Manchmal werden Sie eine eindeutige Verbindung mit dem Gefühl spüren, auf das sich der Wunsch bezieht. Sie können dann erwägen, die Worte weniger oft zu wiederholen. Wenn diese Verbindung nachlässt, können Sie den Wunsch oder den verkürzten Wunsch erneut leise sprechen. Sie können sich auch der Einfachheit halber zu einem einzigen Wunsch entschließen, sodass Sie nicht immer über einen neuen Wunsch nachdenken müssen. Sollte Ihnen spontan ein neuer Wunsch einfallen, der besser zu Ihnen passt, können Sie diesen natürlich gern übernehmen.

6. Wie Sie sich dabei auch fühlen – es ist immer in Ordnung. Es kann ein friedliches Gefühl entstehen, vielleicht aber auch Zorn, Abwehr, Trauer oder Langeweile. Sie können es hinnehmen, wie es ist; Sie brauchen nichts Besonderes zu fühlen. In der mitfühlenden Absicht steckt bereits etwas Wertvolles, und sie wird sich bei regelmäßigem Üben allmählich immer mehr im inneren System festigen. So können Sie den freundlichen oder sanftmütigen Wunsch innerlich ständig wiederholen und dies mit den Bewegungen der Füße oder mit dem sich bewegenden Körper zusammenfallen lassen.

7. Wenn Sie in einem Raum auf und ab gehen, können Sie den Wunsch auch mit der Kehrtwendung am Ende einer jeden Bahn mitfließen lassen, sich der stehenden Haltung bewusst werden und dann mit einer neuen Bahn beginnen, wobei der Wunsch leise wiederholt und eventuell in die Bewegungen der Füße mit hineingenommen wird.

8. Das Schöne am mitfühlenden Gehen ist, dass verschiedene Geschwindigkeiten möglich sind. Oben wurde eine typische Übungsgeschwindigkeit genannt, aber es ist auch eine normale Spaziergeschwindigkeit möglich, im Wald, in einer Einkaufsstraße … Sie können dabei auch mit dem freundlichen Wunsch »spielen«: Grundsätzlich bezieht sich dieser Wunsch auf uns selbst, aber es ist ebenso möglich, einem Passanten etwas Freundliches zu wün-

schen. Auf diese Weise kann ein Spaziergang in einer stressigen Umgebung eine heitere Note erhalten. Im Auto könnten Sie anderen Fahrern im Stau einen freundlichen Wunsch schicken. Prüfen Sie, ob Ihnen das zusagt und welche Auswirkungen das auf Sie hat.

»Mir selbst und anderen auf der Straße gelegentlich ›heimlich‹ etwas Freundliches zu wünschen, macht Spaß und gute Laune – sogar an einem Tag, an dem ich nicht so gut drauf bin.«
Kommentar einer Teilnehmerin

2.4.9 Tagebuchübung
Der innere Quälgeist

Achten Sie einmal auf Momente, in denen sich der innere Quälgeist deutlich manifestiert. Ein Beispiel könnte sein, dass Sie ein Lob von einem Kollegen bekommen wegen einer Sache, die Sie ihm zufolge gut gemacht haben, worauf sofort eine Reaktion des inneren Quälgeists folgte. Wir möchten vorschlagen, sich dann die folgenden Fragen zu stellen und sich Notizen dazu zu machen:

• Waren Sie sich dessen bewusst, dass der innere Quälgeist aktiviert wurde?
• Welche körperlichen Empfindungen hat-

ten Sie genau? (z. B. »Erröten«, »Mein Atem stockte« oder »Körperliche Anspannung«)

- Mit welchen Emotionen und Gedanken war dieses Ereignis verbunden? (z. B. »Ich fühlte mich unbehaglich und dachte: Er meint es bestimmt nicht ehrlich. Er sagt es nur, um zu kaschieren, dass ich etwas anderes völlig vermasselt habe.«)
- Was regt sich dann nachträglich, beim Aufschreiben oder Darübernachdenken, in Ihnen, und was könnte eine mitfühlende Antwort sein? (z. B. »Ich glaube, dass ich Probleme habe, Wertschätzung anzunehmen. Gut, dass ich den inneren Quälgeist erkannt habe. Das ist ein Lob wert! Wenn ich mir selbst Glück gönne, dann kann ich vielleicht auch ein Kompliment von anderen annehmen.«)

Überblick Kurseinheit 4: Der Mitgefühlsmodus

Thema

In der vierten Kurseinheit behandeln wir die Qualitäten und Fertigkeiten von Mitgefühl anhand des Modells »Der Mitgefühlskreis«. Daneben befassen wir uns mit Missverständnissen in Bezug auf Mitgefühl und mit dem Phänomen *Backdraft*, einem Mechanismus, durch den während der Praxis von Mitgefühl manchmal alte, unverarbeitete Empfindungen von Schmerz und Trauer auftauchen können.

Ablauf

- Innerer Wetterbericht und »Was wünschen Sie sich selbst?«
- Übung »Der Mitgefühlsmodus« mit gemeinsamem Austausch
- Besprechen von Übungen aus der Woche nach Einheit 3
- Kurze Pause mit Tee / Kaffee und Austausch zu zweit oder in kleinen Gruppen über das Tagebuch »Antriebssystem«
- Mitfühlend gehen, anschließend im Sitzen Mitgefühl zu sich selbst und dann zu einem guten Freund oder einer guten Freundin fließen lassen
- Tagebuch »Antriebssystem« in der großen Gruppe nachbesprechen
- Theorie: Der Kreis des Mitgefühls, Motivation und »Tun als ob«, »Was

Mitgefühl und Freundlichkeit *nicht* sind« und *Backdraft*
- Übungsvorschläge für zu Hause für die Woche nach Kurseinheit 4
- Abschluss mit einer kurzen Meditationsübung mit Selbstmitgefühl

Übungsvorschläge für die Woche nach Kurseinheit 4

Formell

- Regelmäßig Verbindung mit dem sicheren Ort und / oder dem liebevollen Gefährten aufnehmen
- Die Hinweise zum »Mitgefühlsmodus« lesen (2.4.6) und diese Übung mehrmals wiederholen, z. B. jeden zweiten Tag
- Die Hinweise zur »Freundlichkeitsmeditation: Ein guter Freund« (2.4.2) und zur »Freundlichkeitsmeditation: Eine neutrale Person« (2.4.3) lesen und die Übung praktizieren
- 2.4.7 lesen und das Gedankenexperiment »Tun als ob« durchführen
- Die »Freundlichkeitsmeditation: Mitfühlendes Gehen« (2.4.8) ausführen

Informell

- Bei Bedarf die Übung »Der Atemraum mit Mitgefühl« (2.1.2) und ggf. »Der Atemraum mit Mitgefühl: Umgang mit emotionalem Schmerz« (2.2.9) machen, wenn unangenehme Gefühle auftreten
- Nach Bedarf das Selbstmitgefühlsmantra verwenden (2.2.5)
- Tagebuchübung: Sich täglich des inneren Quälgeists bewusst sein und Notizen dazu machen, wenn er auf die eine oder andere Weise aktiviert wird (2.4.9)

2.5 Kurseinheit 5: Selbst und andere

Ich bin Niemand! Wer bist du?
Bist Niemand auch benannt?
Dann sind wir zwei –
Verrat es nicht! Sonst werden
wir verbannt.
Wie fad, als Jemand dazustehn,
Gleich einem Frosch am Ast,
Der seinen Namen predigt dem
Bewundernden Morast!
EMILY DICKINSON

2.5.1 Mitgefühlspraxis:
Das eigene Selbst übersteigend
und beziehungsorientiert

Auch wenn wir Achtsamkeit und Mitgefühl ganz alleine üben, arbeiten wir an Beziehungen. Wir schauen nicht nur auf den Inhalt unseres Geistes, sondern auch auf unsere Beziehung zu diesem Inhalt; auf Gedanken und Gefühle als mentale oder emotionale Erscheinungen. Je nachdem, wie wir uns körperlich und emotional fühlen, wie wir das beurteilen und je nach unseren Impulsen, die dabei auftauchen: Fühlen wir Zuneigung oder Abneigung, liebevolle Anteilnahme oder zornigen Widerstand? Aus unseren Erfahrungen mit anderen entwickeln wir schon in früher Kindheit ein Bewusstsein unserer selbst. Wenn wir nie einem anderen Menschen begegnet wären, gäbe es wahrscheinlich auch kein Selbst. Daniel

Siegel (2012a) beschreibt, wie wir mit unserem neuen Gehirn wie mit einer Kamera ständig mentale Aufnahmen von uns selbst und anderen machen. Man könnte von Ich-Bildern und Du-Bildern sprechen, aber auch von Wir-Bildern und Sie-Bildern. So wird im Laufe unseres Lebens ein ganzes Album mit solchen Bildern angelegt. Allerdings sind diese Bilder keine Fakten, sondern Konstruktionen unseres Geistes; sie stehen nicht fest, sondern können sich wieder ändern, sobald wir sehen, was sie sind: vergängliche Bauten, die uns auf unserem Lebensweg zeitweilig Unterkunft bieten können. Falls sie zu unserem Gefängnis geworden sein sollten, wirkt es außerordentlich befreiend, wenn wir feststellen können, wer ihr Schöpfer ist: unser konstruierender Geist.

Über unser Sprach- und Vorstellungsvermögen und die vielen Kommunikationsmöglichkeiten sind die mentalen Bilder von uns und anderen und den Zusammenhängen zwischen diesen immer zahlreicher und komplexer geworden. Auch wenn wir uns oft als ein einziges »Selbst« denken, bestehen wir aus vielen »Selbsten«, Teilen von uns selbst, die in Beziehung zueinander und zu anderen stehen und mit denen wir uns identifizieren. Von welchem »Selbst« aus schauen wir auf welches andere »Selbst«? Schauen wir aus einem kritischen Selbst, einem gleichgültigen Selbst, einem liebevollen Selbst? Schauen wir auf ein versagendes Selbst, ein langweiliges Selbst, ein erfolgreiches Selbst? Die Qualität der Beziehung verändert sich mit dem Teil, von dem aus wir schauen, und dem Teil, auf den hingeschaut wird. Und unsere Gefühle und Gedanken schwingen in diesem Prozess mit. In der Achtsamkeitspraxis lernen wir, aus dem »Bewusst-sein« selbst zu schauen, aus der Perspektive des »neutralen Beobachters«, auch wenn wir daraus wieder leicht einen »Selbst«-Begriff machen können.

Das eben Gesagte kann durchaus bedrohlich und verwirrend wirken: Wer sind wir dann überhaupt noch? Nichts als Bewusstsein, nur leere Achtsamkeit, die selbst unsichtbar ist? Sind wir wie eine Lampe, die sich selbst niemals sehen kann, sondern nur sieht, was in ihren Lichtkegel gerät? Dies ist eine verständliche Reaktion aus unserem Alarmsystem heraus, das natürlich aktiv wird, wenn wir in der Überzeugung feststecken, dass wir unser psychisches Selbst (dasjenige, mit dem wir uns zu einem gegebenen Zeitpunkt identifizieren, unser »Ich«) mit Zähnen und Klauen verteidigen müssten, als ob es sich um eine physische Bedrohung handelt. Aber darum geht es nicht. Die hier aufgezeigte Perspektive möchte uns lediglich von der Illusion befreien, dass das Ich, unser »Selbst«, eine feste Gegebenheit ist, und von der irrationalen Angst, dass wir ernsthaft in Gefahr wären, wenn wir unser Ich verlieren würden.

Das Ich hat keine Substanz, wie sie der Körper hat. Wir »haben« daher auch kein »Ich« in der Weise, wie wir einen Körper haben. Wir »konstruieren«, bauen ein Ich, und wie andere mentale Konstrukte ist es vergänglich. Es ist ein sinnvolles Hilfsmittel, solange wir sinnvollen Gebrauch davon machen, aber ein Hindernis, wenn wir uns zu sehr daran festklammern. Oft ist es für ein gesundes Überleben wichtiger, es loslassen zu können. Vielleicht vermag die kleine Geschichte unten dies verdeutlichen.

Das Treibholz, die Tonne und das Boot lassen sich als Metaphern für verschiedene Gestalten verstehen, in die sich das Ich kleiden kann: zeitweilig sehr nützlich, vielleicht sogar lebensrettend, aber überflüssig, sobald eine andere Situation eintritt, in der es gerade lebensrettend ist, wieder loszulassen. Das Hilfsmittel hat seinen Dienst getan und wird durch ein anderes ersetzt. Die Funktion bleibt dieselbe – es bleibt ein Hilfsmittel, das uns zu überleben hilft –, aber der Inhalt ändert sich. Letztlich überleben wir nicht dadurch, dass wir uns an ein einziges »Selbst« klammern und uns bleibend damit identifizieren; wir überleben vielmehr durch die Fähigkeit, unsere Ich-Schöpfungen wieder rechtzeitig loszulassen. Aus Gewohnheit identifizieren wir uns dann wieder mit einer neuen Gestalt, die wir als nützlicher erfahren. Uns selbst mit »Hilfsmitteln« zu identifizieren und mentale Konstrukte zu errichten, ist eine Lieblingsbeschäftigung unseres neuen Gehirns; wir können nicht anders, und unser Überleben hängt davon ab. Wie wir jedoch schon gesagt haben, kann unser neues Gehirn auch *gegen* uns arbeiten. Das Entscheidende ist, dass wir uns nicht »über-identifizieren« und dass wir uns »ent-identifizieren« können, wenn das nötig wird.

Wenn durch unsere Lerngeschichte die innere Haltung von Alarm- oder Wettbewerbsorientierung ein Übergewicht bekommen hat und die entsprechenden Emotionsregulationssysteme öfter aktiv sind, entsteht leicht ein starres Bild von uns selbst und von anderen, von dem wir uns nur schwer wieder lösen können. Je mehr wir in alten Schemata feststecken, desto mehr fehlt die Flexibilität, uns von unseren Identifikationen loszureißen. Achtsamkeit hilft uns, flexibler mit dem umzugehen, womit wir uns identifi-

Der Schiffbrüchige

Ein Schiffbrüchiger kämpft in der tosenden See um sein Leben. Er klammert sich am erstbesten Stück Treibholz fest, das er zu fassen bekommt. Er preist sich glücklich: Das Stück Treibholz hilft ihm, den Kopf über Wasser zu halten und Luft schöpfen zu können. Als die See sich wieder beruhigt, sieht er eine große Tonne vorbeitreiben.

Sofort lässt er das Stück Treibholz los, schwimmt auf die Tonne zu und schafft es, sich auf sie zu setzen. Nur seine Beine baumeln noch im Wasser. Er hat das Treibholz schon vergessen und preist sich glücklich: Er kann jetzt wieder trocknen und friert weniger. Nach einiger Zeit sieht er ein leeres Rettungsboot in der Ferne treiben, das sich vom Schiff losgerissen haben muss, bevor es sank. Er findet, dass sich die See ausreichend beruhigt hat, um dorthin zu schwimmen, und ohne lange darüber nachzudenken, lässt er die Tonne los und schwimmt auf das Rettungsboot zu.

Er hat die Tonne schon wieder ganz vergessen, als er erschöpft das Boot zu fassen bekommt und sich an Bord zieht. Er preist sich glücklich: Auch die zugehörigen Ruder sind noch da und ein kleines Päckchen Proviant. Er isst und trinkt, und seine Kräfte kehren zurück. Er beginnt zu rudern, in die Richtung, in der er das Land vermutet. Er rudert und rudert, und nach langer Zeit werden seine Anstrengungen belohnt: Land in Sicht! Nachdem er das Boot, das seine Rettung war, an Land gezogen hat, lässt er es unverzüglich zurück, um in Richtung eines Dorfs zu gehen, das er in der Ferne liegen sieht. Er hat Sehnsucht nach menschlichem Kontakt, und das Boot ist schon wieder vergessen …

zieren. Wir sind dann Zeuge des *Prozesses der Identifikation* und lernen zu erkennen, ob das in einer bestimmten Situation heilsame oder gerade schädliche Konsequenzen hat. Das gelingt umso besser, je ruhiger der Geist ist. Der Blick verengt sich, sobald das Alarm- oder Antriebssystem aktiv ist. Dann werden wir unflexibel und klammern uns an bestimmten mentalen Bildern fest wie an einem Stück Treibholz. Aus der Gelassenheit des Fürsorgesystems heraus können wir unseren Horizont erweitern und uns für das Verschwinden alter und das Erscheinen neuer Bilder öffnen. Wir können den Prozess beobachten, ohne uns an bestimmten Bildern festzuklammern oder andere zu verdrängen.

Auch andere Menschen sind Teil unseres Geistes. Wir »sehen« die anderen, die in unserem Geist als mentale Bilder, Erinnerungen und Vorstellungen vorhanden sind. Auch sie zeigen sich uns in unterschiedlichen Gestalten, anziehenden und weniger anziehenden. Die Art der Beziehung mit einem mentalen Gegenüber hängt davon ab, *von welchem Teil von uns selbst aus* wir schauen und *auf welchen anderen Teil dieser Person* wir hinschauen. Schauen wir aus unbefangener Achtsamkeit, aus dem Mitgefühlsmodus oder von einem Stück Treibholz, einer Tonne oder einem Rettungsboot aus? Schauen wir vom Standpunkt einer bestimmten Mentalität oder eines alten Schemas aus, von dem wir uns nicht lösen können? Ist unser Alarm-, Antriebs- oder Fürsorge-system vorherrschend? Und: Sehen wir von diesem anderen nur sein Stück Treibholz, seine Tonne oder sein Rettungsboot? Sehen wir eine bestimmte Mentalität oder ein altes Schema, von dem sich der andere nicht lösen kann? Oder sehen wir auch eine Gestalt dahinter, ein verkörpertes Bewusstsein mit ungeahnten Möglichkeiten, einen Menschen wie wir? Schauen wir auf eine Projektion des Bilds, das wir von diesem anderen haben, oder schauen wir mit Empathie?

Die Qualität der Beziehung zwischen dem Teil von uns selbst, der schaut, und dem Teil des anderen, den wir anschauen, ist maßgeblich für die Emotionen, die wir fühlen. Emotionen sind aus evolutionärer Sicht wie gesagt die Boten, die im Dienste unseres Überlebens stehen. Sie melden uns, ob wir uns auf dem richtigen Weg in Richtung Überleben oder Wohlbefinden befinden. Da im Laufe der Evolution soziale Bindung für unser Überleben immer wichtiger wurde, stehen viele unserer Gefühle in einem Zusammenhang mit unserer Beziehung zu anderen, sowohl den anderen in der Außenwelt, als auch den mentalen anderen in unserer Innenwelt. Bei einer Beziehung mit vielen Konflikten und Irritationen fühlen wir unangenehme, bei eine harmonischen Verbindung angenehme Emotionen. Die Beziehungen zwischen (Teilen von) uns und (Teilen von) anderen in unserem Geist können Quellen von Schmerz und von Freude sein, ebenso wie die Beziehungen, die wir mit tatsächlichen Personen unterhalten.

Wenn die Beziehung mit einem anderen Menschen in unserer Innenwelt überwiegend schmerzhafte Gefühle weckt, dann ist es unwahrscheinlich, dass die Beziehung mit diesem Menschen in der Wirklichkeit harmonisch verläuft.

Je weniger wir von unserem Alarm- und Antriebssystem beherrscht werden und je mehr sich unser Fürsorgesystem entwickelt, desto mehr nimmt unsere Lernfähigkeit zu und wir werden flexibler in der Art, wie wir uns mit unserem Selbstbild und dem Bild von anderen verbinden. Auch werden wir sensibler für die Beziehung zwischen (Teilen von) uns und (Teilen von) anderen. Aus dem Mitgefühlsmodus heraus gelangen wir über die Grenzen unseres Selbstbilds und des Bildes von anderen hinaus und bekommen einen Blick für unsere gemeinsame Menschlichkeit. Die Emotionen, die wir dabei erfahren, sind die Boten, die uns melden, ob wir uns auf dem Pfad der sozialen Verbundenheit befinden. In der Mitgefühlspraxis schauen wir auf den Schmerz hin (der meist die Form von emotionalem Schmerz hat), der eine nicht-harmonische Verbindung anzeigt. Wir schauen mit Achtsamkeit, aus einer nicht-urteilenden Aufmerksamkeit und mit warmer Anteilnahme, aus dem Wunsch, den Schmerz zu lindern. Mitgefühlspraxis ist selbstübersteigend und beziehungsorientiert. Martin Buber schrieb in seinem berühmten *Ich und Du* aus dem Jahre 1923: »Alles wirkliche Leben ist Begegnung.« Es geht nicht um den Inhalt von »Selbst« und »anderer«, sondern um die Beziehung zwischen Selbst und anderer. Es geht um Verbindung und um die Heilung dessen, was voneinander getrennt wurde.

Die folgende Übung kann helfen, Ganzheit und die Verbindung zwischen verschiedenen Teilen von uns selbst zu erfahren.

2.5.2 Übung
Ein mitfühlender Brief

Der Verstand schafft den Graben,
das Herz überwindet ihn.
SRI NISARGADATTA

Bei dieser Übung, die auf Paul Gilbert (2011) zurückgeht, werden Sie aufgefordert, sich selbst einen Brief über eine kürzer oder länger zurückliegende Schwierigkeit in Ihrem Leben zu schreiben. Wählen Sie eine Situation, die bei Ihnen eine Empfindung der Scham oder des Scheiterns hervorruft und Sie zu Selbstkritik veranlasst. Schreiben Sie den Brief aus der inneren Haltung des Mitgefühls. Wenn es Ihnen im Augenblick schwer fällt, eine Verbindung mit dem Mitgefühlsmodus herzustellen, können Sie zuvor die Übung aus der vorherigen Kurseinheit durchführen. Aus dem Mitgefühlsmodus heraus beobachten Sie sich selbst in der schwierigen Situation …

Stellen Sie sich vor, wie Sie Mitgefühl verkörpern und wie Sie wachsen an Weisheit und liebevoller Freundlichkeit. Im Mitgefühlsmodus wissen Sie aus eigener Erfahrung, wie schwierig das Leben sein kann, und Sie beobachten den leidenden Teil Ihrer selbst mit tiefer Anteilnahme, aus einem tief empfundenen Wunsch heraus, Verständnis, Wärme, Trost, Kraft und Unterstützung zu spenden.

Aus dieser Anteilnahme nehmen Sie Stift und Papier zur Hand und schreiben einen Brief an Ihr leidendes Selbst. Das »Ich« im Brief ist die Perspektive aus dem Mitgefühlsmodus heraus, Ihr mitfühlendes Selbst. Das »Du« im Brief ist Ihr leidendes Selbst, das Sie mit Ihrem eigenen Vornamen ansprechen können. Lassen Sie die Worte kommen, wie sie kommen. Wenn Sie feststellen, dass Sie an sich als mitfühlendes Wesen zweifeln – »Bin ich gut genug? Es gelingt mir nicht, viel Gefühl zu investieren« –, dann denken Sie einfach daran, dass es sich um eine Übung handelt. Gut oder falsch gibt es hier nicht, es geht um die Intention, wohlwollend sich selbst gegenüber zu sein. Das Üben an sich ist wichtig, Sie müssen keine Prüfung bestehen. Sie können diese Übung so oft durchführen, wie Sie wollen, und allmählich werden Sie mit der Perspektive des Mitgefühlsmodus vertrauter werden.

Nachdem Sie den Brief geschrieben haben, möchten wir Sie bitten, diesen achtsam und neugierig zu lesen und sich zu fragen, ob im Brief echtes Mitgefühl ausgedrückt wird. Ist der Ton warm, freundlich, geduldig und entspannt? Oder hat sich vielleicht hie und da Kritik oder Verurteilung eingeschlichen in Form subtiler Andeutungen (»Du hättest es besser wissen können«), belehrender Ratschläge und eines erhobenen Zeigefingers (»Du hättest doch … du brauchst doch nicht … du solltest eigentlich … musst jetzt …«)? Wenn dies der Fall sein sollte, ist das überhaupt nicht schlimm, denn dazu ist ja die Übung da. Gerade den Quälgeist oder seine Tarnung zu erkennen ist sehr wertvoll, ebenso wie die Wahrnehmung dafür zu entwickeln, wie eine mitfühlende Alternative aussehen könnte. Sie können auch Ihren »liebevollen Gefährten« darum bitten, mitzulesen. Wenn Sie festgestellt haben, wo Verbesserungen möglich sind, wiederholen Sie die Übung noch einmal, jetzt oder zu einem späteren Zeitpunkt.

Üben Sie auch, Ihren Brief mitfühlend vorzulesen, laut oder leise für sich. Ist die Anrede stimmig? Wie gehen Sie mit dem leidenden Selbst um? Passt Ihre Stimme zudem, was Sie sagen wollen? Ist der Ton warm und freundlich? Ist das Tempo ruhig und geduldig? Machen Sie Pausen? Wie ist Ihre Atmung? Wie ist Ihre Körperhaltung, Ihr Gesichtsausdruck, Ihr Blick? Drücken Sie Sanftmut und Anteilnahme aus? Spielt ein Lächeln um Ihren Mund? Kommen die Worte von Herzen, sind sie ehrlich? Spüren Sie, was Sie vermitteln wollen? Ist Ihre Haltung ein aufrichtiger, authentischer Ausdruck Ihres mitfühlenden Selbst?

Wichtige Punkte beim Schreiben des mitfühlenden Briefes

- Erkennen Sie den Schmerz Ihres leidenden Selbst, beachten Sie die Komplexität und die Details dessen, was Sie beobachten (Anerkennung, Sensibilität), z. B.: »Ich sehe deine Wut und deine Frustration … in deinen Augen, um deinen Mund, an deinen Schultern, deinen Händen … Ich bemerke den Kloß in deinem Hals … deine geballten Fäuste … die Spannung in deiner Körperhaltung.«

- Zeigen Sie, dass Sie die Umstände, warum das leidende Selbst so fühlt, akzeptieren und verstehen (nicht-wertend, einfühlsam): » … und das ist durchaus verständlich angesichts der Enttäuschung, die du gespürt hast, als du hörtest, dass …«

- Warum das leidende Selbst so denkt: »… und dazu passen diese dunklen Gedanken. Ich verstehe durchaus, dass du das Ereignis als bedrohlich erfährst … Du hast ja früher schon einmal erlebt, dass … und das erinnert dich jetzt an …«

- Und warum das leidende Selbst sich so verhält: »Ich verstehe, dass du einen warmen, sicheren Ort brauchst … und am Morgen lieber im Bett liegen bleibst … den Termin abgesagt hast … und die Briefe nicht geöffnet hast … du hast viel um die Ohren und brauchst Ruhe …«

- Zeigen Sie, dass Sie wirklich mit Ihrem leidenden Selbst mitfühlen (Sympathie) und den Schmerzen nicht aus dem Weg gehen (Stresstoleranz): »Es tut mir wirklich leid für dich, ich weiß, was du durchmachst …. ich möchte dir sagen, dass ich für dich da bin … du bist nicht allein …«

- Und zeigen Sie auch, dass Sie das Leiden lindern möchten und sich für Quellen der Unterstützung und Kraft einsetzen (Sorge für das Wohlergehen): » … erinnerst du dich noch, wie dir damals / das letzte Mal ein heißes Bad gut getan hat … an einen Anruf (Person) … an den Besuch bei / in (Person, Ort) … einen Spaziergang … den Kinobesuch … wie Musik hören dir geholfen hat … weißt du noch, wie die Worte dich berührten …?« »Ich wünsche dir von Herzen, dass du jetzt tust, was du wirklich brauchst. Vielleicht brauchst du … oder … Vielleicht kannst du … oder … Versuche doch …, auch wenn es schwierig ist, wir werden sehen, ob es etwas nützt …«

Wenn Sie es sehr schwierig finden, die Verbindung mit Ihrem Selbst als mitfühlendes Wesen zu spüren, können Sie den Brief auch aus der Sicht Ihres liebevollen Gefährten schreiben. Sie können den Brief z. B. laut lesen und so tun, als wären Sie Ihr liebevoller Gefährte selbst, was Haltung, Ton, Wärme Ihrer Stimme und Gesichtsausdruck anbelangt. Sie spielen sozusagen den liebevollen Gefährten. Und denken Sie daran, dass schauspielern, sofern Sie die richtige Rolle spielen, eine wirkungsvolle Methode ist, Ihre neue Denkweise für Sie arbeiten zu lassen.

Man sollte nicht der Versuchung erliegen, diese Übung nicht ernst zu nehmen. Vielleicht fühlt sie sich ungewohnt und bedrohlich an oder vielleicht komisch, albern oder kindisch. Dennoch möchten wir Sie bitten, die Übung einfach mehrere Male durchzuführen. Es kann ein wirkungsvoller Weg sein, sich mit dem Mitgefühlsmodus vertrauter zu machen und eigene automatische, selbstkritische Tendenzen früher festzustellen. In dieser Übung geht es nicht nur um mitfühlende Worte, sondern es werden auch alle anderen Fähigkeiten geübt. Beobachten und trainieren Sie vor allem auch Ihre Stimme, Ihren Gesichtsausdruck und Ihre Haltung, wenn Sie den Brief vorlesen, und spüren Sie den emotionalen Ton beim Vermitteln von Mitgefühl.

Am Anfang ist es besser, seinem leidenden Selbst einen tatsächlichen Brief zu schreiben, und zwar in verschiedenen schwierigen Situationen (kürzer oder länger zurückliegend). Später können Sie die Übung dann im Kopf durchführen.

Varianten

- Wählen Sie am besten auch einmal eine Situation, in der Ihr innerer Quälgeist dominiert. Sie können den Brief auch direkt an Ihren inneren Quälgeist schreiben.
- Oder wählen Sie eine Situation, in der sich eines Ihrer hartnäckigen alten Verhaltensmuster wieder meldet, und

schreiben Sie sich in einer Ihrer dominanten Rollen selbst einen Brief, z. B. in Bezug auf Abhängigkeit, Minderwertigkeit oder etwas anderes, das auf Sie zutrifft. Auch hier ist es hilfreich, dem Empfänger einen passenden Namen zu geben: »Lieber Schlingel«, »Lieber Ausgestoßener« oder »Sehr geehrter Mittelpunkt-der-Welt«.

- Wenn Sie regelmäßig ein Tagebuch führen, können Sie die Form des mitfühlenden Briefs an sich selbst vielleicht auch dort einführen und aus dem Mitgefühlsmodus heraus schreiben.
- Informelle Übung: Nehmen Sie die Übung, auf sich selbst aus dem Mitgefühlsmodus heraus zu schauen, auch in Ihre täglichen Aktivitäten auf. Sie können jeden Tag die Verkörperung von Mitgefühl in die Praxis umsetzen. Sie können damit beginnen, sobald Sie aufwachen, unter der Dusche stehen, das Frühstück richten … bis zu dem Augenblick, wenn Sie wieder ins Bett gehen. Üben Sie, wenn Sie Ihren alltäglichen Aufgaben nachgehen, in Momenten der Ruhe und in Momenten der Anspannung. Denken Sie daran, dass es sich auch hier um eine Achtsamkeitsübung handelt: Als Aufmerksamkeitsfokus wählen Sie »sich selbst als mitfühlendes Wesen«, mit allen dabei auftretenden angenehmen und unangenehmen körperlichen Empfindungen, Gefühlen, Gedanken, Verhaltensweisen und Reaktionen.

Wir haben bereits erwähnt, dass das Zulassen von Mitgefühl auch sehr bedrohlich sein kann, z. B. für Menschen, die wenig Gefühle von Wärme und Sicherheit empfangen haben oder bei denen diese Gefühle abrupt und unerwartet unterbunden wurden. Der eine Mensch hat mehr Schwierigkeiten mit dem gebenden Aspekt, der andere mit dem empfangenden Aspekt von Mitgefühl. Wärme zuzulassen kann Gefühle von Schmerz, Mangel, Wut, Traurigkeit und Angst hervorrufen (*Backdraft*, siehe 2.4.5). Auch dann handelt es sich um eine Achtsamkeitsübung. Spüren Sie die Emotionen, nehmen Sie diese in Ihrem Körper wahr, achten Sie auf die Bilder, die Reaktionen, Ihre Kampflust, Ihre Fluchtneigungen und halten Sie durch, mit Achtung vor den Grenzen des Zumutbaren. Entscheiden Sie sich immer aus einer freundlichen Einstellung sich selbst gegenüber: Sie dürfen sich selbst herausfordern, Sie dürfen auch eine Pause einlegen und zu einem anderen Zeitpunkt weitermachen. Beobachten Sie aus dem Mitgefühlsmodus heraus Ihr leidendes Selbst von Moment zu Moment. Schauen Sie sich mit freundlichen, nicht-wertenden Augen an – »sanft-mütig«, mit Sanftheit und mit Mut.

Die Fortschritte, die wir beim Mitgefühlstraining machen, lassen sich nicht daran ablesen, inwieweit wir positive Emotionen empfinden. Wenn positive Gefühle ausbleiben, kann diese trügerische Vision gerade viel Frustration bereiten, und das kann wiederum dazu führen, uns selbst vorzuwerfen, nicht gut genug zu sein. Es kann sogar dazu führen, dass wir den Mut verlieren und aufgeben. Aber wie können wir wissen, ob wir auf dem richtigen Weg sind? Fortschritte auf dem Weg des Mitgefühls zeigen sich in der *Bereitschaft, schmerzhafte Emotionen zuzulassen*. Die westliche Psychologie erkennt zunehmend, dass die Vermeidung von schmerzhaften Gefühlen bei vielen psychischen Problemen eine zentrale Rolle spielt, ob Stimmungsschwankungen, Angst und Panik, Impulsivität, Sucht oder Essstörungen. Wie sich Ihr Schmerz auch zeigt, beim Mitgefühlstraining geht es im Wesentlichen darum: Gefühle nicht zu verdrängen, sondern das, was schmerzt, im Hier und Jetzt anzunehmen.

»Durch das Schreiben des mitfühlenden Briefs wird mir bewusst, wie viel Liebe ich in meinem Leben entbehrt habe. Es wird Zeit, eine liebevolle und respektvolle Beziehung mit mir selbst und anderen einzugehen.«

Kommentar einer Teilnehmerin

2.5.3 Freundlichkeit anderen gegenüber üben

Es ist noch Sommer
Es ist noch Sommer und genug
wie bleischwer würden wird daran tragen
welch eine Bürde
wenn nicht jeder jedem
hilfreich wäre
nicht jeden
auf Händen trüge.
JUDITH HERZBERG

Wir haben in der ersten Kurseinheit mit Übungen in Freundlichkeitsmeditation begonnen, die auf uns selbst ausgerichtet waren, und haben diese dann allmählich auf andere ausgedehnt: auf einen Wohltäter, auf liebe Menschen, Angehörige und Freunde und auf neutrale Personen. In dieser Kurseinheit dehnen wir die Praxis noch weiter aus auf Menschen, zu denen wir eine schwierige Beziehung haben. Man kann die Praxis sogar auf Menschen ausdehnen, die man als Feinde betrachtet, anschließend auf größere Gruppen, ganze Völker und letztlich auf alle lebenden Wesen. In der Reihenfolge sind diese Übungen vergleichbar mit der traditionellen buddhistischen Praxis der liebevollen Freundlichkeit oder *Metta*-Praxis aufgebaut.

Vorab möchten wir betonen, dass es sich bei diesen Übungen nicht um ein Prestigeprojekt handelt, bei dem es darum geht, immer besser zu werden und eine Ziellinie zu erreichen (bedingungs-lose Freundlichkeit gegenüber allen lebenden Wesen). Wählen Sie das Tempo, die Häufigkeit des Übens und die Reihenfolge der Personen mit Achtsamkeit und Selbstmitgefühl. Auch dreht es sich wie bei allen Achtsamkeitsübungen nicht darum, sich auf ein Ergebnis festzulegen oder dass man bei denjenigen, die man in die Übung einbezieht, in magischer Weise etwas erreichen möchte. Es geht vielmehr darum, achtsam die eigene Fähigkeit zu entwickeln, in eine liebevolle Beziehung zu jemandem zu treten. Es ist nicht sicher, ob sich die Beziehung mit derjenigen Person, die man in der Übung vor Augen hat, letztlich verändern wird. Was sich aber in jedem Fall verändern kann, sind wir selbst und das eigene innere Verhältnis zum anderen, und dies *kann* die jeweilige Beziehung günstig beeinflussen, in jedem Fall auch viele andere Beziehungen einschließlich derjenigen zu uns selbst. Diese Übungen können auch auf Menschen ausgedehnt werden, die weit weg oder verstorben sind. Mutter Teresa bemerkte hierzu einmal Folgendes: »Eine der größten menschlichen Beschränkungen ist, dass wir den Begriff ›Angehörige‹ oft so eng fassen.«

Am wenigsten kompliziert und daher für den Beginn der Freundlichkeitsmeditation am besten geeignet ist es, liebevolle Wünsche auf einen Wohltäter zu richten. Das ist jemand, der es wirklich gut mit uns meint (oder meinte, wenn er verstorben ist), der uns mit Weisheit und Güte zur Seite steht, ein Lächeln auf unser Gesicht zaubert und uns mit warmen Gefühlen erfüllt. Wenn es Ihnen schwer fällt, sich jemanden vorzustellen, dann können Sie auch mit einem geliebten Haustier oder einem Kind beginnen, das diese warmen Gefühle in Ihnen wachrufen kann.

Komplizierter wird es oft, sobald man einen Angehörigen oder einen Freund, eine Freundin in die Übung einbezieht. Da können schnell »schwierige« (im Sinne von unangenehmen) Emotionen auftauchen. Wenn es sich um eine Person handelt, die wir als verletzlich wahrnehmen, kann bei dem Wunsch »Mögest du sicher sein« die Angst auftauchen, dass der Betreffende in eine unsichere Situation geraten könnte. Wünscht man einer Freundin Glück und Wohlergehen und findet man, dass sie eigentlich »reicher« ist als man selbst und sie mit ihrer Arbeitsstelle oder ihrem Partner großes Glück hat, dann können Gefühle wie Eifersucht oder Neid auftauchen. Geht es der betreffenden Person weniger gut als einem selbst, können Gefühle der Überheblichkeit oder der Schadenfreude auftauchen. Falls Sie von solchen Emotionen abgelenkt werden, können Sie sie akzeptierend zur Kenntnis nehmen und zu den liebevollen Wünschen für die Person zurückkehren. Wenn Sie bemerken, dass sich die Gefühle immer wieder in den Vordergrund drängen, ist das eine gute Gelegenheit, mehr Selbstmitgefühl zu üben und liebevolle Wünsche an sich selbst zu senden. »Möge ich frei sein von

Eifersucht, Stolz und Arroganz.« Schwierige Emotionen weisen auf eine unzulängliche Verbundenheit in der Beziehung mit dem betreffenden Menschen hin. Es geht dann zunächst darum, Verbindung mit sich selbst aufzunehmen und diese Emotionen zu erkennen und zu benennen, sie zuzulassen und zu fühlen. Nur Emotionen, die wir zulassen, können wir auch loslassen – oder besser: »freilassen«.

Bei der Einführung einer neutralen Person erweitern wir die Praxis auf Menschen, mit denen wir ein weniger enges Band haben, wie z. B. Bekannte und vage Bekannte oder Menschen, die »einfach so« in unser Bewusstsein treten. Dabei können vielleicht Langeweile, Desinteresse oder Schläfrigkeit auftauchen. Auch dann besteht die Wahl zwischen »Zur Kenntnis nehmen und zur Übung zurückkehren« oder Selbstmitgefühl (z. B. »Möge ich klar und wach sein«) und sich an die Absicht erinnern, mit der man übt.

Während das Aussenden wohlwollender Wünsche an neutrale Personen eine Übung in die Breite ist (jedes Gegenüber kommt in Betracht), begeben wir uns in die Tiefe, wenn wir unsere Wünsche auf eine Person richten, die wir als schwierig, hemmend oder als feindselig erfahren. Es geht dabei um eine Person, zu der man persönlich eine gestörte Beziehung hat. Dabei ist wach zu bleiben im Allgemeinen kein Problem (wenn es so ist, wählen Sie eine Person, zu der die Beziehung schwieriger ist!) und unangenehme Emotionen tauchen oft in aller Vehemenz auf. Es ist daher auch besser, mit einer Person zu beginnen, zu der man keine allzu schwierige Beziehung hat, und nicht sofort mit dem größten Problemfall. Man kann den Schwierigkeitsgrad Schritt für Schritt aus der Haltung des Mitgefühls mit sich selbst steigern. Bei der Übung mit der schwierigen Person ist es normal, dass man Widerstand spürt. Es taucht z. B. der Gedanke auf: »Ich will überhaupt nicht, dass sie glücklich ist, denn sie hat mir dies oder jenes angetan«, oder »Er ist selber schuld, dass er leidet, hätte er eben auf mich hören müssen.«

Es geht nicht darum, schlechtes Verhalten eines anderen zu billigen. Es heißt oft: »Hasse die Sünde, nicht den Sünder.« Können wir sowohl den Menschen hinter dem schädlichen Verhalten sehen als auch unsere persönliche Reaktion (Schmerz, Wut, Trauer) auf dieses Verhalten und was das mit uns tut? So, wie wir mehr sind als unsere Reaktion, so ist diese Person mehr als ihr Verhalten, und genau wie wir selbst – und jeder andere Mensch – möchte sie glücklich sein und frei von Leiden. Auch einem solchen Menschen können wir wünschen, dass ihm das möglich ist.

Bei der Praxis von liebevoller Freundlichkeit und liebevollem Mitgefühl Gruppen gegenüber können wir uns alle Personen, die wir bisher in die Übung einbezogen haben, noch einmal in einer uns umringenden Runde vorstellen und unsere Wünsche auf alle Beteiligten richten.

Wir können die Wünsche dann in der Breite ausdehnen auf andere Gruppen, Nationen, Kontinente und letztlich alle lebenden Wesen. Auch hier kann es schwer fallen, bei der Sache zu bleiben, und es geschieht leicht, dass man abgelenkt wird oder unbewusst in Gedanken und aus Langeweile abschweift. Wenn dies geschieht, kann man das einfach bemerken und zur Achtsamkeit zurückkehren. Zudem kann es geschehen, dass man sich von den Emotionen überwältigt fühlt, die bei der Wahrnehmung des unermesslichen Leidens all jener Menschen aufbrechen, die von einem Krieg oder von Naturkatastrophen heimgesucht werden. Auch hier gilt wieder, dass Selbstmitgefühl eine Voraussetzung ist, um Mitgefühl mit allen anderen zu verspüren, und dass sich nur aus einer Verbindung mit sich selbst zu richtigen Entscheidungen darüber kommen lässt, wie man mit all diesem Leid umgehen kann.

2.5.4 Übung
Freundlichkeitsmeditation: Eine »schwierige« Person oder der innere Quälgeist

1. Nehmen Sie im Sitzen oder im Liegen eine bequeme Haltung ein … Verbinden Sie sich mit dieser Haltung und nehmen Sie im Bauch- oder Brustbereich Ihre Atembewegungen wahr und beginnen Sie damit, sanft einen freundlichen oder liebevollen

Wunsch zu wiederholen – für Sie selbst, für einen Wohltäter, einen guten Freund oder gute Freunde oder Freundinnen, in einer Reihenfolge, die Sie bevorzugen. Sie können sich für einen spontanen Wunsch oder für einen der vier beschriebenen Basiswünsche entscheiden: »Möge ich mich sicher fühlen«, »Möge ich so gesund wie nur möglich sein«, »Möge ich glücklich sein«, »Möge ich mit mir selbst in Frieden sein«. Sie können den Wunsch im Atemrhythmus sprechen oder ihn sanft und aufrichtig unabhängig vom Atem wiederholen.

2. Suchen Sie dann in Gedanken jemanden, den Sie als schwierig im Umgang empfinden, jemanden, bei dem Sie sich unwohl fühlen und mit dem Sie nicht gerne zusammen sind. Sie müssen nicht sofort an Ihren größten Feind denken, aber doch an jemanden, zu dem Sie keine gute und freundschaftliche Beziehung pflegen. Vielleicht hat die Person Sie verletzt oder geärgert, vielleicht ist es ein Nachbar, der regelmäßig Lärm macht, oder ein Kollege, der immer wieder versucht, Sie auszustechen ... Überlegen Sie kurz, ob Sie eine solche Person kennen.

3. Stellen Sie sich vor, dass sich diese Person vor Ihnen hinsetzt, Sie sehen sie an und schauen ihr ins Gesicht und in die Augen. Denken Sie dann daran, dass diese Person wie Sie und wie alle anderen Menschen ihren Weg im Leben zu finden versucht und dabei als unvollkommener Mensch manchmal Fehler oder Dummhei-

ten begeht, aber auch den Wunsch hat, glücklich zu sein. Reflektieren Sie wie folgt: »Genauso wie ich in Frieden und Freiheit leben möchte, mögen auch Sie / mögest auch du in Frieden und Freiheit leben.« Beginnen Sie dann im Atemrhythmus oder unabhängig davon einen freundlichen oder heilsamen Wunsch zu wiederholen.

4. Am Anfang können alle möglichen Emotionen auftauchen, so wie beim Öffnen des Deckels einer Jauchegrube schlagartig übel riechende Dämpfe freigesetzt werden. So kann diese Übung am Anfang plötzlich eine Flut von Wut oder altem, aufgestautem Schmerz auslösen. Wenn das eintritt, sollten Sie wissen, dass dies normal ist. Es ist die Auflösung von tief verdrängter Wut, von Ekel, Scham, Enttäuschung oder Traurigkeit. Sie können solche Gefühle vielleicht mitfühlend betrachten und vorübergehend den freundlichen Wunsch für sich selbst wieder aufnehmen, wie z. B.: »Möge ich sicher sein« oder »Möge ich inneren Raum erfahren«. Wenn Sie innerlich wieder dazu in der Lage sind, können Sie den Wunsch (vielleicht über den Umweg mit einem oder mehreren geliebten Menschen) wieder für die schwierige Person anwenden.

5. Erzwingen Sie keine Freundlichkeit. Wenn Sie großen Widerstand spüren, können Sie diese Übung vorläufig zurückstellen und zu einem freundlichen Wunsch an sich selbst zurückkehren oder an eine nicht ganz so schwierige Person denken. Wenn Sie nicht auf die Schnelle eine »schwierige

Person« finden, können Sie sich alternativ vielleicht einen inneren »Quälgeist« vorstellen: eine Sucht, mit der Sie zu kämpfen haben, eine emotionale Verletzlichkeit wie Depressions- oder Angstanfälligkeit, eine unerwünschte Gewohnheit oder Neigung, eine übermäßige Strenge sich selbst oder anderen gegenüber. Passen Sie den Wunsch dieser inneren Schwierigkeit an. Vielleicht können Sie diese Neigung oder Schwäche beim Wiederholen des sanften, freundlichen Wunsches zart wiegen wie ein Baby oder streicheln wie eine kleine Katze. Verwenden Sie einen Wunsch, der gut zu Ihnen passt (»Möge ich mich annehmen«, »Möge ich mild sein mir selbst gegenüber«, »Möge ich Raum erfahren«, »Möge ich gut für mich selbst sorgen«), und sprechen Sie diesen im Atemrhythmus oder unabhängig davon. So lernen Sie allmählich, selbst Ihr bester Freund oder Ihre beste Freundin zu sein.

»Mich auf den Quälgeist der Depression zu konzentrieren und dies in Milde anzusehen, das tat mir sehr gut. Vor allem: Möge ich mich selbst akzeptieren.«

Kommentar einer Teilnehmerin

2.5.5 Widerstand gegen die Praxis von Freundlichkeit mit anderen

Wenn man sehr viel Widerstand gegen die Praxis des Mitgefühls für ein schwieriges Gegenüber fühlt, kann es besser sein, zu jemandem zurückzukehren, bei dem man leichter eine milde Haltung einnehmen kann, oder wieder zur Praxis des Selbstmitgefühls. Man braucht sich keine Sorgen zu machen, wenn die Mitgefühlspraxis anderen gegenüber zu Beginn zu 95 Prozent aus Selbstmitgefühl besteht, es tauchen eben viele schmerzhafte Emotionen auf: Angst (vor Erinnerungen und Wiederholungen von Aggression), Wut (über das, was einem angetan wurde), Groll und Hass, Neid und Eifersucht, Scham und Schuld. Über solche Gefühle können wir nicht einfach hinweggehen, wir können die gestörte Verbindung nur wieder herstellen (vor allem mit uns selbst), wenn wir die Gefühle zulassen, fühlen und »freilassen«. Auch Gedanken wie »Ich möchte alles verzeihen und vergessen … Schwamm drüber …« können ein Versuch sein, den eigenen Emotionen auszuweichen, und der Verbindung mit sich selbst und anderen im Weg stehen. Verzeihung kann man nicht übereilen. Echte Vergebung ist nur möglich, wenn wir dem emotionalen Schmerz in uns selbst Raum geben und ihn akzeptieren.

Die Übung von Mitgefühl mit anderen ist daher immer auch eine Übung von Mitgefühl mit uns selbst, und das Umgekehrte gilt ebenso. Verliert man dies aus den Augen, kann es zu einer »Mitgefühlsmüdigkeit« kommen, die vor allem in der englischen Literatur beschrieben wird (»*Compassion Fatigue*«, Figley 2002). Letztlich ist dieser Begriff aber nicht ganz richtig, denn das Mitgefühl selbst ermüdet uns ja nicht. Wir können aber ermüden, wenn wir uns übermäßig auf einen Schmerz konzentrieren und einen anderen ignorieren. Nicht durch ein Zuviel an Mitgefühl, sondern vielmehr durch einen Mangel an Mitgefühl oder dessen unrichtigen Einsatz entsteht Müdigkeit. Meist wird unter Mitgefühlsmüdigkeit verstanden, dass man in Erschöpfung geraten ist, weil man sich zu viel mit dem Schmerz anderer beschäftigt hat und nicht mehr zu Mitgefühl mit sich selbst kommt. Dieses Phänomen ist unter Menschen, die in Beratung und Pflege tätig sind oder intensive Fürsorgeaufgaben übernommen haben, recht häufig anzutreffen.

Viel Widerstand bei der Mitgefühlspraxis kann entstehen, wenn man sehr mit der Aufrechterhaltung seines Ichs beschäftigt ist. Das Alarmsystem meldet sich, sobald man sich durch eigenen Schmerz oder denjenigen eines anderen Menschen in seinem Ich bedroht fühlt. Eine Ichbedrohung wird dann fälschlich als physische Bedrohung der eigenen Existenz interpretiert. Eine sehr wirksame Art, die das Leiden, das aus der Ichbehauptung kommt, lindern kann, ist die Meditationsform, die wir »Mitfühlendes Atmen« nennen. Diese Übung scheint dem Ich

Vielleicht wäre es für dich leichter
wenn du dir die Menschen
wieder als Kinder vorstellen könntest
dass ihretwegen
einmal eine Mutter wach gelegen hat
dass ein Vater stolz wie ein Pfau
mit ihnen spazieren ging
dass sie sich den Finger einklemmten
in der Tür
dass sie weinten wegen eines
aufgeschlagenen Knies
und dass sie einmal in der ersten Klasse
saßen
mit einem viel zu großen Bleistift im
Fäustchen

TRINUS RIEMERSMA

Dieses Gedicht des friesischen Schriftstellers Riemersma hängt als Poster in meinem (Eriks) Arbeitszimmer. Patienten fragen mich manchmal, ob mir dieses Gedicht hilft, schwierige Klienten, wie sie es sind, besser zu ertragen (dann spricht also ihr »innerer Quälgeist«). Ich antworte meist etwas wie: »Dieses Gedicht hängt da für jeden, der es liest.« Auch für sie selbst, damit sie die schwierigen Menschen in ihrer Umgebung mit anderen Augen sehen, wie z.B. ihren unzulänglichen Psychiater (mein »innerer Quälgeist« spricht). Es kann sehr hilfreich sein, sich die Menschen, mit denen man Schwierigkeiten hat, als die unschuldigen Kinder vorzustellen, die sie einmal waren.

sehr radikal entgegenzuarbeiten. Und doch kann seltsamerweise immer mehr Widerstand verschwinden, je mehr das Ich überwunden wird.

2.5.6 Übung
Mitfühlendes Atmen

Man kann den Mitgefühlsmodus um eine Meditationsform erweitern, die in der tibetischen Tradition *Tonglen* genannt wird. Nach dieser Methode unterrichtet auf umfassende Weise unter anderem Pema Chödrön (2001, 2003), eine amerikanische buddhistische Lehrerin. Auch wird diese Methode von einigen westlichen Therapeuten empfohlen (Gordon 2008, Germer 2010). »Tonglen« könnte auch »mitfühlendes Atmen« genannt werden. Wörtlich bedeutet »Tong-Len« »Geben-Nehmen«, und eigentlich ist die Reihenfolge »Len-Tong«: »Nehmen-Geben«. Man stellt sich bei dieser Meditationsform nämlich vor, Leid einzuatmen (»Nehmen«), um es in etwas Heilsames zu verwandeln und es dann wieder auszuatmen (»Geben«). Das mag vielleicht widersprüchlich erscheinen, denn man möchte den Schmerz ja loswerden und lieber Trost aufnehmen. Dennoch bestätigen Tonglen-Praktizierende seit Jahrhunderten die heilsame Wirkung dieser Übung. Betrachten Sie es als eine völlig legale und erweiternde Methode, Schmerz und Leiden innerlich zu »waschen«.

Wir möchten Ihnen diese Meditationsform, wie andere Formen in diesem Kurs, als Übungsvorschlag anbieten. Wenden Sie sie an, wann immer Sie das Bedürfnis dazu haben. Manche finden es etwas verwirrend, diese Übung zusätzlich zu den Freundlichkeitsmeditationen durchzuführen, und möchten sich lieber erst auf Letztere konzentrieren. Daran ist nichts auszusetzen. Andere halten sie gerade für eine äußerst zugängliche und unterstützende Meditationsform und nehmen sie in ihr Übungsprogramm auf. Die Übung »Mitfühlendes Atmen« kann helfen, sowohl das Leiden als auch den Fluss des Mitgefühls körperlich und emotional besser zu spüren. Bei manchen Menschen kann die Visualisierung von Leid und Mitgefühl die wache Präsenz stärker unterstützen, als es freundliche oder mitfühlende Wünsche in Worten vermögen. Freundlichkeitsmeditation und Tonglen vertragen sich sehr gut und verstärken sich gegenseitig. Wie für alle Übungen gilt: Üben Sie achtsam und entdecken Sie, was für Sie das Richtige ist.

Setzen Sie sich entspannt hin und lassen Sie sich Zeit, in einen ruhigen Atemrhythmus zu finden ... Stellen Sie sich vor, wie der Atem durch den ganzen Körper fließt und alle Poren sich beim Ein- und Ausatmen öffnen ... Dann beginnen Sie, sich auf Ihren eigenen derzeitigen Schmerz zu konzentrieren, was eine körperliche oder eine seelische Form von Leid sein kann. Beim Einatmen sind Sie auf sensible Weise offen und empfänglich für die Qualität dieses Schmerzes.

Wie fühlt sich der Schmerz an? Ist er zäh, schwer oder rau, stumpf oder scharf, heiß oder kalt? Wie ist die emotionale Tönung? Löst der Schmerz Düsternis, Angstzustände, Niedergeschlagenheit aus? Wie stellen Sie sich den Schmerz vor, welche visuellen Aspekte treffen auf ihn zu, vielleicht dunkel, schwarz oder trüb? Sie können sich den Schmerz als eine dunkle Substanz oder als schwarzen Rauch vorstellen, die / den Sie in den Bereich in Ihrem Körper einatmen, wo der Schmerz für Sie liegt. Sie atmen den Schmerz tief in sich hinein und stellen sich vor, wie dieser in Ihrem Herzen zwischen Ein- und Ausatmen eine heilende Verwandlung erfährt … Dann stellen Sie sich vor, wie Sie als Resultat dieser Verwandlung eine entgegengesetzte Qualität ausatmen, z. B. ein weißes oder goldenes Licht oder einen Strom liebevoller Energie … Bei jedem Einatmen atmen Sie den Schmerz als dunklen Rauch ein, und bei jedem Ausatmen atmen Sie heilendes goldenes Licht aus … Fühlt sich der Schmerz beim Einatmen warm an, dann atmen Sie Kühle aus. Fühlt sich der Schmerz beim Einatmen hart und eisig an, dann atmen Sie Weichheit und wohlige Wärme aus. Atmen Sie Trübung ein, dann atmen Sie Klarheit aus. Sie können am Anfang bewusst tiefe Atemzüge nehmen und nach und nach zu einem ruhigen, natürlichen Atemrhythmus übergehen.

Auf diese Weise können Sie bei jedem Einatmen auch den Schmerz eines anderen Menschen aufnehmen, dem Sie bei jedem Ausatmen eine entgegengesetzte, heilende Qualität senden. Sie stellen sich vor, wie Sie den Schmerz eines anderen Menschen wie eine zähe, dunkle Substanz oder wie schwarzen Rauch einatmen, Sie lassen den Schmerz innerlich eine heilende Verwandlung erleben, und Sie senden diesem Menschen beim Ausatmen aus Ihrem tiefsten Wesen heraus einen Strom von weißem oder goldenem Licht und liebevoller Energie … Sie können beim weiteren Üben die gleiche Reihenfolge anderer Wesen wie bei der Freundlichkeitsmeditation anwenden: einen Wohltäter, einen oder mehrere geliebte Menschen, neutrale Personen, Menschen, zu denen Sie ein schwieriges Verhältnis haben, Gruppen und schließlich alle Lebewesen. Sie können beim Ausatmen wie bei der Freundlichkeitsmeditation auch anderen Wesen Ihre Wünsche senden. Finden Sie heraus, was für Sie das Richtige ist.

»Mitfühlendes Atmen« ist eine machtvolle Übung, um unsere gemeinsame Menschlichkeit auf einer tiefen Ebene zu erfahren: Das Leid, das wir erfahren, ist nicht nur *unser* Leid, sondern kann auch das Leid anderer Menschen sein. Wenn wir Schmerz empfinden, gibt es zahlreiche andere Menschen, die zu diesem Zeitpunkt gleiche oder ähnliche Schmerzen haben. Durch Tonglen lösen wir uns von der Identifikation mit dem Leiden, wir atmen den Schmerz einfach ein – und dabei ist es im Grunde nicht wichtig, ob es sich um unseren eigenen oder um den Schmerz anderer Menschen handelt. Wir atmen Licht und Liebe aus – wobei es zweitrangig ist, ob wir diese an uns oder an andere senden. Es geht darum, dass wir lernen, das Schlimmste zu akzeptieren und das Beste nicht für uns zu behalten. Völlig entgegen der Logik des Egos nehmen wir das Schlimmste gerade auf und verschenken das Beste! So kann die Übung »Mitfühlendes Atmen« uns dabei helfen, das Schmerzlichste und das Kostbarste in tiefer Verbundenheit miteinander zu teilen.

2.5.7 Tagebuchübung
Der Mitgefühlsmodus

Achten Sie einmal auf Momente, in denen sich der Mitgefühlsmodus deutlich manifestiert. Nehmen wir z. B. an, dass ein Angehöriger eine etwas spöttische Bemerkung über Sie macht, wenn Sie in Gesellschaft von Ihrem Achtsamkeitstraining erzählen. Danach können Sie sich die folgenden Fragen stellen und sich Notizen dazu machen:

- Waren Sie sich bewusst, dass der Mitgefühlsmodus gerade da oder im Entstehen war?
- Welche körperlichen Empfindungen hatten Sie bei dieser Erfahrung genau? (z. B. »Zuerst ein bisschen angespannt, aber das löste sich dann«)
- Von welchen Stimmungen und Gedanken war diese Situation begleitet? (z. B.

»Ich fühlte mich ruhig, voller Selbstvertrauen. Ich dachte: Er fühlt sich wohl ein wenig unsicher und unbehaglich, weil es ihn provoziert.«)
- Was regt sich dann nachträglich, beim Aufschreiben oder darüber Nachdenken, in Ihnen, und was könnte eine mitfühlende Antwort sein? (z. B. »Während ich mich früher wütend und missverstanden gefühlt hätte, konnte ich jetzt viel mehr Wärme und Verständnis spüren. Mögen wir beide glücklich sein.«)

Überblick Kurseinheit 5: Selbst und andere

Thema

In der fünften Kurseinheit befassen wir uns mit den selbstübersteigenden und den Beziehungsqualitäten von Mitgefühl, bei Überidentifikation und Disidentifikation. Wir lernen das Schreiben eines mitfühlenden Briefs, und wir setzen uns damit auseinander, wie man Freundlichkeit anderen gegenüber üben kann.

Ablauf

- Innerer Wetterbericht und »Was wünschen Sie sich selbst?«
- Freundlichkeitsmeditation gerichtet an sich selbst, einen Wohltäter, einen guten Freund oder eine gute Freundin, eine neutrale Person und ggf. Mitgefühl mit einer schwierigen Person oder dem inneren Quälgeist
- Nachbesprechung der Übung
- Besprechen der Übungsvorschläge aus der Woche nach Einheit 4
- Kurze Pause mit Tee / Kaffee und Austausch zu zweit oder in Kleingruppen über die Tagebuchübung »Der innere Quälgeist«
- Einige kurze körperorientierte Übungen
- Gemeinsame Nachbesprechung der Tagebuchübung »Der innere Quälgeist«

- Nach einer kurzen geführten Übung (Verbindung herstellen mit dem sicheren Ort, dem liebevollen Gefährten und / oder dem Mitgefühlsmodus) die Übung »Ein mitfühlender Brief« vorstellen und diesen (teilweise) schreiben lassen (siehe 2.5.2)
- Theorie: Mitgefühl mit anderen
- Übungsvorschläge für zu Hause geben für die Woche nach Einheit 5
- Abschluss mit einer kurzen Meditationsübung mit Selbstmitgefühl

Übungsvorschläge für die Woche nach Einheit 5

Formell
- Regelmäßig Verbindung mit dem sicheren Ort und / oder dem liebevollen Gefährten aufnehmen
- Regelmäßig die Übung »Der Mitgefühlsmodus« durchführen (2.4.6)
- Sich Zeit nehmen für das Schreiben und die Ausarbeitung einer oder mehrerer Versionen von »Ein mitfühlender Brief« (2.5.2)
- Die Hinweise zur »Freundlichkeitsmeditation: Eine ›schwierige‹ Person oder der innere Quälgeist« lesen und die Übung praktizieren (2.5.4)
- Einige Male die Übung »Mitfühlendes Atmen« (2.5.6) durchführen, eventuell

auch öfter, wenn Ihnen diese Form des Übens besonders zusagt

Informell

- Bei Bedarf die Anweisungen der Übung »Der Atemraum mit Mitgefühl« (2.1.2) und ggf. »Der Atemraum mit Mitgefühl: Umgang mit emotionalem Schmerz« (2.2.9) durchführen, wenn unangenehme Gefühle auftreten
- Bei Bedarf das Selbstmitgefühlsmantra anwenden (2.2.5)
- Tagebuchübung: Sich täglich des Mitgefühlsmodus bewusst sein, wenn er sich einstellt, und Aufzeichnungen darüber führen (2.5.7)

2.6 Kurseinheit 6: Am liebsten alle glücklich

*Bevor du Freundlichkeit als das Tiefste
in dir erkennen kannst,
musst du Kummer erkennen als das
andere Tiefste in dir.
Du musst wach werden mit Kummer.
Du musst mit ihm sprechen, bis deine
Stimme
den Faden allen Kummers zu fassen
bekommt und du das ganze Ausmaß des
Gewebes siehst.
Dann macht nur noch Freundlichkeit
Sinn,
nur Freundlichkeit, die dir die Schuhe
bindet
Und dich losschickt, um Post aufzugeben
und Brot zu kaufen,
nur Freundlichkeit, die ihren Kopf hebt
aus der Menge der Welt, um zu sagen:
Ich bin es, die du gesucht hast,
Und die dich dann überallhin begleitet
wie ein Schatten oder ein Freund.*

AUS: »KINDNESS« VON NAOMI
SHIHAB NYE, 1995

2.6.1 Unsere gemeinsame Menschlichkeit

Mitgefühl mit anderen zu üben kann für unsere Bewusstwerdung unserer gemeinsamen menschlichen Verfassung sehr vertiefend sein. Herman van Veen sang einmal: »Wir sind alle gleich, wenn man nicht genau hinsieht. Wir sind am liebsten glücklich, oder etwas, das so ähnlich aussieht.« Und der heutige Dalai Lama stützt seine »Religion der Freundlichkeit« auf die Überzeugung, dass alle Menschen frei von Leiden und glücklich sein wollen.

Um das Bewusstsein der Verbundenheit mit anderen zu verstärken, kann es hilfreich sein, Wünsche zu formulieren in der Form von »Mögen du und ich …« (oder: »Mögen wir«, oder »Mögen alle … und ich«) »glücklich sein …«, »frei von Leiden …« usw. – gerade auch dann, wenn man mit Menschen übt, mit denen man Konflikte hat. Es kann sehr heilsam sein, auf einer tieferen Ebene zu spüren, dass wir trotz aller Störungen, die es in der Beziehung mit diesen Menschen gibt, eins mit ihnen sind. Wir spüren dann, dass der eigene Kummer, der eigene Schmerz »den Faden allen Kummers«, allen Schmerzes aufnimmt, und wissen uns verbunden mit »dem ganzen Ausmaß des Gewebes«, wie es die palästinensisch-amerikanische Dichterin Naomi Nye Shahib so schön ausdrückt. Weder wir noch unsere Widersacher haben sich für die Existenz in dieser Welt entschieden. Niemand hat seine Eltern ausgewählt oder das Land, in dem er geboren wurde, niemand die mehr oder weniger glücklichen Verhältnisse in seiner Jugend, die unkontrollierbaren Glücks- und Unglücksfälle, die traumatischen Erfahrungen, die das Leben für uns bereithält. Natürlich tragen die Menschen, mit denen man eine schwierige Beziehung hat, Verantwortung für ihre schädlichen Worte und Verhaltensweisen, wie dies auch für einen selbst gilt. Aber wie wir auch hatten sie keine Mitsprache beim Entwurf der komplexen Systeme, die Millionen Jahre der Evolution in unserem Gehirn und Organismus hervorgebracht haben. Wie wir auch kämpfen sie mit den Funktionen des alten und des neuen Gehirns, mit Stressreaktionen für das Überleben, die für die Erhaltung des Ichs eingesetzt werden.

Wenn wir einander verletzen, geschieht dies meist aus einem Überlebensinstinkt, wir fühlen uns in unserem Ich bedroht und versuchen vor der Bedrohung zu fliehen. Wir brechen die Beziehungen zueinander ab und verschanzen uns hinter wörtlichen oder bildlichen Mauern, die, wie wir glauben, unsere Sicherheit garantieren. Wir ziehen uns zurück in unsere Städte, Gemeinden, Häuser und Büros, in Erzählungen über uns und die Welt, in unsere Ideologien, Religionen und Weltanschauungen. Wir kämpfen, flüchten oder erstarren in unseren Denkkategorien und identifizieren uns im Übermaß damit. Wir trainieren unsere risiko- und wettbewerbsorientierten Mentalitäten auf Kosten unserer fürsorglichen Mentalität. Dabei verringert es letztlich unsere Überlebenschancen nur, wenn soziale Isolierung an die Stelle sozialer Verbundenheit tritt, ob man dies im kleinen (Familie, Gemeinschaft) oder im großen Maßstab betrachtet (national, in-ternational, global). Die Praxis von Mitgefühl gegenüber anderen ist ein Beitrag zu dieser Verbindung von uns selbst mit anderen, Freunden und Feinden, auch wenn es nur ein kleiner Beitrag zu sein scheint. Wir arbeiten dabei an unserer Absicht und unserem Engagement dafür, unseren (emotionalen) Schmerz und denjenigen anderer zu lindern und damit den Schmerz in der Welt. Die Heilung des eigenen emotionalen Schmerzes wirkt sich auch auf unsere Beziehungen zu anderen aus, und dies wirkt wieder in deren Beziehungen und der Welt als ganzer fort. Albert Einstein schrieb einmal in einem Brief an einen trauernden Vater, der seinen Sohn verloren hatte (zitiert in Calaprice 2005): »Ein Mensch ist ein Teil des Ganzen, das wir ›Universum‹ nennen: ein Teil, der durch Zeit und Raum begrenzt ist. Er erfährt sich selbst, seine Gedanken und Gefühle als etwas vom Übrigen Getrenntes – eine Art optische Täuschung seines Bewusstseins. Diese Täuschung ist ein Gefängnis für uns, das uns auf unsere persönlichen Bedürfnisse und die Zuneigung zu einigen wenigen Menschen beschränkt, die uns nahe sind. Unsere Aufgabe ist es, uns aus diesem Gefängnis zu befreien, indem wir den Kreis des Mitgefühls erweitern und alle lebenden Wesen und die gesamte Natur in ihrer Schönheit umarmen.«

2.6.2 Übung
Ein mitfühlender Brief an eine »schwierige« Person

Jenseits von richtig und falsch
liegt eine Wiese.
Dort werde ich dir begegnen.
RUMI

Eine Übung, die den Kreis des Mitgefühls erweitern kann, ist das Schreiben eines mitfühlenden Briefs an eine »schwierige« Person. Der Adressat ist jetzt eine Person, zu der Sie eine schwierige Beziehung haben. Sie schreiben den Brief im Mitgefühlsmodus (ggf. auch aus der Perspektive des liebevollen Gefährten) an den anderen als Mitmenschen aus dem Bewusstsein der *geteilten Menschlichkeit*. Es geht nicht darum, diesen Brief zu verschicken. In erster Linie ist er eine Übung der Verbundenheit mit uns selbst und zwischen uns und dem anderen in unserem eigenen Innern. Diese Übung kann dazu führen, dass wir vor allem auch viel Selbstmitgefühl brauchen aufgrund der emotionalen Schmerzen, die dabei zum Vorschein kommen können. Zögern Sie daher nicht, die Mitgefühlspraxis auf sich selbst umzulenken. Die Elemente eines mitfühlenden Briefs sind in Übung 2.5.2 beschrieben.

2.6.3 Vier Lebensfreunde

Ein wertvoller Teil beim Realisieren unserer geteilten Menschlichkeit ist die Entwicklung von vier emotionalen Qualitäten, die in ihrer Reichweite unbegrenzt sind und niemanden ausschließen: liebevolle Freundlichkeit, Mitgefühl, Mitfreude und Gleichmut. Sie werden auch Die vier Grenzenlosen *(Brahmaviharas)* genannt, und wir können sie als vier Freunde für das Leben betrachten. Das Mitgefühl stand bisher in diesem Training besonders im Mittelpunkt, und auch liebevolle Freundlichkeit haben wir in den Freundlichkeitsmeditationen bereits umfassend kennengelernt. Unsere Praxis kann sich weiter vertiefen, wenn wir alle vier Lebensfreunde einbeziehen. Diese heilsamen, »ichlosen« emotionalen Qualitäten sind nämlich das Heilmittel gegen die verschiedensten egozentrischen unheilsamen Gemütszustände (de Wit 2008). Die vier Lebensfreunde helfen bei der Entwicklung der Offenheit, Empfindsamkeit und Empfänglichkeit unseres Herzens und sind eine kraftvolle Unterstützung bei der Kultivierung von Achtsamkeit und Herzensweite.

Bis vor kurzem schenkte man diesen selbstübersteigenden Qualitäten in der westlichen Psychologie wenig Aufmerksamkeit, aber man erkennt heute immer mehr, wie wichtig sie für unser Wohlergehen und, im größeren Maßstab, für eine gesündere Gesellschaft und eine gesündere Umwelt sind. Und natürlich sind sie auch für Therapeuten sehr wertvoll und sie werden von einigen Kollegen daher ausdrücklich empfohlen (Bien 2010).

Traditionell werden in der buddhistischen Psychologie die vier selbstübersteigenden emotionalen Qualitäten wie folgt differenziert, wobei auch auf mögliche Fallstricke in deren Ausübung hingewiesen wird:

Liebevolle Freundlichkeit. Hierbei richtet man sich auf die Förderung des Glücks und des Wohlergehens für sich selbst und für andere. Man könnte sagen, dass sich die Absichten auf den Bereich des »Glücksthermometers« richten, der »über null« liegt. Liebevolle Freundlichkeit ist das Gegenteil von und das Heilmittel für Hass und Groll. Die Gefahr dabei kann sein, dass das Praktizieren in Anhaften, Abhängigkeit und Sentimentalität abgleitet. Sie scheint dann selbstübersteigend zu sein, ist aber letztlich egozentrisch motiviert.

Mitgefühl. Hierbei richtet man sich auf die Linderung von Schmerz und Leiden. Die Absichten richten sich auf den Bereich des »Glücksthermometers«, der »unter null« liegt. Mitgefühl oder Barmherzigkeit ist das Gegenteil von und das Heilmittel für Falschheit und Grausamkeit. Eine Gefahr ist die Verschiebung in Richtung Mitleid: Der Schmerz und der Kummer des anderen werden dann zum Mittelpunkt der eigenen Gefühle, während man im Grunde Angst davor

hat, wirklich eine Verbindung mit dem Schmerz (des anderen und unserem eigenen) einzugehen. Auch kann es zu Erschöpfung führen, sich übermäßig auf das Leiden anderer auf Kosten des eigenen zu konzentrieren, sodass Mitgefühlsmüdigkeit entsteht.

Mitfreude. Hiermit ist die unbeschwerte Teilnahme an der Freude und dem Wohlergehen anderer gemeint. Sich *mit* anderen und *für* andere zu freuen, ist die Arznei gegen Neid und Eifersucht. Ebenso wie für das Leiden und die Bedürfnisse anderer kann man auch Empfindsamkeit für die Freude und das Glück anderer Menschen entwickeln. Die Gefahr hierbei kann sein, dass man Erregung und Euphorie nachjagt. Es geht hier nicht darum, ein Schulterklopfer zu werden, aber Mitfreude hat doch einen beglückwünschenden Charakter. Man teilt aufrichtig kleine und große Glücksmomente, die spontan auftreten, und kann dabei Dankbarkeit, Wertschätzung und Anerkennung aussprechen.

Gleichmut. Dieser letzte Lebensfreund steht für eine offene, unbefangene und großzügige Geisteshaltung, die frei ist von Urteilen, Vorlieben oder Abneigung. Gleichmut ist die Arznei gegen Stolz, Arroganz und Überidentifikation, das heißt: übermäßige Identifikation mit den eigenen Eigenschaften, Besitztümern, Meinungen oder Überzeugungen. Die Gefahr hierbei ist Gleichgültigkeit, wobei einen der andere kalt lässt. Gleichmut ist wie die anderen drei Haltungen eine Herzensqualität. Sie ist nicht gekennzeichnet durch Distanziertheit, sondern durch eine »interessenlose Anteilnahme«: eine Offenheit für den anderen ohne Anhaften oder Widerstand. »Gleich-mut« bedeutet, den *Mut* zu haben, sein Herz *gleichermaßen* für alles zu öffnen, was auch immer zum Vorschein kommt. Man nimmt eine ausgeglichene Haltung gegenüber Liebe und Leid, Erfolg und Misserfolg, Ruhm und Schmach sowie Gesundheit und Krankheit gleichermaßen ein.

Es ist sinnvoll und vertiefend, in seiner Praxis alle diese vier emotionalen Qualitäten zu kultivieren: Das Einüben der einen Qualität kann uns nämlich vor den Gefahren der anderen behüten, und bei unserer Praxis können wir uns von dem Lebensfreund unterstützen lassen, der zu diesem Zeitpunkt am hilfreichsten ist. Es ist verständlich, dass unser Ich bei der Kultivierung von Qualitäten, die das Ich übersteigen, leicht in Aufruhr geraten kann. Es kann sehr schnell geschehen, dass sich die grenzenlose Perspektive wieder auf eine egozentrische Sicht verengt.

Das einseitige Kultivieren von Mitgefühl kann Schwermut und Niedergeschlagenheit mit sich bringen, da man sich übermäßig auf die schmerzhaften Aspekte des Lebens konzentriert. Es kann geschehen, dass uns das Leid Angst macht, oder es kommen Scham- und Schuldgefühle hinzu. Das Maß des Leidens in der

Welt kann dazu führen, dass wir uns ohnmächtig und hoffnungslos fühlen. Oder wir schwelgen gerade in unserem eigenen Leid und identifizieren uns mit einer Opferrolle. Oder wir konzentrieren uns aus Selbstschutz vor allem auf den Schmerz anderer, damit wir den eigenen nicht zu fühlen brauchen. Schleichen sich Angst, Empfindlichkeit und Egozentrismus in die Praxis ein, kann Mitgefühl in Mitleid oder sogar Schadenfreude abgleiten, wenn man insgeheim findet, dass die betreffende Person an ihren Schwierigkeiten selbst schuld ist. Tauchen solche Phänomene auf, kann es vorteilhaft sein, den Fokus der Achtsamkeit auf einen der anderen Lebensfreunde zu verlagern, z.B. auf liebevolle Freundlichkeit.

Bei der Praxis liebevoller Freundlichkeit kann man in ein Streben nach angenehmen Ergebnissen geraten. Die guten Absichten können durch Anhaften an ein positives Gefühl oder das Streben nach einem solchen Gefühl getrübt werden. Dann ist vielleicht eine Verschiebung auf das Praktizieren von Gleichmut (oder Mitgefühl) besser geeignet. Jedoch kann auch das Praktizieren von Gleichmut in Gleichgültigkeit abgleiten, wenn sich das Herz nicht mehr öffnet, sondern sich zu schließen beginnt. Droht dies zu geschehen, kann man seine Praxis auf Mitfreude verlagern, indem man an den spontanen freudvollen Momenten teilnimmt, die man bei anderen wahrnimmt. (Und natürlich können uns auch Mitgefühl oder liebevolle Freundlichkeit aus der Gleich-

Bingo spielen

Zur Entwicklung von Mitgefühl und Mitfreude kann man sich angespornt fühlen, wenn man unter dem ständigen inneren Kommentieren und Be- oder Verurteilen dessen leidet, was wir denken, sagen oder tun.

An sich ist dies aus evolutionärer Sicht sehr verständlich. Sind wir kritisch und urteilen, gehen wir keine allzu großen Risiken ein. Urteilen ist daher etwas sehr Sinnvolles in unserem Leben. Aber es kann uns auch leicht tyrannisieren, vor allem, wenn es aus einem stark entwickelten Alarm- und Antriebssystem und aus übermäßigen Schuld- und Schamgefühlen entsteht.

Bei den meisten Teilnehmern am Mitgefühlstraining scheint dieses Urteilen sehr häufig zu sein, und sie erfahren es als ein unerwünschtes und lästiges Hindernis bei der Entwicklung von Mitgefühl. Manchmal fragen wir dann beim Gespräch in der Gruppe, ob die Teilnehmer schon einmal Bingo gespielt haben. Wie fühlen Sie sich als Spieler, wenn die vom Conférencier ausgerufene Zahl auf Ihrem Zettel steht? Teilnehmer an diesem Spiel finden es praktisch immer angenehm, man hat einen Treffer und kann diesen auf dem Zettel »abhaken«. Wenn dies oft genug geschehen ist und der Zettel voll ist, kann man »Bingo« rufen und bekommt einen Preis.

Auf dieselbe Art könnte man mit dem urteilenden, verurteilenden und kommentierenden Geist umgehen. Eine negative Haltung in Bezug auf diese Art des Denkens einzunehmen, zeigt eigentlich einen Mangel an Mitgefühl und auch wenig Freude an. Und dies, obwohl man etwas sehr Menschlichem begegnet, nämlich dem urteilenden Geist.

Es kann ein Stück Leichtigkeit in die Praxis bringen, beim Bewusstwerden des Urteilens »Bingo« zu sagen. Man kann also, statt urteilende Gedanken als etwas Negatives zu betrachten, »Bingo« rufen, sooft man das Urteilen bemerkt (über das eigene Äußere, das eigene Verhalten, über andere, über dieses Buch usw.). Wenn wir einen urteilenden Gedanken akzeptierend und mit einem Bewusstsein für die geteilte Menschlichkeit wahrnehmen, praktizieren wir Achtsamkeit und zugleich wächst die Fähigkeit zu Mitgefühl und Mitfreude. So kann die Praxis eine spielerische Note bekommen und wir können jedes Mal innerlich »Bingo« rufen oder »Ah, da ist wieder einer«, wenn wir bemerken, dass wir urteilen. Versuchen Sie es einfach einmal, dadurch kommt eine viel weniger strenge Atmosphäre in die Praxis.

gültigkeit reißen.) Wenn die Praxis der Mitfreude in die krankhafte Suche nach Erregung, Euphorie und Gipfelerlebnissen umschlägt, dann verursacht dies wiederum Leiden, weil eben alles vergänglich ist. Man kann dann wieder zur Praxis von Mitgefühl zurückkehren.

So lässt sich sowohl die formelle Praxis als auch das Üben im Alltag mithilfe dieser vier Lebensfreunde vertiefen. Wir können uns immer wieder neu die Frage stellen: »Welche Haltung ist jetzt gefragt: eine freundliche, eine mitfühlende, eine fröhlich-anteilnehmende oder eine gleichmütige?« Das Schöne an diesen vier Lebensfreunden ist, dass man sie eigentlich ganz leicht »einladen« kann, indem man nämlich einfach einen freundlichen, mitfühlenden, fröhlich-anteilnehmenden oder gleichmütigen Wunsch in sich anklingen lässt, wenn man irgendwo sitzt, geht oder abends im Bett liegt.

Manchmal ist es sehr schwer, anderen gegenüber freundlich oder mitfühlend zu sein oder sich mit ihnen zu freuen. Wenn uns z. B. ein Kollege oder ein Familienmitglied in vielerlei Hinsicht verletzt hat, dann sind wir vielleicht nicht mehr in der Lage, eine der ersten drei selbstübersteigenden Emotionen zu spüren. In einem solchen Fall kann Gleichmut eine Lösung sein, z. B. indem wir über die Tatsache reflektieren, dass jeder letztendlich für die eigenen Taten verantwortlich ist und dass wir ernten, was wir säen.

2.6.4 Übung
Bereitschaft zur Vergebung

Verzeihen bedeutet, jede Hoffnung auf eine bessere Vergangenheit fahren zu lassen.
LILY TOMLIN

Verzeihen ist eine sublime Form von Selbstsucht. Ich muss verzeihen, damit Zorn, Groll und Rache nicht mein wahres Wesen auffressen.
ERZBISCHOF DESMOND TUTU

Möglicherweise haben Sie für diese Übung im Moment wenig Raum. Oder vielleicht haben Sie gerade regelmäßig bei früheren Übungen wie dem Mitgefühlsmodus oder dem Schreiben eines mitfühlenden Briefs bei sich selbst Vergebungsbereitschaft festgestellt. Das Weichwerden und Öffnen des Herzens lassen sich nicht erzwingen. Die folgenden Übungen, die von Tara Brach (2004) entlehnt sind, können aber den Boden bereiten, der diese Bereitschaft früher oder später ermöglicht. Hierbei können mehrere Aspekte unterschieden werden. Wir möchten uns damit befassen, wie man sich selbst etwas verzeiht, wie man andere um Verzeihung bittet und / oder wie man einem anderen verzeiht. Die Übungen stehen nicht in einer Reihenfolge, die man beachten müsste, sind aber auf unterschiedliche Lebensbereiche ausgerichtet, in denen Vergebungsbereitschaft Raum und Linderung schaffen können. Sie können selbst wählen, welches der drei Gebiete Sie im Augenblick am meisten anspricht.

Möglicherweise wecken diese Übungen beim ersten Kennenlernen vor allem Widerstand. Dann beginnt damit die Übung von Selbstmitgefühl: Können Sie sanft und achtsam bei diesem Widerstand verweilen? Auch dieser ist in Ordnung, registrieren Sie ihn akzeptierend als »Widerstand«. Respektieren Sie weiterhin Ihre Grenzen. Ist beispielsweise der Widerstand sehr groß, dann machen Sie nur denjenigen Teil der Übung, der im Augenblick zugänglich ist. Oder brechen Sie die Übung ab und kehren Sie später zu ihr zurück, wenn der innere Mitgefühlsmodus stärker geworden ist und Sie sich sicherer fühlen, sie muss nicht auf Anhieb mühelos und öffnend sein. Und bei Widerstand kann es sich in jedem Fall lohnen, über den möglichen Effekt zu reflektieren, den die Bereitschaft zu vergeben für uns selbst und / oder andere haben könnte.

1. Sich selbst verzeihen

Setzen Sie sich bequem in entspannter, aufrechter Haltung hin. Sie können die Augen schließen, wenn Sie das angenehm finden, und wahrnehmen, was innerlich geschieht. Und wenn es nichts Bestimmtes wahrzunehmen gibt, können Sie Verbindung mit den Atembewegungen im Bauch oder in der Brust aufnehmen ...
Wenn Sie während der folgenden Übung feststellen, dass Sie in eine Sackgasse geraten oder aus irgendeinem Grund den Fa-

den verlieren, dann können Sie jederzeit zum schlichten Wahrnehmen dessen zurückkehren, was in Ihnen oder an Ihnen geschieht. Danach können Sie wieder Kontakt mit den Atembewegungen aufnehmen und mit der Übung fortfahren, wenn es dafür Raum gibt.
Wir bitten Sie bei dieser Übung, etwas zu tun, wofür Sie möglicherweise einen gewissen Mut aufbringen müssen: nämlich Verbindung mit einem Bereich in Ihrem Leben aufzunehmen, in dem Sie Ihrer inneren Härte begegnen. Vielleicht taucht von selbst etwas auf, andernfalls können wir einige Beispiele geben. Vielleicht haben Sie etwas getan, worüber Sie Schuldgefühle oder Scham empfinden. Oder Sie haben jemanden verletzt, oder Sie blicken verbittert und enttäuscht auf einen Konflikt zurück, in dem Sie sich taktlos und respektlos verhalten haben. Vielleicht gibt es einen inneren Zorn und Enttäuschung über eine Gewohnheit, für die Sie sich schämen, oder Sie können es an sich selbst nicht ausstehen, dass es Ihnen an Mut oder Durchsetzungsvermögen mangelt.
Versuchen Sie, mit dieser inneren Schmerzstelle, die von viel Härte umgeben ist, Kontakt aufzunehmen. Es muss nicht der bedrohlichste Bereich in Ihnen selbst sein, sondern einer, mit dem Sie derzeit umgehen können. Welche körperlichen Wahrnehmungen stellen sich hier ein? Und welche Gefühle? Welche Gedanken? Es ist wie eine Erkundung einer inneren Landschaft. Stellen Sie sich dann selbst eine Frage, lassen Sie diese im Inneren nachklingen und

warten Sie ab, was auftaucht. Es gibt keine falschen Antworten, wenn nichts auftaucht, ist dies auch in Ordnung. Diese Frage lautet: »Woraus oder wie ist dies entstanden?« Möglicherweise ist es nicht absichtlich entstanden oder geschehen, sondern Sie haben aus Unsicherheit, Ohnmacht oder Angst gehandelt. Manchmal scheint etwas absichtlich geschehen zu sein, aber wenn Sie objektiv zurückblicken, erkennen Sie vielleicht, dass Sie wie betäubt aus Zorn, Eifersucht, Begierde oder einer anderen Emotion gehandelt haben. Und dass hinter Ihrer heftigen Reaktion viele Ursachen liegen, die Sie sich nicht ausgesucht haben. Und was ist mit all den Folgen, die sich daraus ergeben haben? Konnten Sie diese vorher überblicken, und haben Sie sich bewusst dafür entschieden?

Normalerweise begeht man nicht absichtlich Fehler, aber wir sind nun einmal als Menschen alles andere als vollkommen. Und zu dieser Unvollkommenheit können viele Faktoren beitragen und beigetragen haben, die überhaupt nicht unsere Schuld sind. Deshalb möchten wir Sie jetzt zu einem Akt des Friedens einladen, nämlich, Frieden mit sich selbst als Mensch zu schließen. Dies können Sie auf verschiedene Weise tun. Für einige ist es sehr wirksam, Worte der Vergebung leise zu wiederholen, z. B.: »Ich sehe, wie ich mir selbst (oder anderen) etwas angetan habe, und verzeihe mir dies jetzt.« Sie können aber auch einfach die folgenden Worte in sich selbst wiederholen: »Dir wurde vergeben.«

Aber möglicherweise ist das zu viel verlangt, und Sie können sich jetzt nicht verzeihen. In diesem Fall ist es dann vielleicht doch möglich, vorsichtig im Atemrhythmus oder unabhängig davon einen vergebenden Wunsch zu wiederholen, z. B.: »Möge ich mir irgendwann einmal dieses schmerzhafte Verhalten verzeihen.« Oder: »Ich erlaube mir Verzeihung.« Vielleicht finden Sie es angenehm, hierbei die Hand auf das Herz zu legen: Sie können sich damit in einem ganz buchstäblichen Sinne den Wunsch durch die Hand in einer vergebenden Geste »zu Herzen nehmen«.

Manchmal passt vielleicht ein Wort wie »Vergeben« oder »Vergebungsbereitschaft« nicht gut oder ruft eine allergische Reaktion hervor. In diesem Fall passt vielleicht ein Wunsch, der auf Versöhnung, Versöhnungsbereitschaft oder Beruhigung bezüglich dessen abzielt, was Sie an sich selbst schwer akzeptieren können. Schauen Sie, was möglich ist, ohne sich unter Druck zu setzen. Diese Übung ist selbstverständlich nicht dazu gedacht, schädliches Verhalten schönzureden. Aber trotzdem müssen wir uns als Menschen nicht noch zusätzlich quälen. Hier passen wiederum die Zeilen von Rainer Maria Rilke (1904) gut, die schon in Einheit 2 zitiert wurden:

»Vielleicht ist alles Schreckliche im tiefsten Grunde das Hilflose, das von uns Hilfe will.« Bleiben Sie abschließend noch ein wenig sitzen, während Sie einen freundlichen, mitfühlenden, vergebenden oder versöhnlichen Wunsch an sich selbst fließen lassen, solange Sie möchten.

»Für mich ist es eine Offenbarung, dass ich eifersüchtige Gefühle habe und mich oft ausgeschlossen fühle, dass ich mir aber dessen bewusst sein kann und dies zu gegebener Zeit doch anders betrachten kann. Das macht mich glücklich.«

Kommentar eines Teilnehmers

2. Um Verzeihung bitten

Rufen Sie sich eine Situation in Erinnerung, in der Sie jemanden verletzt haben. Vielleicht bewusst, indem Sie jemanden beleidigten, oder indem Sie wütend den Hörer aufs Telefon knallten. Oder vielleicht haben Sie jemandem unabsichtlich Schmerz zugefügt durch die Art, wie Sie eine Liebesbeziehung beendeten, oder indem Sie unnötig streng zu einem Kind waren, das gerade besondere Zuwendung gebraucht hätte. Vielleicht haben Sie das Gefühl, dass Sie jemanden immer wieder mit Wutanfällen oder mangelnder Aufmerksamkeit verletzt haben.

Nehmen Sie sich etwas Zeit dafür, sich an die Umstände zu erinnern, unter denen Sie jemandem Schmerz zugefügt haben, und fühlen Sie den Schmerz, die Enttäuschung oder die Verlassenheit, die diese Person möglicherweise gefühlt hat. Beginnen Sie jetzt, während Sie dieser Person innerlich Ihre Aufmerksamkeit zuwenden, um Vergebung zu bitten. Nennen Sie in Gedanken ihren Namen und sagen Sie: »Ich verstehe den Schmerz, den du fühltest, und ich bitte dich, mir zu verzeihen.« Wiederholen Sie diese Bitte um Verzeihung mit aufrechtem Herzen. Lassen Sie dann einige Momente des Schweigens folgen und öffnen Sie sich für die Möglichkeit, Vergebung zu erlangen.

3. Einem anderen Menschen verzeihen

Es gibt noch ein drittes Feld der Vergebungsbereitschaft, und zwar bezüglich des Schmerzes, der uns selbst (bewusst oder unbewusst) von jemand anderem zugefügt wurde. Fred Luskin, Direktor des *Forgiveness Project* der Stanford University, schreibt: »Vergebung verändert die Vergangenheit nicht, aber sie verändert das Jetzt. Vergebung bedeutet, dass Sie verletzt sind, aber Sie entscheiden sich trotzdem dafür, den Schaden zu begrenzen. Vergebungsbereitschaft ist für Sie selbst und niemand anderen. Sie können verzeihen und in einer Beziehung wieder zusammenkommen, oder verzeihen, auch wenn Sie mit der betreffenden Person nie mehr Kontakt haben.« (Luskin 2003) Wir benennen an dieser Stelle die Vorgehensweise, aber es kann sein, dass Sie noch gar nicht so weit sind. Warten Sie dann einen späteren Zeitpunkt ab, wenn Sie glauben, hierfür mehr Raum zu haben. In jedem Fall kann es schon wertvoll sein, vorsichtig zu erkunden, was geschieht, wenn man mit milder(er) Haltung auf jemanden schaut, der einen verletzt hat. Vielleicht fühlen Sie nichts als Widerstand oder Bitterkeit und

Schmerz. Dann können Sie dies vielleicht mit Selbstmitgefühl bemerken und die Übung später noch einmal wiederholen.

So wie wir selbst andere (absichtlich oder unabsichtlich) verletzt haben, so sind wir auch alle in Beziehungen mit anderen verletzt worden. Denken Sie jetzt an eine Erfahrung, bei der Sie sich tief enttäuscht, zurückgestoßen, missbraucht oder betrogen fühlten. Achten Sie, ohne sich selbst zu verurteilen, darauf, ob Sie noch immer Vorwürfe oder Zorn gegenüber der Person fühlen, die Sie verletzt hat. Haben Sie diese Person aus Ihrem Herzen verbannt?

Erinnern Sie sich so genau wie möglich an die Situation, in der Sie verletzt wurden. So können Sie sich z. B. an einen bösen Blick eines Elternteils erinnern, harsche Worte eines Freundes, den Zeitpunkt, als Sie entdeckten, dass ein vertrauter Mensch Sie hintergangen hat, dass der Partner Sie verlassen wollte … Machen Sie sich die Gefühle bewusst, die dabei auftauchten und auftauchen: den Groll, die Scham, den Zorn oder die Angst. Spüren Sie den Schmerz mit Nachsicht und Milde. Spüren Sie den Schmerz, wie er sich in Ihrem Körper, in Ihren Gedanken oder Emotionen äußert.

Gehen Sie jetzt in Gedanken näher auf die betreffende Person zu und schauen Sie auf die Angst, den Schmerz oder die Bedürfnisse hin, die sie möglicherweise zu diesem schmerzlichen Verhalten bewogen haben. Erleben Sie diese Person als unvollkommenes Wesen, als verletzlich und den menschlichen Beschränkungen unterworfen. Nennen Sie, während Sie die Gegenwart dieser Person spüren, in Gedanken ihren Namen, und senden sie ihr einen verzeihenden Wunsch:

»Ich fühle den Schmerz, der durch dich verursacht wurde, und soweit ich es vermag, verzeihe ich dir dies.« Oder, wenn Sie (noch) nicht in der Lage sind, dies zu sagen: »Ich fühle den Schmerz, der durch dich verursacht wurde, ich habe die Absicht, dir dies zu verzeihen.« Bleiben Sie mit Ihren eigenen Gefühlen der Verletzlichkeit verbunden und wiederholen Sie die verzeihende Botschaft so oft und so lange, wie Sie dies angenehm finden.

Mit freundlicher Genehmigung übersetzt und bearbeitet aus *Radical Acceptance*, Brach 2004

»Inzwischen gab es ein Versöhnungsgespräch mit einer Schwester. Und mit meiner anderen Schwester habe ich ein Treffen vereinbart.«
Kommentar einer Teilnehmerin

2.6.5 Entdecken, was zum Glück beiträgt

Der törichte Mensch sucht das Glück in der Ferne, der Weise lässt es unter seinen Füßen wachsen.
JAMES OPPENHEIM

Die Linderung von Leid und die Förderung von Glück können Hand in Hand gehen und einander verstärken. Die Mitgefühlspraxis ist auf die Linderung von Leid ausgerichtet, aber das wäre unvollständig, wenn man nicht auch auf speziellere Qualitäten achten würde, die zum Lebensglück beitragen. Während sich Mitgefühl mehr auf die Minus-Seite des Glücksthermometers richtet, konzentrieren sich liebevolle Freundlichkeit und Mitfreude mehr auf die Plusseite. In der positiven Psychologie (Seligman 2002) werden drei Quellen von Wohlbefinden und Glück unterschieden:

1. Freudvoll leben: angenehme Emotionen und Sinnesgenuss erfahren.
2. Engagiert leben: soziale Beziehungen und Verbundenheit erfahren.
3. Sinnvoll leben: Sinngebung und Bedeutung erfahren.

Untersuchungen (Lyubomirsky 2003) haben gezeigt, dass positive Umstände nur zu einem bemerkenswert geringen Teil für Glück verantwortlich sind. Maßgeblich für unser Glück ist nicht so sehr das, was uns zustößt, sondern unsere Haltung dazu. Wichtig ist, schwierige Situationen auch von der sonnigen Seite betrachten zu können, dankbar sein zu können für das, was man hat, sich nicht dauernd mit anderen zu vergleichen, schöne Dinge für sich selbst und andere tun zu können, aufmerksam im Leben zu stehen und in der Lage zu sein, die freudigen Momente aus ganzem Herzen zu genießen.

Wie schon in Teil 1 gesagt, leiden in unserer Gesellschaft viele Menschen unter geringem Selbstwertgefühl und übermäßiger Selbstkritik. Es ist daher auch kein Wunder, dass die Depressionsziffern hoch sind. Der Neuropsychologe Rick Hanson (2010) sagt, dass in unserem Gehirn negative Erfahrungen kleben wie an einem Klettband, während positive Informationen viel schwerer Einlass finden und haften bleiben, als sei unser Gehirn dafür geradezu mit Teflon beschichtet. Dies ist aus evolutionärer Sicht durchaus verständlich. Es ist ein alter und grundlegender Überlebensmechanismus, dass wir uns Ereignisse, bei denen unser Leben auf dem Spiel stand, gut einprägen, damit sie uns nicht noch einmal überraschen. Bei Frauen scheint dieser Mechanismus im Allgemeinen noch stärker ausgeprägt zu sein, möglicherweise deshalb, weil sie (früher) durch eine weniger starke Machtposition und die Sorge um ihre Nachkommenschaft besonders wachsam sein mussten. Dieser innere menschliche Magnet für negative Informationen und der schwierig zu durchdringende Panzer gegenüber positiven Informationen machen es umso dringlicher, Momente des Glücks zu suchen, zu schätzen und zu genießen.

Die folgenden Abschnitte (2.6.6 bis 2.6.9) bieten eine Reihe von Übungen, die gezielt dazu beitragen können, Glück bewusst zu erfahren. Sie werden u.a. von Kristin Neff (2012) und Christopher Germer (2010) empfohlen. Wenn Sie noch weitere Inspirationen in diesem Bereich suchen, ist auch das Buch *Freude* (Baraz & Alexander 2011) sehr empfehlenswert.

2.6.6 Übung
Der Silberstreif am Horizont

Was mich nicht umbringt,
macht mich stärker.
FRIEDRICH NIETZSCHE

Diese Übung kann helfen, in Phase 5 des Akzeptanzprozesses einzutreten (den eigenen Schmerz umarmen) und den »Silberstreif am Horizont« des eigenen Leidens zu sehen. Immer dann, wenn man eine schwierige Phase in seinem Leben durchgemacht hat, kann man sich die folgenden wichtigen Fragen stellen:

- Denken Sie einmal an eine große Herausforderung oder Krise, mit der Sie in der Vergangenheit zu tun hatten. Wenn Sie auf diese Zeit zurückblicken, können Sie dann etwas Gutes entdecken, das daraus entstanden ist? Was haben Sie dank dieser Erfahrung gelernt, das Sie andernfalls nicht gelernt hätten?
- Denken Sie dann an die größte Herausforderung oder Schwierigkeit, vor der Sie im Moment stehen. Was wünschen Sie sich, dass Gutes daraus entsteht, und was hoffen Sie, daraus gelernt zu haben, wenn Sie später darauf zurückblicken?

Schreiben Sie für sich selbst auf, was die Fragen in Ihnen wachrufen.

2.6.7 Dankbarkeit

Dankbarkeit ist das Gedächtnis
des Herzens.
HANS CHRISTIAN ANDERSEN

Dankbarkeit trägt zu Glück und Gesundheit bei. Es gibt eine interessante Untersuchung (Emmons & McCullough 2003) unter Studenten, die nach dem Zufallsprinzip in drei Gruppen eingeteilt wurden und aufgefordert wurden, zehn Wochen lang wöchentlich einen kurzen Bericht über ihr Leben zu diesem Zeitpunkt zu verfassen. Gruppe A erhielt den Auftrag, über Dinge zu schreiben, für die sie dankbar waren, Gruppe B über Dinge, über die sie sich ärgerten, und Gruppe C über Dinge, die sie beeindruckt hatten (positiv oder negativ). Es zeigte sich, dass die Personen in der »Dankbarkeitsgruppe« nicht nur glücklicher waren, sondern auch weniger Krankheitserscheinungen meldeten und häufiger Sport trieben als die Personen aus den beiden anderen Gruppen. Bevor Sie beschließen, ein Dankbarkeitstagebuch zu führen, wogegen natürlich nichts einzuwenden ist, können Sie zunächst anhand der folgenden Reflexionsübung Verbindung mit Dankbarkeit herstellen.

Übung
Dankbarkeit für das, was ist

- Nennen Sie drei Aspekte Ihres Lebens, für die Sie dankbar sind (Gegebenheiten, Ereignisse, Personen, Haustiere; aus Gegenwart oder Vergangenheit). Beschreiben Sie so genau wie möglich die Details der Erfahrungen, die Dankbarkeit oder ein positives Gefühl in Ihnen wachrufen.
- Nennen Sie dann drei Ihrer eigenen Qualitäten (Begabungen, Eigenschaften), für die Sie dankbar sind. Beschreiben Sie auch hier so genau wie möglich, was es an Ihnen selbst ist, das Ihnen ein dankbares, glückliches oder zufriedenes Gefühl gibt.

2.6.8 Genießen

Genieße,
es ist später als du denkst.
CHINESISCHES SPRICHWORT

Wenn man sich in einer schwierigen Phase befindet (aber nicht nur dann), kann es sehr mitfühlend sein, sich regelmäßig zu Momenten des Genießens einzuladen: indem man bewusst isst, sich bewegt, Musik hört, Kunst betrachtet oder sich an der Natur freut. Eine spezifische Untersuchung (Bryant & Veroff 2007) hat gezeigt, dass eine Woche lang jeden Tag zwanzig Minuten mit der Anleitung spazieren zu gehen, bewusst alle angenehmen Erfahrungen unterwegs zu genießen, bereits große positive Auswirkungen auf das Wohlbefinden der Probanden hatte. Diese Gruppe schnitt deutlich besser ab im Vergleich mit einer Gruppe, die den Auftrag hatte, beim Spaziergang auf negative Erfahrungen zu achten, aber auch im Vergleich mit der Kontrollgruppe, die keine besonderen Anweisungen erhalten hatte.

Übung
Genießen dürfen

Ein Genussspaziergang ist ein gutes Beispiel dafür, wie man üben kann, mehr Freude zu erfahren. Gönnen Sie sich regelmäßig einen Spaziergang, möglichst in der freien Natur, aber wenn Sie mitten in der Stadt wohnen, geht es auch anderswo. Verweilen Sie bei Ihrem Spaziergang innerlich bei allem, was Sie als angenehm erfahren, wie den Anblick einer schönen Blume, das Zwitschern eines Vogels, die Empfindung der Sonne und des Windes auf Ihrer Haut, der Erde, die Sie trägt. Erkennen und benennen Sie Ihre Wahrnehmungen, fühlen Sie, wie sich Ihr Körper bewegt, die Anspannung und Entspannung Ihrer Muskeln, die das Gehen möglich machen, ein Lächeln auf Ihrem Gesicht, die Weite in Ihrer Herzregion. Selbst wenn es regnet, können Sie vielleicht Mitfreude fühlen, z. B. mit allen lebenden Wesen, die vom Regen profitieren. Und anschließend wieder angenehme Erfahrungen voll auszukosten stärkt unser Wohlbefinden.

»Ich erlebe, dass ich, wenn ich mir selbst Genuss und Glück wünsche, dadurch auch milder anderen gegenüber werde.«

Kommentar eines Teilnehmers

2.6.9 Kernwerte

In der Akzeptanz- und Commitmenttherapie (ACT) wird die Hinwendung zu demjenigen, was man wirklich als wertvoll erfährt, als wichtige Voraussetzung für psychische Flexibilität und Gesundheit betrachtet (Hayes u. a. 2004, Hayes & Smith 2007). In der ACT spricht man von »Werten«. Man kann etwas als »Kernwert« bezeichnen, wenn es für einen langfristig wirklich von Bedeutung ist. Ein Kernwert gibt Ihrem Leben Richtung, immer wieder, ob der Weg nun durch tiefe Täler oder über hohe Gipfel führt. Ein Kernwert ist kein Ziel an sich, das es zu erreichen gilt, sondern ein Orientierungspunkt, der die Richtung angibt, in der wir weitergehen können, wenn wir eine Zielmarke erreicht haben – gerade auch dann, wenn wir nicht wissen, was das nächste Ziel sein könnte. Menschen sind im Allgemeinen am glücklichsten, wenn sie ihr Leben in Einklang mit ihren Kernwerten bringen und wenn die Ziele, die sie sich setzen, hiervon abgeleitet sind. Ein Kernwert ist wie ein Leuchtturm, der am Horizont leuchtet, während man von Bake zu Bake, von einem Orientierungspunkt zum nächsten geht. Bei schwerem Wetter kann man manchmal die Baken nicht mehr sehen und das Gefühl haben, vom Kurs abgekommen zu sein, aber man sieht doch noch den Schein des Leuchtturms.

Wenn wir nach unseren Werten leben, erkennen wir eine Spur, die sich wie ein roter Faden durch unser Leben zieht. Ein Kernwert erfüllt uns mit Vitalität, sorgt dafür, dass sich das Herz öffnet und dass unser ganzes Wesen mitschwingt, wenn wir uns damit verbinden. Verleugnen wir unsere Kernwerte, dann verschließt sich das Herz und wir verlieren die Verbindung mit diesen Quellen der Lebenskraft. Hinwendung zu den Kernwerten geht Hand in Hand mit freudvollen Momenten und mit einem tieferen Gefühl des Friedens, aber auch mit Schmerz. Hindernissen begegnet man immer. Wichtig ist, dass wir bereit sind, den Schmerz zu akzeptieren, der uns unweigerlich begegnet, damit wir die Verbindung mit unseren Werten nicht verlieren. Es heißt oft: In deinen Werten wohnt dein Schmerz, in deinem Schmerz wohnen deine Werte. Beispiele für Kernwerte können sein: Freundschaft und Liebe, Mutter- oder Vaterschaft, andere unterstützen, soziales Engagement, Gesundheit, Verbundenheit mit Tieren und der Natur, Spiritualität.

Übung
Die eigenen Kernwerte entdecken

Reflektieren Sie bitte über die folgenden Fragen:

- Was sind meine Kernwerte? Sie können diese vielleicht erkennen, wenn Sie sich Fragen stellen wie: Wofür soll mein Leben stehen? Wie möchte ich später einmal auf mein Leben zurückblicken? Was sollen meine Hinterbliebenen einmal über mich sagen, wenn ich nicht mehr bin? Was wünsche ich mir, dass auf meinem Grabstein stehen soll?
- Welche Hindernisse begegnen mir auf meinem Weg zu meinen Werten?
- Wie kann Selbstmitgefühl mir helfen, diese Hindernisse zu überwinden?

Schreiben Sie für sich selbst auf, was die Fragen in Ihnen wachrufen.

Natürlich kann auch die konsequente Praxis der Freundlichkeitsmeditation zu Glück und zur Verbindung mit den Kernwerten beitragen. Die letzte Erweiterung dieser Meditation ist Freundlichkeit allen lebenden Wesen gegenüber.

2.6.10 Übung
Freundlichkeitsmeditation: Alle Wesen

1. Wir möchten Sie einladen, einen freundlichen und mitfühlenden Wunsch in Bezug auf Sie selbst leise zu wiederholen. Sie können hierzu einen der vier Basiswünsche verwenden oder einen Wunsch, der Ihnen spontan einfällt. Es sollte ein Wunsch sein, der zu diesem Augenblick passt. Erweitern Sie dann die Übung, indem Sie einen Wunsch zu einer Gruppe oder zu Gruppen von Menschen fließen lassen, z. B. zu allen Menschen in Deutschland, in Österreich, dann zu allen Menschen in Europa … Sie können auch einen Wunsch zu allen Frauen auf der Erde, zu allen Männern auf der Erde, zu allen Kindern auf der Erde fließen lassen … oder zu allen Menschen, die in einem Krisengebiet oder in großer Unsicherheit leben oder auf der Flucht sind … zu allen Menschen, die Hunger leiden … zu allen Menschen, die krank sind … zu allen Tieren … Wenn Sie wollen, können Sie an alle Kontinente denken …

2. Möglicherweise fallen Ihnen spontan noch mehr Gruppen ein … Und ob der Wunsch bei diesen Menschen etwas bewirkt oder nicht, ist schwer zu beweisen. Ohne Zweifel ist jedoch diese wohlwollende, tolerante Haltung an sich schon etwas Wertvolles. Zögern Sie also nicht, die Übung durchzuführen.

3. Sie können die Praxis dann erweitern und alle Lebewesen in den Strom der freundlichen Wünsche einschließen. Menschen, Tiere, Wesen, die wir nicht sehen, die es aber vielleicht irgendwo in diesem Universum gibt, alle Lebewesen. »Mögen sich alle Wesen sicher fühlen.« »Mögen alle Wesen gesund sein.« »Mögen alle Wesen glücklich sein.« »Mögen alle Wesen in

Frieden leben.« Liebevolle Freundlichkeit, Mitgefühl, Mitfreude und Gleichmut werden »die vier Grenzenlosen« genannt. Sie können nämlich uneingeschränkt unter Einbeziehung aller Menschen im Universum entwickelt werden.

Sobald Sie bemerken, dass Sie abschweifen, können Sie dies geduldig feststellen und den Wunsch im Atemrhythmus oder unabhängig davon mit der gleichen Sanftmut weiterfließen lassen.

Wir möchten diese Meditationsübung mit dem folgenden buddhistischen Gedicht beenden:

Der Gedanke manifestiert sich im Wort.
Das Wort manifestiert sich in der Tat.
Die Tat entwickelt sich zur Gewohnheit
und die Gewohnheit verfestigt sich zum Charakter.
Darum achte sorgsam auf deine Gedanken
und lasse sie aus Gewogenheit entstehen,
die aus der Verbundenheit mit allen Lebewesen entspringt.

AUS: SHARON SALZBERG, 2003

2.6.11 Tagebuchübung
Handeln oder sprechen ohne Mitgefühl

Achten Sie einmal auf Momente, in denen Sie ohne Mitgefühl handeln oder sprechen. Ein Beispiel könnte sein, dass Ihr ehemaliger Partner eine neue Beziehung eingegangen ist. Als Ihnen ein Bekannter davon erzählte, begannen Sie sofort, über Ihren Verflossenen herzuziehen. Danach können Sie sich die folgenden Fragen stellen und sich Notizen dazu machen:

- Waren Sie sich dessen bewusst, dass das Handeln oder Sprechen ohne Mitgefühl einsetzte? (z. B. »Zuerst nicht, aber dann nach einiger Zeit«)
- Welche körperlichen Empfindungen hatten Sie bei dieser Erfahrung genau? (z. B.) »Erregung« oder »Herzklopfen«)
- Mit welchen Stimmungen und Gedanken war dieses Ereignis verbunden? (z. B. »Zorn und Empörung. Ich dachte: Nie war es gut genug, was ich machte, immer machte ich alles falsch. Ich hoffe, dass er mit seiner neuen Freundin richtig Pech hat, dann wird ihm wenigstens klar, was er aufgegeben hat.«)
- Was geht Ihnen jetzt durch den Kopf, und was wäre eine mitfühlende Reaktion? (z. B. »Eigentlich steckt noch viel Kummer in mir, und daraus entsteht offensichtlich sehr leicht Zorn und Groll. Ich wünsche mir, dass mein Schmerz gelindert werden kann und dass jeder von uns, mein früherer Partner, seine Freundin und ich, glücklich sein mögen.«)

»Für mich ist es sehr wichtig, einmal zuzugeben, dass ich offensichtlich nicht immer Mitgefühl habe.«

Kommentar eines Teilnehmers

Zusätzliche Übungseinheit in Stille

Zwischen der sechsten und siebten Sitzung planen wir als Teil des Kurses eine Einheit in Stille. Deren Inhalt hängt vom bisherigen Verlauf des Trainings ab. Eine mögliche Gestaltung finden Sie im Anhang am Ende dieses Buchs. Bei dieser Einheit gibt es Gelegenheit, nochmals auf eine Reihe von Übungen einzugehen oder Übungen, die nur kurz oder bisher noch nicht behandelt wurden, nachträglich anzubieten. Insbesondere kann dann auch der mitfühlenden Praxis der körperorientierten Übungen wie einem mitfühlenden Bodyscan und dem Bewegen in Achtsamkeit (Yoga des Herzens) mehr Zeit gewidmet werden. Auch die Übungen, die später noch behandelt werden, wie »Mitgefühl für den Körper« (s. 2.8.2) und »Der Strom des Gewahrseins« (s. 2.8.3) können sehr geeignet sein.

Überblick Kurseinheit 6:
Am liebsten alle glücklich

Thema

In der sechsten Kurseinheit befassen wir uns mit der Menschlichkeit, die wir alle teilen, und dem Wert der »Vier Lebensfreunde«: liebevolle Freundlichkeit, Mitgefühl, Mitfreude und Gleichmut. Weiterhin beschäftigen wir uns mit dem Schreiben eines mitfühlenden Briefs an eine »schwierige« Person und mit der Bereitschaft zu Vergebung. Schließlich wenden wir uns der Frage zu, wie man (mehr) Glück und Freude in seinem Leben entdecken kann.

Ablauf

- Kurze Runde, »Innerer Wetterbericht«
- Übung (im Gehen und / oder Sitzen): Freundlichkeitsmeditation für sich selbst, für andere und dann alle Wesen. Anschließender Austausch
- Besprechen der Übungen aus der Woche nach Kurseinheit 5
- Kurze Pause mit Tee / Kaffee und Austausch zu zweit oder in kleinen Gruppen über die Tagebuchübung »Der Mitgefühlsmodus«
- Einige kurze Bewegungsübungen im Liegen oder Stehen
- Übung »Bereitschaft zur Vergebung« und Nachbesprechung

- Theorie: Die Vier Lebensfreunde; Was zum Glück beiträgt
- Übungsvorschläge für zu Hause für die kommende Woche
- Informationen geben über das zusätzliche Übungstreffen in Stille (siehe Anhang)
- Gruppenrunde: Pro Person einen bis drei Umstände, Freuden und Genüsse im Leben oder Talente benennen, die einen glücklich machen oder für die man dankbar ist, und mit »Atemraum mit Mitgefühl« (2.1.2) schließen

Übungsvorschläge für die Woche nach Kurseinheit 6

Formell
- Regelmäßig Verbindung mit dem sicheren Ort, dem liebevollen Gefährten und / oder dem Mitgefühlsmodus aufnehmen
- Den mitfühlenden Brief an eine »schwierige Person« schreiben (2.6.2)
- Die Übung »Bereitschaft zur Vergebung« (2.6.4) in Ruhe durchlesen. Sich einem der behandelten Punkte zuwenden und prüfen, ob man den Anweisungen in der Übung folgen kann (unter Beachtung von Grenzen, an die man dabei stoßen könnte)
- Die Hinweise zur »Freundlichkeitsme-

ditation: Alle Wesen« lesen und die Übung ausführen (siehe 2.6.10). Bei Bedarf mit der Übung »Mitfühlendes Atmen« (2.5.6) fortfahren
- Die Übungen »Der Silberstreif am Horizont« (2.6.6), »Dankbarkeit für das, was ist« (siehe 2.6.7), »Genießen dürfen« (siehe 2.6.8) und »Die eigenen Kernwerte entdecken« (siehe 2.6.9) lesen und eine oder mehrere Übungen wählen, die Sie durchführen möchten

Informell
- Bei Bedarf die Anweisungen der Übung »Der Atemraum mit Mitgefühl« (2.1.2) und ggf. »Der Atemraum mit Mitgefühl: Umgang mit emotionalem Schmerz« (2.2.9) durchführen, wenn unangenehme Gefühle auftreten
- Bei Bedarf das Selbstmitgefühlsmantra anwenden (2.2.5)
- Tagebuchübung: Sich täglich des Handelns oder Sprechens ohne Mitgefühl bewusst sein und ggf. Aufzeichnungen darüber führen (2.6.11)

2.7 Kurseinheit 7: Von Mitgefühl bewegt

2.7.1 Was bewegt uns?

*Christof war in dieser Hinsicht eher
ein Hasenfuß, so wie ich: Immer
waren wir auf der Hut und legten
alles als gutes oder schlechtes Zeichen
aus – wir nahmen sozusagen andauernd
nervös Witterung auf.*

TOMMY WIERINGA: JOE SPEEDBOAT

Wir kommen an diesem Punkt nochmals
auf die emotionalen Regulationssysteme
zurück. Zum einen frischen wir damit das
zu Beginn des Kurses Behandelte auf.
Zum anderen beleuchten wir das Thema
jetzt aus der Perspektive der Motivation,
um ein besseres Verständnis davon zu bekommen, was uns bewegt und was uns in
unserem alltäglichen Leben zum Handeln
antreibt.

Üblicherweise hängen wir der Auffassung an, dass wir genau wissen, warum
wir tun, was wir tun. Wir glauben, dass
wir bewusst motiviert seien und selbst
wählen, durch welche Motive wir uns bewegen lassen. Wir glauben, dass wir »ver-
ständig« genug seien, uns nicht von Reflexen und emotionalen Reaktionen leiten
zu lassen. Leider ist das Gegenteil richtig:
Unsere Antriebe sind im Allgemeinen
unbewusst von Instinkten des alten Gehirns gesteuert, die unser neues Gehirn
ins Schlepptau nehmen. Was uns bewegt,
sind automatische Reaktionen statt einer

bewussten Umgehensweise. Wir »nehmen sozusagen andauernd nervös Witterung auf«, so wie der Erzähler im Zitat
aus Tommy Wieringas Roman *Joe Speedboat*. Wir beurteilen die Zeichen auf
Vorteil oder Gefahr, ohne dass uns dies
bewusst wäre. Wir wissen inzwischen,
dass Achtsamkeitsübungen helfen können, sich des Autopiloten und unserer
Tendenzen bewusst zu werden, das eine
zu ergreifen und das andere abzuwehren.
Ein tieferer Einblick in die Mechanismen,
wie unsere Motivationen durch die emotionalen Regulationssysteme beeinflusst
werden, kann uns helfen, zu bewussteren
und gesünderen Entscheidungen zu gelangen.

Die Entscheidungsdiagramme, die in
den folgenden Absätzen behandelt werden,
können helfen zu erkennen, welchem
System unsere Motivation in einer be-

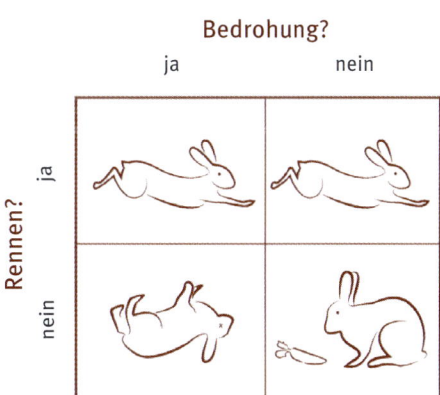

Abb. 5 (aus Einheit 2): Entscheidungsdiagramm bei
möglicher Gefahr

stimmten Situation entspringt: dem Alarmsystem, dem Antriebssystem oder dem Fürsorgesystem. Das erste Diagramm kennen wir schon aus Kurseinheit 2.

2.7.2 Motivation aus dem Alarmsystem: Nichts wie weg!

Wenn die Alarmglocken schrillen, ergreift der Hase (und der Angsthase in uns) schnell das Hasenpanier, denn dann hat er am wenigsten zu verlieren. Er geht auf Nummer sicher. Rennt er nicht und stellt sich die Bedrohung jedoch als real heraus, dann ist die Wahrscheinlichkeit groß, dass er sehr viel verliert, nämlich sein Leben. Rennt er, dann entgeht ihm vielleicht nicht mehr als eine wohlschmeckende Mahlzeit. Das Alarmsystem setzt sich daher leicht gegenüber dem Antriebssystem durch. In Zeiten, in denen wir noch näher an der Natur lebten, war dieser Mechanismus für das tägliche Überleben unverzichtbar, und daher hat unser Gedächtnis noch immer eine Präferenz für bedrohliche Ereignisse. Das Gedächtnis ist wie ein Klettband für negative Ereignisse und ist teflonbeschichtet für positive Ereignisse, sodass sich diese nur schwer festsetzen können. Bei einer inneren Bedrohung (durch einen Angst machenden Gedanken oder eine unangenehme Emotion) kann derselbe Mechanismus des alten Gehirns aktiviert werden.

Sind wir einmal in einer bestimmten Situation heftig erschrocken, dann wirkt die Erinnerung daran in vergleichbaren Situationen als starker Fluchtimpuls (oder als Impuls zu Kampf oder Erstarrung, je nachdem, was die besten Aussichten auf Rettung bietet). Das neue Gehirn wird durch die Signale aus dem Alarmsystem auf das fixiert, wovon die Bedrohung ausgeht. Diese Fixierung auf die Bedrohung lässt der Aufmerksamkeit und den Gedanken kaum noch Raum, sich mit etwas anderem zu befassen. Dies ist typisch für Menschen, die unter Angst und Panikstörungen leiden. Diese Fixierung auf das Befürchtete kann zu einem Flächenbrand werden: Von der Erinnerung an und dem Erleben der beängstigenden Situation geht es über die Angst vor einer Wiederholung dieser Situation bis zur Fixierung auf die entsprechenden körperlichen Empfindungen, Gefühle und Gedanken und alle erdenklichen Reize, durch die diese ausgelöst werden können. Und so kann Angst vor der Angst entstehen: Das Befürchtete besetzt immer mehr Signale, die auf Angst hinweisen können. Die Beschäftigung mit dem Drohenden schlägt auch nach innen durch: Wie entkommt man unerfreulichen Empfindungen, Gefühlen und Gedanken, durch die man sich bedroht fühlt?

Bei einer äußeren Bedrohung kann man der Situation noch konkret entfliehen, bei ein inneren Bedrohung ist das nicht möglich. Oft versucht man, dies durch Ablenkung zu erreichen, durch Betäuben der Erfahrung, und auch – durch

Grübeln. Das ist eine Art »mentales Davonlaufen«, eine Flucht vor den »lebensbedrohlichen« Erscheinungen in unserer Innenwelt. Solange wir grübeln, sind wir mit unserem Kopf beschäftigt und brauchen nicht in unseren Körper herabsteigen, wo so viele schreckliche Dinge zu fühlen sind. Auch kann vor allem die aggressive Komponente vorherrschen: Wir »kämpfen« gegen denjenigen Teil von uns, durch den wir uns bedroht fühlen, und bombardieren unseren inneren Quälgeist mit Vorwürfen und strafenden Kommentaren. Unser Verhalten wird dann vor allem von ängstlicher Vermeidung oder aggressiver Abwehr geprägt.

Auch in unseren Beziehungen zu anderen kann das Alarmsystem der wichtigste Motivator sein. Das kann gerechtfertigt sein, wenn man physisch bedroht wird, aber viel öfter schlägt unser Alarmsystem falschen Alarm, weil etwas an unserem Gegenüber – Äußeres, Haltung, Tonfall oder Sprachgebrauch – einen Trigger darstellt. Allein schon das Bild, das man von dieser Person hat, kann der Auslöser sein. Es ist dann keine verbindende Kommunikation möglich, man vermeidet den Kontakt oder hält den anderen durch unfreundliche Worte oder Körpersprache auf Distanz. Oder das Gegenteil ist der Fall: Man flüchtet sich zu jemandem, weil die Bedrohung von anderer Seite kommt. Man vertraut dem anderen mehr als sich selbst und sucht ständig dessen beruhigende Nähe. Es entsteht eine Abhängigkeitsbeziehung, die zu einer Missstimmung bei der betreffenden Person führen kann, weil man mit seinem Klammerverhalten Irritationen erzeugt. Es besteht dann die große Gefahr, dass man von dieser Person zurückgewiesen wird, wodurch das eigene Alarmsystem noch aktiver wird.

2.7.3 Motivation aus dem Antriebssystem: Jagen!

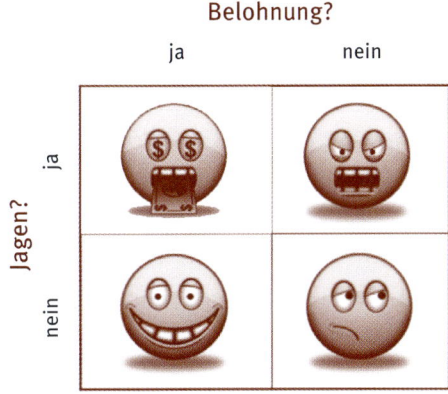

Abb. 15: Entscheidungsdiagramm, typisch für das Antriebssystem

Wenn die Luft rein ist, dominiert oft die Motivation für das Antriebssystem. Das geschieht, sobald man ein Bedürfnis verspürt, das schnell befriedigt werden möchte, sei es körperlich (Essen, Sex oder körperliches Behagen) oder geistig / sozial (nach Erfolg, Reichtum, Status oder Macht). Wenn man nur einige Male den Genuss von köstlichen Speisen, eines sexuellen Höhepunkts oder des Gefühls, gelobt und geschätzt zu werden, gekostet hat, will man gleich mehr davon. Auch wenn einem die begehrte »Beute« ein um das andere Mal entwischt, kann das Verlangen so stark sein, dass man sie immer wieder zu erjagen versucht. Jagt man nicht, so können Gefühle von Unerfülltheit, Dumpfheit und Langeweile auftauchen, oder man wird vielleicht von dem unerträglichen Gedanken heimgesucht, eine begehrte Belohnung zu verpassen, wenn man untätig bleibt. Angeregt zu sein, nach einer Belohnung zu streben, vertreibt das Gefühl der Leere (das ist schon einmal eine kleine unmittelbare Belohnung), und man nimmt dafür das Risiko einer Frustration nach einer erfolglosen Jagd in Kauf. Gelingt es einmal nicht, versucht man es einfach noch einmal, bis es doch klappt. Ein einziges Mal massiv belohnt zu werden, ist trotz aller gescheiterten Versuche schon genug, um die Motivation aufrechtzuerhalten. Kurzfristig scheint es nämlich wenig Nachteile zu geben, im Gegenteil: Erregung ist besser als Langeweile. Und es besteht doch immer wieder die Chance – wie gering sie auch sein mag –, diese große Belohnung zu ergattern. Ein einziges Mal einen »Treffer« zu erzielen, kann schon ausreichen, um eine Sucht am Laufen zu halten. Das ist der Grund, warum Glücksspiele, Computerspiele und teure Genussmittel so süchtig machen können. Aber auch hart zu arbeiten, um von anderen bewundert zu werden oder Kollegen auszustechen, oder die ständige Jagd nach neuen Reizen in seinen Beziehungen kann zu

einer Sucht werden. Eine verbindende Kommunikation ist jedoch nicht möglich, solange man den anderen nur als einen Rivalen oder jemanden sehen kann, der vielleicht nützlich ist, um die eigenen Bedürfnisse zu befriedigen.

Nicht selten ist der »Genuss«, dem man nachjagt, als solcher gar nicht so besonders angenehm, sondern es geht vor allem darum, einen unangenehmen Zustand zuzudecken. Der Gebrauch von leicht zugänglichen Substanzen wie Alkohol, Beruhigungsmitteln, Nikotin, Marihuana und sonstigen »Seelentröstern« schleicht sich nicht selten unbemerkt immer mehr in das tägliche Leben ein, um Unzufriedenheit und andere unerfreuliche Gefühle zu vertreiben, und führt zu ungesunden Gewohnheiten. Unser neues Gehirn wird jedenfalls durch den Jagdtrieb des alten Gehirns auf ein einziges Thema ausgerichtet: *Im Mittelpunkt steht die Fixierung auf das, was wir haben wollen.* Dies ist typisch für Menschen mit einem Suchtproblem. Je stärker die Abhängigkeit, desto stärker werden die Gedanken und das Verhalten von dem Drang beherrscht, des Begehrten habhaft zu werden. Es ist wenig Raum für etwas anderes, sofern nicht das Alarmsystem aktiv wird.

2.7.4 Wenn uns nichts mehr bewegt ...

Die Entscheidung, zu »jagen«, wird begünstigt, wenn die Bedrohungen gering und die Versuchungen stark sind. Droht ständig Gefahr und wird das Antriebssystem immer wieder vom Alarmsystem übertönt, tritt die Angst vor Versagen in den Vordergrund, was dazu führen kann, dass man sich immer mehr zurückzieht. Man verliert auf die Dauer das Interesse, wenn man vergessen hat, wie köstlich die Belohnung ist. Man lässt sich dann nicht mehr von der Chance auf eine Belohnung leiten, sondern durch die »Gewissheit«, dass es keine geben wird. Die Kombination eines überaktiven Alarmsystems mit einem unteraktiven Antriebssystem ist vor allem dann ungesund, wenn auch das Fürsorgesystem noch unterentwickelt ist: Ein schwer depressiver Zustand kann die Folge sein. Man fühlt sich am sichersten, wenn man sich nicht vom Fleck bewegt. Es entstehen zunehmende Trägheit und Untätigkeit. Das ist etwas ganz anderes als die heilsame Beruhigung des Fürsorgesystems, es ist eine Form von chronischem Stress. Man ist nicht mehr motiviert, sich zu bewegen, aus Angst davor, es könnte sich etwas Bedrohliches ereignen, wenn man sich doch bewegt. Auch wird man nicht mehr durch positive Erwartungen stimuliert, und man spürt, dass einem etwas fehlt, ohne dass man im Stande wäre, hieran etwas zu ändern. Manchmal führt dies sogar zu einem Rückzug aus dem sozialen Leben. Ein Zustand der Ohnmacht, Hilflosigkeit und Hoffnungslosigkeit tritt ein, den Menschen, die zu Depressionen neigen, nur zu gut kennen.

Wenn es keine positive Erwartung hinsichtlich einer Belohnung in der Außenwelt mehr gibt und die innere Welt zunehmend unerträglicher wird, verfällt unser neues Gehirn in Grübeleien. *Im Mittelpunkt der gedanklichen Aufmerksamkeit stehen Verlust und Versagen.* Das Grübeln entartet in Brüten, auch Rumination genannt. Die Gedanken drehen sich ständig im Kreis: Was ist schief gelaufen, was läuft schief oder was wird noch alles schieflaufen? Darüber zu grübeln lenkt zumindest kurzfristig von den unerträglichen Empfindungen der Leere und Niedergeschlagenheit ab. Wenn dieses Gefühl ständig wieder auftaucht, sobald man zu grübeln aufhört, lernt man schon bald, dies ständig fortzusetzen. Darüber hinaus vermittelt die Grübelei – zumindest in der Anfangsphase – das Gefühl, das man wenigstens etwas tut, um einen Ausweg zu finden. Oder, wenn es sich um eine aggressive Form der Selbstkritik und der Selbstvorwürfe handelt, schaltet man seinen inneren Quälgeist ein, um sich selbst verantwortlich zu machen und zu bestrafen. Doch je länger man grübelt, ohne eine Lösung zu finden, desto hoffnungsloser wird die Sache. Man verstrickt sich in immer negativere Urteile und Überzeugungen, die noch mehr depressive Gefühle hervorrufen, und diese sorgen wiederum für noch mehr Grübeln – und so kommt man aus dem Teufelskreis nicht mehr heraus. Die negativen Gedanken über einen selbst, über andere und über die einen umgebende Welt sieht man nicht mehr als Gedanken, die gegen andere Gedanken austauschbar sind, sondern sie erstarren zu felsenharten mentalen Konstruktionen, mit denen man sich identifizieren kann. Man ist in ein geistiges Gefängnis geraten, aus dem es kein Entrinnen gibt. Man könnte es eine geistige »Erstarrung« oder »Erfrierung« nennen. Erst läuft man vielleicht noch rastlos hin und her, aber dann tritt Erschöpfung ein, und zieht sich geschlagen in einen Winkel zurück.

Wenn man davon überzeugt ist, dass eine Änderung unmöglich ist, was kann einen dann noch motivieren? In vielen Weisheitstraditionen, Mythen und Märchen, aber auch von Therapeuten wird betont, dass es in unserem Leben Zeiten gibt, in denen man durch eine Phase der Finsternis und Verzweiflung gehen muss, um wieder Licht zu sehen. Der amerikanische Psychiater James Gordon (2008) beschreibt diese Phase in Anlehnung an den mittelalterlichen Mystiker Johannes vom Kreuz als »die dunkle Nacht der Seele«. Wenn man wirklich nicht mehr weiterweiß und feststellt, dass die alten Methoden, wieder auf die Beine zu kommen, oder alte Muster im Alarm- oder Antriebssystem nicht mehr funktionieren und einen eigentlich nur noch unbeweglicher machen, was kann man dann noch tun? In einer von Ton Lathouwers (2000)

ausführlich diskutierten Lebensfrage geht es genau darum: »Was tun, wenn nichts mehr geht?« Ist man festgefahren und kommt man überhaupt nicht mehr von der Stelle, dann ist Mitgefühl die einzige Antwort, die noch bleibt.

2.7.5 Motivation aus dem Fürsorgesystem: Zuwendung!

Spannung ist, wer du glaubst
sein zu müssen,
Entspannung ist, wer du bist.
CHINESISCHES SPRICHWORT

Motivation aus dem Alarmsystem oder dem Antriebssystem ist mit dem aktiven Streben nach einer schnellen Änderung verbunden. Der Stresspegel ist relativ hoch, und der Körper reagiert entsprechend: Das sympathische Nervensystem (das neuronale »Gaspedal«) steigert seine Aktivität. Es werden mehr Stresshormone freigesetzt, die Atmung wird schneller und flacher. Die Herzfrequenz wird erhöht und der Blutdruck steigt, die Verdauungsorgane werden weniger durchblutet und die Muskeln umso stärker, sodass diese eine bessere Leistung erbringen. Ein gesunder Körper kann diese zusätzliche Belastung kurze Zeit sehr gut ertragen, chronischer Stress ist jedoch schädlich. Wir sind nicht dafür gemacht, ständig unter erhöhtem Stress zu stehen. Es ist daher nicht gesund, langfristig vom Alarm- und Antriebssystem getrieben zu werden. Das Fürsorgesystem macht es möglich, zur Ruhe zu kommen und sich auf seine Bedürfnisse nach Sicherheit, Geborgenheit und sozialer Verbundenheit zu besinnen. Der Körper kann sich erholen und wieder zu Kräften kommen: Das parasympathische Nervensystem (die neuronale »Bremse«) überwiegt. Der Pegel der Stresshormone sinkt, der Atem wird ruhiger und tiefer. Der Puls verlangsamt sich und der Blutdruck sinkt, und die Durchblutung der Muskeln verringert sich zugunsten der Durchblutung der Verdauungsorgane. Bei Säugetieren, die in freier Wildbahn leben, geschieht dies automatisch. Sobald das Alarmsystem abgeschaltet hat und das Bedürfnis nach Essen und Sex erfüllt ist, ist Zeit zum Faulenzen, für spielerische Annäherung und soziale Bindung. Beim Menschen ist das weniger selbstverständlich. Durch das enorme Potenzial des neuen Gehirns, Gefahren und Mangel auch da zu sehen, wo sie nicht sind, sind das Alarm- und Antriebssystem unnötig lange aktiv und der Stresspegel bleibt hoch. Das Fürsorgesystem, das das Stresssystem zurückdrängen könnte, wird übertönt.

Das Alarmsystem und das Antriebssystem sind auf kurzfristigen Vorteil, auf schnelle Lösungen und eine Beseitigung eines Problems auf dem kürzestem Weg orientiert: Abwehr des Gefürchteten oder Erlangen des Begehrten. Hier sind Mechanismen am Werk, die für das unmittelbare Überleben wichtig sind. Dies verengt den Fokus des neuen Gehirns. Die Aufmerksamkeit und die Denkprozesse konzentrieren sich automatisch auf das, was droht, oder das, was mangelt. Das Fürsorgesystem hingegen ist auf Regeneration, Linderung von Schmerz, Förderung von Wohlergehen und Verbundenheit mit anderen ausgerichtet. Diese Veränderungen treten viel langsamer ein und können nicht forciert werden. Sie entstehen »von selbst« einfach dadurch, dass man ihnen Raum gibt. Das neue Gehirn passt sich dem an: Die Aufmerksamkeit weitet sich, die Gedanken müssen nicht mehr konzentriert sein und können frei fließen, sodass Raum entsteht für Verspieltheit, Staunen, neue Entdeckungen und Kreativität. Nicht Abwehr- oder Greifreaktionen sind länger zentral, sondern Hinnahme und ein wohlwollendes Kommen- und Gehenlassen dessen, was eintreten will. Es ist eine tiefere Einstimmung auf die eigenen Bedürfnisse und diejenigen anderer möglich, sodass soziale Verbundenheit und Vertrauen in eine sichere Basis wachsen können. Man könnte sagen, dass das Fürsorgesystem auf Nachhaltigkeit und langfristiges Überleben ausgerichtet ist.

Vom Standpunkt des Alarm- oder Antriebssystems aus betrachtet hat das Fürsorgesystem kurzfristig vor allem Nachteile, wie z. B. das Zulassen von Schmerz und unbefriedigte Begierden. Das Fürsorgesystem verlangt Einsicht in die Erkenntnis, dass keine schnellen Lösungen erzwungen werden können. Es verlangt einen Verzicht auf das Kontrollbedürfnis und ein Sichfügen in Prozesse, die man nicht steuern kann. Bevor wir zu dieser Haltung gelangen, müssen wir oft erst durch Unannehmlichkeiten hindurch. Erst wenn sich das Alarm- und Antriebssystem ausgetobt haben, kann man die wohltuende Ruhe des Fürsorgesystems vollständig erfahren. Man kann sich dann für wertvolle Nahrung öffnen – nicht nur über seine Verdauung, sondern auch über seine Sinne. Man kann in Ruhe den Reichtum dessen genießen, was man sieht, hört, fühlt, riecht und schmeckt. Hat man nie gelernt, sich hierfür zu öffnen – oder hat man es verlernt –, dann erlebt man seine eigene Existenz bald als unangenehm leer, wenn das Alarm- und Antriebssystem einen Moment nicht aktiv sind. Man kann dann nicht genießen und macht sich anfällig für Erschöpfung und Burnout, da man sich ständig in Aktivitäten stürzt, um der Leere zu entrinnen. Man lässt sich lieber vom Alarm- oder Antriebssystem motivieren, weil man das eben kennt und von diesem Lösungen erwartet, statt der Leere und Sinnlosigkeit ins Auge sehen zu müssen und depressiv zu werden.

Und doch kann es paradoxerweise befreiend wirken zu erkennen, wie gerade die Versuche, die man unternimmt, um seine Probleme zu lösen, nur zu noch mehr Problemen geführt haben und man sich in eine Sackgasse manövriert hat. Man kommt zu der überraschenden Erkenntnis, dass gerade das *Streben* nach einer Heilung oder Lösung für die eigenen Probleme selbst das größte Problem ist. In der Akzeptanz- und Commitmenttherapie wird in diesem Zusammenhang von »kreativer Hoffnungslosigkeit« gesprochen (Hayes u. a. 2004, Hayes & Smith 2007): Erst dann, wenn man vollständig eingesehen hat, dass das Streben nach Heilung *(Cure)* nicht funktioniert, ist man bereit, es aufzugeben und sich in eine Perspektive zu fügen, die Raum für neue Möglichkeiten lässt. Dann öffnet sich der Weg der fürsorglichen Zuwendung *(Care)*. Sobald man erkennt, wie man sich von den automatischen Reaktionen Greifen, Abwehren und Urteilen steuern lässt, leuchtet die Möglichkeit auf, sich von diesen gesundheitsschädlichen Kräften zu befreien. Dann ist es möglich, zur Erfahrung des gegenwärtigen Augenblicks zurückzukehren, in dem nichts fest und alles in Bewegung ist. Dann kehrt man zurück zur Wahrnehmung des unablässig sich wandelnden Stroms der Phänomene, von körperlichen Empfindungen, Gefühlen und Neigungen, die entstehen und verlöschen, und von Gedanken, die kommen und gehen. Statt krampfhaft nach einer Lösung zu streben und an Überzeugungen festzuhalten, wie dies erreicht werden kann, kann man sich bewusst für fürsorgliche Zuwendung entscheiden. Damit kann man sich von dem Drang nach schnellen Ergebnissen befreien und sich mit warmer, milder Aufmerksamkeit für alles öffnen, was kommt und geht, mit dem Mut, sich berühren zu lassen, auch vom Schmerzhaften. Dann wird man durch Mitgefühl bewegt.

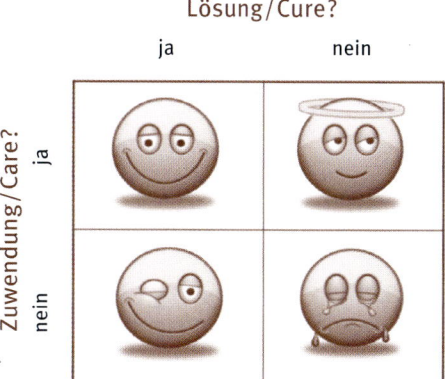

Lösung/Cure?

ja   nein

Zuwendung/Care?

ja

nein

Abb. 16: Entscheidungsdiagramm, typisch für das Fürsorgesystem

Wenn man die Zuwendung vernachlässigt, besteht vielleicht auch dann eine kleine Chance, dass man dadurch wenig Probleme bekommt, weil sich eine Lösung auch unerwartet einstellen kann. Wenn man jedoch alle angemessenen Versuche, eine Lösung zu erreichen, bereits unternommen hat, ist es wahrscheinlicher, dass man nicht zu den Glücklichen gehört, und dann hat man Pech: Man findet weder eine Lösung noch bekommt man Zuwendung. Man fühlt sich allein mit seinem Leid und muss auf die Fürsorge verzichten, die man doch so dringend braucht, wenn es keine Lösung oder Heilung gibt. Entscheidet man sich dagegen für Fürsorge, kann man eigentlich nur gewinnen. Wenn sich die Lösung doch noch einstellt, bewirkt die Zuwendung, dass diese umso besser gelingt. Und wenn die Lösung nicht eintritt, hat man zumindest einen Zustand warmer Aufmerksamkeit und liebevoller Fürsorge erreicht, in

dem man den Schmerz, der nun einmal vorhanden ist, leichter ertragen kann. Aus Sicht des Fürsorgesystems ist daher die Entscheidung für Zuwendung nur logisch: Man hat nichts zu verlieren und kann nur gewinnen.

2.7.6 Motivation und Entscheidungsfreiheit

Wage ich es,
das Universum zu stören?
T.S. ELIOT

Wie wir oben schon gesagt haben, haben unsere emotionalen Regulationssysteme nichts mit einem moralischen »Gut« oder »Böse« zu tun. Auch die beschriebenen Motivationsmechanismen sind weder gut noch böse, sie sind entwicklungsgeschichtlich bedingt und dienten einst unserem Überleben. Deshalb haben sie alle ihre Daseinsberechtigung. Die Frage ist aber: Werden sie in den richtigen Situationen aktiviert, und haben wir hierauf Einfluss? Die Motivation aus dem Fürsorgesystem läuft oft ebenso unbewusst und automatisch ab wie andere Aktivitäten der entwicklungsgeschichtlich älteren Gehirnregionen, auch wenn dieses System einer jüngeren Schicht angehört als diejenige, in der das Alarm- und Antriebssystem wurzeln. Ein Verlangen nach Ruhe, Geborgenheit und sozialer Verbundenheit kann uns ebenso gut unbewusst motivieren wie die Flucht vor Bedrohlichem oder die Jagd nach Begehrtem. Auch hier können wir erst eine bewusste Entscheidung treffen, wenn wir dieses Verlangen und die Symptome, mit denen es einhergeht, wahrnehmen. Wenn wir Triebfedern und automatische Reaktionen erkennen, können wir wählen, ob wir uns diesen unterwerfen oder nicht. Dann kann bewusste Motivation entstehen.

Dank unserer neuen Hirnfunktionen können wir lernen, uns bewusst zu entscheiden, was uns motivieren soll; die Entscheidungsdiagramme können uns dabei helfen. Mithilfe unserer angeborenen Fähigkeit zum achtsamen Erforschen, die sich durch Übung weiterentwickeln lässt, können die Prozesse in Körper und Geist von Augenblick zu Augenblick beobachtet werden. So kann man lernen, heilsame und schädliche Reaktionen zu unterscheiden, und besser erkennen, was in einer bestimmten Situation der beste Motivator ist. Manchmal ist es das Alarmsystem, manchmal das Antriebssystem und ein anderes Mal – meist viel öfter, als man glaubt – das Fürsorgesystem.

Seit wir in relativ sicheren sozialen Zusammenhängen leben und die akuten Gefahren der Wildnis weit weg sind, brauchen das Alarm- und Antriebssystem nicht mehr so oft vorzuherrschen als zu den Zeiten, da wir noch Höhlenmenschen waren. Nichtsdestotrotz übernehmen sie häufig die Regie, sodass wir unnötig oft Stress ausgesetzt sind – mit allen langfristig negativen Auswirkungen auf unsere Gesundheit und unser Wohlbefin-

den, sowohl für uns selbst und unsere Nächsten wie auch für die Gesellschaft als Ganzes. Im Allgemeinen ist der beruhigende Einfluss des Fürsorgesystems viel wichtiger. Wir könnten uns freier fühlen, wenn wir weniger vom krampfhaften Greifen, Abwehren oder Grübeln, die den chronischen Stress aufrechterhalten, beherrscht werden würden. Die übermäßige Aktivierung des Alarm- und Antriebssystems führt dazu, dass wir unruhig von den immer gleichen Mustern angetrieben werden und der Blick auf dasjenige fokussiert bleibt, was bedrohlich ist und was fehlt. Die beruhigende Wirkung des Fürsorgesystems kann uns vom Grübeln befreien über das, was droht, fehlt oder misslungen ist, und öffnet die Sicht auf neue Möglichkeiten. Während eine übersteigerte Aktivität des Alarm- und Antriebssystems die Wahlmöglichkeiten beschränkt, ist ein gut funktionierendes Fürsorgesystem eine wichtige Voraussetzung für mehr Entscheidungsfreiheit. So schnell die Entscheidungsfreiheit schrumpft, wenn das Alarm- oder Antriebssystem die Oberhand gewinnt, so mühsam kann der Prozess einer Erweiterung unserer Entscheidungsfreiheit vorankommen.

Man könnte vielleicht den Veränderungsprozess durch die Praxis von Achtsamkeit und Mitgefühl mit einem Kieselstein vergleichen, der in einem Bachlauf verschoben wird. Das Bachbett verändert sich nicht so schnell, aber ganz allmählich kann das Wasser einen anderen oder ganz neuen Lauf nehmen. Veränderungsprozesse, die aus der Achtsamkeits- und Mitgefühlspraxis entstehen, funktionieren in ähnlicher Weise – so wie sich der Flügelschlag eines Schmetterlings durch fortgesetzte Luftverwirbelungen auf der anderen Seite der Welt letztlich zu einem Hurrikan auswachsen kann.

Übung
»Was bewegt mich?«

Wenn Sie in der kommenden Zeit mit einem Motivations- und Entscheidungsdilemma zu tun bekommen, stellen Sie sich einmal die folgenden Fragen:

- Aus welchem Emotionsregulationssystem heraus bin ich geneigt zu entscheiden? Aus dem Alarm-, Antriebs- oder Fürsorgesystem?
- Und will ich dieser Neigung nachgeben, oder wäre eine andere Entscheidung vielleicht gesünder?

Wenn Sie möchten, können Sie aufschreiben, was Ihnen in den kommenden Wochen dazu auffällt, was Sie bewegt und aus welcher Haltung Sie entscheiden und handeln. Bevor Sie damit beginnen, könnten Sie auch erst die folgende Übung durchführen.

2.7.7 Übung
Mitgefühl im Alltag entdecken

Das Üben von Mitgefühl und Selbstmitgefühl ist eine bewusste Entscheidung, die unsere Emotionsregulation und das, was uns bewegt, stark beeinflussen kann, und zwar nicht nur während der formalen Übungspraxis, sondern auch – was noch wichtiger ist – in unserem täglichen Leben. Viele unserer Aktivitäten sind Automatismen. Eine Übung zur Bewusstwerdung von Mitgefühl bei alltäglichen Aktivitäten finden Sie hier.

Teilen Sie ein Blatt Papier in drei Spalten ein, die linke Spalte breit, die mittlere und rechte Spalte schmaler. Schreiben Sie in der linken Spalte die Aktivitäten eines durchschnittlichen Tages untereinander. Geben Sie jetzt in der mittleren Spalte zu jeder Tätigkeit mit einer Zahl von 1 bis 5 an, inwieweit Sie diese Tätigkeit aus Freundlichkeit / Mitgefühl für sich selbst verrichten (1 = überhaupt nicht, 5 = uneingeschränkt Ja). Geben Sie nun in der rechten Spalte mit einer Zahl von 1 bis 5 an, inwieweit Sie diese Tätigkeit aus Freundlichkeit / Mitgefühl für andere verrichten. Denken Sie, wenn Sie fertig sind, über die Liste nach und achten Sie auf Ihre Reaktionen. Was besagt dies über Ihre Aktivitäten, was besagt es über Sie und darüber, wie Sie im Alltagsleben stehen? Sie können sich jetzt die Frage stellen, inwieweit die Punktzahl der Freundlichkeit und des Mitgefühls mit sich selbst oder anderen mit Ihrem Energiehaushalt zusammenhängt. Kostet Sie die betreffende Aktivität Energie, oder spendet sie Energie? Was würden Sie sich selbst wünschen, und was können Sie tun, um mehr Freundlichkeit / Mitgefühl in Ihr alltägliches Leben zu bringen? Könnte es etwas nützen, wenn Sie Ihre Aktivitäten veränderten? Oder würde es etwas nützen, wenn Sie Intention, Motivation und Haltung bei dem, was Sie tun, veränderten? Wie könnten Sie dies üben?

Natürlich gibt es eigentlich keinen »durchschnittlichen« Tag, wenn Sie bei dem, was Sie tun, achtsam und mitfühlend bei der Sache sind. Dann wird jeder Tag vielmehr als einzigartig und einmalig erfahren. Es ist zu empfehlen, diese Übung zu einem späteren Zeitpunkt noch einmal zu wiederholen. Nicht immer bestätigt unsere Erfahrung, was unser (Vor-) Urteil über eine bestimmte Tätigkeit aussagt. Wir denken z. B., dass wir mitfühlend handeln, wenn wir unserem Chef oder einem Kollegen viel Arbeit abnehmen, obwohl es uns erschöpft und wir dabei kein Selbstmitgefühl spüren.

»Die Übung ›Mitgefühl im Alltag entdecken‹ hat mir gezeigt, wie ich Dinge tue. Ich merke, dass ich ruhig etwas mehr Selbstmitgefühl haben könnte.«

Kommentar eines Teilnehmers

Bei näherer Betrachtung stellt sich oft heraus, dass unser Verhalten dem anderen gegenüber in Wirklichkeit gar nicht so mitfühlend ist, sondern von unserem Antriebs- oder Alarmsystem gesteuert wird. Viele Teilnehmer stellen fest, dass die Aktivitäten, die wirklich freundlich gegenüber anderen sind, dies direkt oder indirekt auch für sie selbst sind und umgekehrt. Mitgefühl mit uns selbst und Mitgefühl mit anderen führen kein voneinander unabhängiges Dasein, sondern scheinen wie kommunizierende Röhren in der Physik miteinander in Verbindung zu stehen. Egozentrisch motivierte Beschäftigungen (Alarm- oder Antriebssystem aktiv) erscheinen recht häufig als Energieverbraucher, und Ich-überschreitende Tätigkeiten (Fürsorgesystem aktiv) hingegen als Energiespender.

2.7.8 Von formeller zu informeller Übung

Anhand der obigen Übung und davor den Übungen mit den Atemräumen, dem Selbstmitgefühlsmantra und den Tagebuchbeispielen aus früheren Sitzungen sollte klar geworden sein, dass Mitgefühlspraxis nicht nur eine formelle Angelegenheit ist. Sie kann auf alle Facetten des täglichen Lebens einwirken. Die Atemräume, wie sie für die Achtsamkeitspraxis typisch sind, schlagen die Brücke zwischen formeller und informeller Übung. Wir können sie sehr gut um die Praxis von liebevoller Freundlichkeit und Mitgefühl oder Mitfreude und Gleichmut erweitern. Wir können uns wünschen, was wir in einem solchen Augenblick, in dem wir bei uns selbst verweilen, brauchen. Wenn wir unruhig sind, können wir uns Ruhe wünschen, und wenn wir uns bedroht fühlen, kann es der Wunsch nach Sicherheit sein. Und auch jetzt geht es wiederum nicht um ein Wohlfühlmittelchen. Es geht nicht darum, auf ein Ergebnis aus zu sein, sondern um die Absicht des liebevollen oder mitfühlenden Wunsches sich selbst gegenüber (oder einem anderen, der zu diesem Zeitpunkt anwesend ist) und die emotionale Färbung, die damit verbunden ist. Im MBCT-Kurs (Segal u. a. 2008) wird u.a. unterschieden zwischen dem Atemraum-*normal* (zu einem selbst gewählten, relativ ruhigen Zeitpunkt), dem Atemraum-*Coping* (in einer hektischen Situation) und dem Atemraum-*Aktion* (in einer Situation, die eine Entscheidung oder Aktion verlangt). Wir können diese alle zum Atemraum mit Mitgefühl vertiefen.

Dann gibt es unzählige Anlässe für informelle Praxis, um Mitgefühl und die übrigen selbstübersteigenden emotionalen Qualitäten zu üben. Sie können z. B.

- Situationen, in denen Mitgefühl gegeben und Mitgefühl empfangen wird, bewusst wahrnehmen,
- eine bestimmte Mentalität, ein altes Schema oder den inneren Quälgeist mit Mitgefühl wahrnehmen,

- sich vorstellen, wie der liebevolle Gefährte mit einer bestimmten Situation umgehen würde,
- auf eine Situation aus dem Mitgefühlsmodus reagieren,
- einen Moment des Gleichmuts einlegen, wenn Sie feststellen, dass Sie sich in einer Situation, in der Geduld verlangt ist, durch Reaktionen des Alarm- oder Antriebssystems mitreißen lassen,
- einen Augenblick der Mitfreude feiern, wenn Sie einen frohen und glücklichen Menschen vor sich haben,
- einen mitfühlenden Wunsch senden, wenn Sie Zeuge von emotionalem Schmerz sowohl bei sich selbst als auch bei einem anderen Menschen sind,
- an jemanden, dem Sie zufällig begegnen, einen Wunsch liebevoller Freundlichkeit senden. Alle lebenden Wesen können in die Praxis einbezogen werden: Menschen, mit denen man in einer Warteschlange steht, Mitreisende im Bus, die Postbotin, der Kassierer, das Vieh auf der Weide, der Wachhund in einem Wohngebiet, die Ameisen auf einem Waldweg … Man kann auch seine Worte und Handlungen bewusst in Wärme und Freundlichkeit einbetten und dies mit seiner Körperhaltung, seinem Lächeln, seinem Augenaufschlag, seiner Stimme ausdrücken.

Auch die Tagebuchbeispiele in diesem Kurs geben mögliche Anregungen, womit Sie sich von Tag zu Tag befassen können, um die informelle Mitgefühlspraxis zu unterstützen.

Noch ein letzter Tipp: Wenn Sie gerne singen, können Sie die vier Wünsche aus der Freundlichkeitsmeditation während eines Spaziergangs oder während einfacher Verrichtungen im Alltag auch zu einer hübschen Melodie singen oder summen.

2.7.9 Praktische Ethik

Der wahre Wert eines Menschen ist in erster Linie dadurch bestimmt, in welchem Grad und in welchem Sinn er zur Befreiung vom Ich gelangt ist.
ALBERT EINSTEIN

Jeder Gedanke, den man bewusst zum Ausdruck bringt, jedes Wort, jede Handlung hat Konsequenzen und ist damit letztlich eine ethische Entscheidung. Nicht im Sinne eines normativen »Richtig oder Falsch« oder eines moralischen »Gut oder Böse«, sondern im Sinne von mehr oder weniger heilsam. Die Mitgefühlspraxis kann uns bewusster machen für die Folgen unserer Worte und Taten und sensibler für die ethische Dimension unseres täglichen Lebens. Praktische Ethik zielt auf so viel heilsame Wirkung und so wenig schädliche Wirkung wie möglich für so viele Beteiligte wie möglich.

Eine verständliche Reaktion auf diese Definition ist: »Da hätte ich viel zu tun, das bei allem abzuwägen, was ich denke, sage oder tue.« Es geht hier aber nicht um ein rationales Abwägen. Der Verstand kann nicht abwägen, ob eine Prise mehr oder weniger heilsam oder schädlich ist. Der Verstand kann auch nicht berechnen, wie weit die Folgen einer Entscheidung reichen und wie viele andere davon betroffen sein könnten. Der Verstand kann uns bei ethischen Entscheidungen helfen, aber er braucht den Kompass der intuitiven Weisheit unseres Herzens. Diesen Kompass können wir nur entwickeln, wenn wir lernen, das Herz zu öffnen und zu spüren, was die Folgen unserer Entscheidungen sind. Alle Qualitäten des Mitgefühls sind dabei wichtig, und diese entwickelt man mit stetiger formeller und informeller Praxis. Ethik in der Praxis erfordert Empfindsamkeit für Schmerz, Bedürfnisse und Nöte, unsere eigenen und diejenigen von anderen, und ein Gespür für die emotionalen Boten, die uns über die Qualität der Verbindung mit anderen informieren.

Selbstmitgefühl geht Hand in Hand mit Mitgefühl mit anderen. Die verhaltensmäßige Äußerung von Mitgefühl mit anderen ist Altruismus. Das Paradoxe daran ist, dass man, wenn man etwas für andere tut, dadurch auch selbst glücklicher wird. Der Dalai Lama nennt daher Altruismus auch eine kluge Form der Selbstsucht (Gyatso 2003). Stefan Klein (2011) gibt in seinem Buch *Der Sinn des Gebens* eine umfassende Auflistung von wissenschaftlichen Argumenten aus Psychologie, Genetik, Neurowissenschaften und sogar der Wirtschaft dafür, dass nicht der egoistische Mensch die besten Überlebenschancen hat, sondern derjenige, der um das Wohlergehen anderer besorgt ist. Die Medien zeigen oft antisoziales Verhalten und Personen, die dazu aufrufen, dieses zu verurteilen. Deutlich seltener zeigen uns Nachrichten prosoziales Verhalten. Und doch bestätigt die Menschheitsgeschichte stets aufs Neue, dass Hass nur wieder Hass erzeugt. Zum Glück gilt auch das Umgekehrte: Prosoziales Verhalten ruft Wohlwollen bei anderen hervor (Bierhoff 2005). Ein starkes Beispiel zitierte der norwegische Premier Jens Stoltenberg, kurz nachdem am 22. Juli 2011 in Oslo und auf Utøya 77 Menschen von einem Mitbürger mit extremistischen Ideen ermordet worden waren. Viele der Opfer waren junge Menschen, die zu einem Sommerlager der norwegischen Arbeiterpartei zusammengekommen waren. Stoltenberg nannte ausdrücklich eine Reaktion einer Augenzeugin: »Niemand hat es besser ausgedrückt als das Mädchen, das das Massaker auf der Insel Utøya überlebte: ›Wenn ein einzelner Mann so viel Hass zeigen kann, wie viel Liebe können wir da nicht alle gemeinsam dagegenstellen!‹« (*Berliner Zeitung*, 25. Juli 2011).

Es ist schwierig, wenn nicht unmöglich, ethische Entscheidungen zu treffen, wenn man von seinem Alarmsystem oder seinem Antriebssystem beherrscht wird. Darum werden Menschen in Kriegen oder in einem aus dem Ruder gelaufenen Wirtschaftssystem auch oft skrupellos und tun grausame Dinge, ohne das eigentlich zu wollen. Ethische Entscheidungen werden aus einer fürsorglichen Mentalität getroffen. Daher ist es so wichtig, Entscheidungen, die weitreichende Konsequenzen haben können, aus einer Haltung der Gelassenheit entstehen zu lassen und sich Zeit zu gönnen, damit sich das Herz öffnen kann.

Es kann hilfreich sein, einen Atemraum einzubauen, bevor wir aktiv werden, etwas tun oder sagen, und diesen entstehenden inneren Raum mit Mitgefühl zu vertiefen. Und wenn wir versehentlich einen ethischen Fehler bereits begangen haben, bevor wir uns dessen bewusst waren, kann auch der Rat des Konfuzius (551–479 v. Chr.) sehr hilfreich und unterstützend sein: »Unser Glück besteht nicht darin, dass wir nie fallen, sondern darin, dass wir immer wieder aufstehen.« Oder folgendes Zen-Sprichwort: »Siebenmal fallen, achtmal wieder aufstehen.«

2.7.10 Das FACE-Modell

Christopher Germer (2010) verwendet für die Anwendung von Mitgefühl im täglichen Leben das sogenannte FACE-Modell. Das Tätigkeitswort *to face* bedeutet eigentlich »ins Auge sehen«, das Kürzel FACE steht hier aber für vier spezielle Elemente, die gemeinsam für einen klugen und mitfühlenden Umgang mit etwas Schwierigem stehen:

F *Feel*: Fühlen, was anliegt.

A *Accept, acknowledge* oder *allow*: Dies verweist auf die Haltung des Anerkennens und Zulassens, mit dem die Gewahrwerdung einhergeht.

C *Compassionately note*: Zeuge sein des Schmerzes oder des Leidens, das man erfährt, und mit Mitgefühl und Verständnis dabei verweilen.

E *Expect skillful action* oder *Express wisdom*: Erwarte eine geschickte, kluge Art des Handelns, die sich aus den ersten drei Punkten ergibt.

Wir möchten noch einmal an das Gebet heiterer Gelassenheit erinnern (siehe 1.1). Manchmal kann sich das E von FACE als ein mutiger und aktiver Schritt manifestieren, z. B., einem schwierigen Gespräch nicht länger auszuweichen. Manchmal kann das E auch bedeuten, dass man nur dessen gewahr ist, dass Schmerz oder Kummer vorhanden sind; man kann dann mit heiterer Gelassenheit verstehen, dass nichts zu ändern ist, dass man aber zugleich nicht unnötig unter dem Rückschlag zu leiden braucht.

2.7.11 Übung
Ein mitfühlender Frühwarnplan

Wenn sich herausgestellt hat, dass Sie für einen Rückfall in Burnout, Depression, Angst- und Panikattacken, Suchtverhalten oder andere Probleme anfällig sind, dann kann es sinnvoll sein, in einer relativ stabilen Phase einen Rückfallpräventions- oder Frühwarnplan zu erstellen. Wenn Sie anlässlich eines Achtsamkeitskurses oder bei anderer Gelegenheit schon einmal einen Frühwarnplan erstellt haben, dann können Sie auf diesen noch einmal zurückkommen. Vielleicht haben Sie ihn nicht mehr und denken, dass es eine gute Idee wäre, jetzt einen neuen zu erstellen. Vielleicht hatten Sie auch noch nie einen und möchten jetzt zum ersten Mal einen entwerfen.

Ein Frühwarnplan beschreibt:

die Risikosituationen für einen Rückfall: z. B. Umzug, Urlaub, Verlust oder Zurückweisung in Ihrem sozialen Leben, Liebeskummer, Kritik am Arbeitsplatz einstecken müssen, eine neue Stelle,

die Warnsignale (vor allem die frühen!), die darauf hinweisen, dass Ihre Gesundheit aus dem Gleichgewicht gerät und ein Rückfall drohen könnte, z. B. Schwermut, Konzentrationsschwierigkeiten, Reizbarkeit, Depression, Kopfschmerzen, Rückenschmerzen, Schlaflosigkeit oder nicht aus dem Bett kommen, Appetitlosigkeit oder aber Trost im Essen suchen, zunehmender Alkohol- oder Nikotingenuss, Anklammern an andere oder gerade Rückzug aus sozialen Kontakten,

die dos und don'ts, also die Handlungen, die sich in der Vergangenheit als hilfreich oder als schädlich erwiesen haben. Alles, von dem Sie glauben, dass es Ihnen in der

Zukunft bei einem drohenden Rückfall helfen könnte, kann Teil des Plans werden: Was können Sie selbst tun, wie können Sie gut für sich selbst sorgen und Raum für Ruhe und Entspannung schaffen; gibt es Aktivitäten, die Sie genießen oder in denen Sie gut sind, denen Sie sich dann zuwenden können? Welche »Energiespender« können Sie einsetzen, und welche »Energieverbraucher« sollten Sie besser vermeiden? Welche Achtsamkeits- oder sonstigen Übungen könnten Ihnen helfen? Worum können Sie Menschen aus Ihrem eigenen Netzwerk bitten? An wen wenden Sie sich als Erstes? Wann und wo nehmen Sie professionelle Hilfe in Anspruch?

Wie würden Sie diesen Frühwarnplan ändern oder ergänzen, wenn Sie ihn aus dem Mitgefühlsmodus (oder: aus der Sicht Ihres liebevollen Gefährten) betrachten?
Beachten Sie, dass Stress- und Krisensituationen vor allem das Alarmsystem aktivieren. Aus dieser Verfassung zu reagieren ist jedoch im Allgemeinen viel weniger hilfreich als bewusst aus dem Mitgefühlsmodus zu reagieren. Gibt es Warnsignale wie z. B. ein Auftrumpfen des inneren Quälgeists, alte ungesunde Muster oder Schemata, die Sie aufschreiben möchten? Gibt es physische, emotionale oder mentale Signale oder Verhaltensweisen, die Sie hinzufügen möchten, da Ihnen diese aus der Sensibilität einer fürsorglichen Mentalität vielleicht früher auffallen? Gibt es Aktivitäten, die Sie neben den Dingen, die Sie immer genießen oder in denen Sie gut

sind, aus Freundlichkeit und Fürsorglichkeit hinzufügen möchten? Gibt es Übungen aus dem Mitgefühlstraining, die Sie in den Plan aufnehmen möchten, weil sie Ihnen in einem schwierigen Moment helfen könnten? Gibt es geliebte Gegenstände, mitfühlende Attribute, Texte oder vielleicht einen mitfühlenden Brief, den Sie bei dem Plan aufbewahren möchten, sodass diese Sie in einem schwierigen Augenblick an etwas erinnern, was Sie leicht vergessen?
So kann Ihr Frühwarnplan zu einer »Überlebensausrüstung« werden. Natürlich können Sie später immer noch Dinge ändern, entfernen oder hinzufügen.

2.7.12 Tagebuchübung
Handeln oder sprechen aus Mitgefühl

Hier noch ein letztes Tagebuchbeispiel. Achten Sie einmal auf Momente, in denen Sie aus Mitgefühl heraus handeln oder sprechen. Ein Beispiel kann ein Arbeitskollege sein, dem Sie begegnen und der in letzter Zeit oft fehlt, weil er krank ist. Vor seiner Krankheit haben Sie sich oft über ihn geärgert. Sie fragen ihn: »Wie geht es Ihnen?« Danach können Sie sich eventuell die folgenden Fragen stellen und sich Notizen dazu machen:

- Waren Sie sich dessen bewusst, dass das Handeln oder Sprechen aus Mitgefühl aktiviert wurde? (z. B. »Ja. Zuerst tauchten Rachegefühle auf, aber als ich dies erkannte und mir klar wurde, dass er auch ernsthaft krank sein könnte, änderte sich dies.«)

- Welche körperlichen Empfindungen hatten Sie bei dieser Erfahrung genau? (z. B. »Zuerst angespannt, aber dann lächelte ich, und mein Körper entspannte sich.«)

  Mit welchen Stimmungen und Gedanken war dieses Ereignis verbunden? (z. B. »Innere Milde und Freundlichkeit. Ich dachte: Ich hoffe, dass er wieder gesund wird und weniger Schmerzen hat.«)

- Was geht Ihnen jetzt durch den Kopf, und was wäre eine mitfühlende Antwort? (z. B. »Ich konnte leicht Verbindung mit ihm aufnehmen und bemerkte sogar, dass er ein wenig verlegen wurde. Das war das erste Mal, dass ich einen offenen Kontakt mit ihm hatte. Mögest du gesund sein, wie auch ich gerne gesund sein möchte.«)

Überblick Kurseinheit 7:
Durch Mitgefühl bewegt

Thema

In der siebten Kurseinheit befassen wir uns damit, wie uns die emotionalen Regulationssysteme motivieren und wie wir mehr Entscheidungsfreiheit gewinnen können, wenn wir uns dies bewusst machen. Wie kann man im täglichen Leben beständig Mitgefühl entwickeln, gut für sich selbst sorgen und zu einem heilsamen Handeln gelangen?

- Theorie: Motivation; praktische Ethik
- Übungsvorschläge für die kommende Woche nach Einheit 7 geben
- Einen Fragebogen mitgeben, mit dem der Kurs ausgewertet werden kann; dieser Fragebogen kann in Sitzung 8 oder bei der Nachbesprechung zurückgegeben oder auch mit der Post geschickt werden
- Abschluss mit einem Atemraum mit Mitgefühl

Ablauf

- Kurze Runde »Innerer Wetterbericht«
- Übung (erst im Gehen, dann im Sitzen / Liegen): Freundlichkeitsmeditation für sich selbst und dann den Kreis des Mitgefühls allmählich auf alle Wesen ausdehnen
- Nachbesprechung der Übung
- Besprechen der Übungsvorschläge aus der Woche nach Kurseinheit 6
- Kurze Pause mit Tee / Kaffee und Austausch zu zweit oder in kleinen Gruppen über die Tagebuchübung »Handeln oder Reden ohne Mitgefühl«
- Einige kurze Bewegungsübungen im Liegen oder Stehen
- Übung »Mitgefühl entdecken im täglichen Leben«
- Nachbesprechung der Übung

Übungsvorschläge für die Woche nach Sitzung 7

Formell

- Bei Bedarf mit Übungen aus früheren Sitzungen fortfahren: Der sichere Ort, Der liebevolle Gefährte, Der Mitgefühlsmodus, Mitfühlendes Atmen, Mitfühlendes Gehen und Mitfühlendes Schreiben
- Befassen Sie sich – wenn Sie meinen, dass Raum hierfür ist – mit den Übungen aus Einheit 6, zu denen Sie noch nicht gekommen sind: »Bereitschaft zu Vergebung« (2.6.4), »Der Silberstreif am Horizont« (2.6.6), »Dankbarkeit für das, was ist« (siehe 2.6.7), »Genießen dürfen« (siehe 2.6.8) und »Die eigenen Kernwerte entdecken« (siehe 2.6.9)

- Die Übung »Mitgefühl im Alltag entdecken« (2.7.7) und die Übung »Ein
mitfühlender Frühwarnplan« (2.7.11)
weiter ausarbeiten

Informell

- Seien Sie sich zu Entscheidungs-
zeitpunkten dessen bewusst, was Sie
bewegt: Entscheiden Sie aus Ihrem
Alarm-, Antriebs- oder Fürsorgesystem? (2.7.6)
- Nehmen Sie sich bei Bedarf Zeit für die
Atemräume und / oder das Selbstmitgefühlsmantra
- Tagebuchübung: Seien Sie sich täglich
des Handelns oder Sprechens aus Mitgefühl heraus bewusst und führen Sie
Aufzeichnungen darüber (2.7.12)
- Suchen Sie, wenn Sie möchten, ein
Symbol (Gegenstand, Text, Gedicht)
aus, das ausdrückt, was für Sie im
Mitgefühlstraining wichtig geworden
ist, um es zur nächsten Stunde mit-
zubringen

2.8 Kurseinheit 8: Die Möglichkeiten erweitern mit Mitgefühl

Wenn man in Verbundenheit mit dem Seienden lebt, taucht im eigenen Leben eine Intelligenz auf, die viel größer ist als das Wissen, das der Verstand angehäuft hat. Wenn man dem gegenwärtigen Moment ein Ja entgegenbringt, bekommt man Zugang zur Quelle der tatsächlichen Kreativität.

ECKHART TOLLE

2.8.1 Mitgefühl und (Selbst-) Heilungsfähigkeit

Das Mitgefühlstraining kann große Auswirkungen auf die Selbstheilungsfähigkeit haben. Gesundheit und Heilung werden ja, oberflächlich betrachtet, gerne mit Linderung von Beschwerden und Symptomen, Entfernen eines kranken Organs, Heilung eines gebrochenen Beins, Vernichtung schädlicher Bakterien oder der Beeinflussung chemischer Abläufe mit Medikamenten gleichgesetzt. Man kann auch auf psychologischem Wege Beschwerden durch Steuerung der Gedanken und Verhaltensweisen und durch einen anderen Umgang mit Emotionen und der Beziehung zu anderen Menschen lindern. Und trotz allem fühlt man sich im Inneren vielleicht noch nicht »heil« oder »ganz«.

Auch wer oberflächlich gesund ist und angepasst durch das Leben geht, kann auf einer tieferen Ebene sich selbst entfremdet und in seiner Ganzheit gebrochen sein, weil große Teile seiner selbst ignoriert oder abgewehrt werden, oder weil man ständig damit beschäftigt ist, nach Formen einer Selbstverbesserung zu streben, die unerreichbar sind. Auf einer tieferen Ebene, derjenigen unserer allgemeinen Menschlichkeit, haben Gesundheit und Ganzheit eine andere Bedeutung als in der Sprache der Ärzte und Psychologen. Auch wenn ihnen zufolge keine Heilung oder Wiederherstellung möglich ist, kann man trotzdem Ganzheit im Sinne eines Heil-Seins erfahren. Wo Heilung des primären Leidens nicht möglich zu sein scheint, kann Fürsorge und Zuwendung Linderung schenken, jedenfalls von vielen sekundären Leiden, die aus einer ungesunden Art resultieren, wie man mit dem primären Leiden umgeht. Wenn man die Beziehung zu seinem primären Schmerz wiederherstellt, nicht mehr davor wegläuft oder dagegen ankämpft, sondern mit liebevoller Aufmerksamkeit die Verbindung wiederherstellt, wird man wieder in einem tieferen Sinne ganz. Zu akzeptieren, was sich nicht ändern lässt, und Verantwortung für dasjenige zu übernehmen, was man ändern kann, kann dabei helfen, das eigene Leben in einer wertvollen Richtung fortzusetzen. Inmitten der Beschränkungen können wir uns mit allen Möglichkeiten verbinden, die wir in uns tragen, und die Funktionen unseres neuen Gehirns so schulen, dass sie für uns arbeiten.

»Ich kann aus einem negativen Gedankengang heraustreten und im Denken und Handeln liebevoller zu mir selbst sein.«
Kommentar einer Teilnehmerin

Wir möchten zwei Beispiele für die Kraft der Selbstheilung nennen und dafür, wie man diese Kraft an andere weitergeben kann. Das erste zeigt, wie man trotz schwerer körperlicher Beschränkungen Ganzheit erfahren kann. Vidyamala Burch ist seit vielen Jahren nach Verletzungen an ihrem Rücken, die sie letztlich in den Rollstuhl zwangen, Expertin für physische Schmerzen. Sie beschreibt in *Gut leben trotz Schmerz und Krankheit* (2009), wie sie, während es oberflächlich »schlechter« ging und die Schmerzen und funktionellen Einschränkungen zunahmen, trotzdem eine bessere Lebensqualität wahrnahm: »Der Kampf gegen und die Flucht vor meinem Schmerz zwangen mich, mich mit mir selbst zu beschäftigen, und haben eine trennende Mauer errichtet. Stille gab es nicht, deshalb fehlte es mir an der inneren Weite, die es mir erlaubt hätte, über den eigenen Tellerrand

hinauszusehen und einen Blick auf eine radikal andere Weltsicht zu erhaschen. Als es endlich so weit war, kam es mir wie eine 180-Grad-Wende vor. Statt mich auf der Suche nach einem ›besseren‹ Dasein von meinem tatsächlichen Leben zu entfernen, wandte ich mich ihm wieder zu. Früher fühlte ich mich wie ein einsamer Mensch in der Wildnis, doch nun sehe ich überall Farben, Vielfalt, andere Menschen. Ich bezeichne diesen Wandel als die ›heilende Hinwendung zu den Grundbedingungen des menschlichen Daseins‹. … Sobald Sie Ihren Schmerz und Ihre Probleme aus Ihrem Leben ausklammern, indem Sie sich dagegen sträuben oder sie aus Ihrem Bewusstsein verjagen, ist Ganzheit unmöglich. Lassen Sie das Leben dagegen ohne Widerstreben und Festhalten zu, können Sie gesund und ganz sein – ganz gleich, mit welcher Verletzung oder Erkrankung Sie leben.«

Vidyamala Burch entwickelte in England auf der Grundlage ihrer eigenen Erfahrungen und ihres Heilungsprozesses eine auf Achtsamkeit basierende Methode für Menschen mit chronischen Schmerzen, die heute viele ihrer Leidensgenossen befolgen.

Ein zweites Beispiel für Ganzheit auf der tiefsten Ebene trotz intensivem psychischem Leiden ist das Leben des österreichischen Neurologen und Psychiaters Viktor Frankl, der den Holocaust überlebte, in dem fast alle seine Verwandten umkamen. Nach dem Krieg beschrieb er in seinem berühmt gewordenen Buch …

trotzdem Ja zum Leben sagen seine Erfahrungen als Gefangener im KZ und seine therapeutische Methode für die Suche nach Sinn und Bedeutung unter allen Lebensumständen, wie schwierig diese auch seien, die er später bei seinen Patienten anwandte (Frankl 2009). Eine seiner Äußerungen war: »… man [kann] einem Menschen alles nehmen, bis auf eines, nämlich die letzte aller menschlichen Freiheiten, die Freiheit, in jeder Situation seine Einstellung zu wählen.«

2.8.2 Intime Anteilnahme

Durch Achtsamkeitspraxis und Mitgefühlstraining werden wir in den tieferen Ebenen unseres Menschseins geheilt. Achtsamkeit öffnet das Auge und Mitgefühl öffnet das Herz für das Leid, das es nun einmal gibt. Jede einzelne Form des Leidens ist außergewöhnlich und einzigartig, aber als fundamentale menschliche Tatsache ist Leid eine gemeinsame Erfahrung, von der niemand verschont bleibt.

Achtsamkeit und Mitgefühl sind universelle Eigenschaften, und je mehr diese entwickelt werden, desto mehr wird sich unsere Einstellung zu unserem eigenen Leid und demjenigen anderer in Sanftmut öffnen. Statt das Leid auszuschließen, zu kritisieren oder zu manipulieren, können wir es liebevoll umarmen, wie eine Mutter ihr Kind umarmt, wenn es Schmerzen hat. So tragen wir durch das Üben von Achtsamkeit und Mitgefühl aktiv zu un-

seren (selbst)heilenden Fähigkeiten bei. Wir beleben damit immer wieder die Verbindung zu uns selbst, zu anderen und zur Welt als Ganzes und vertiefen unsere Empfindung, die richtige Fürsorge zu geben und zu empfangen. Es ist ein Akt der Intimität mit uns selbst und mit anderen, der zu einer heilenden Verbindung führt.

Eine sehr konkrete Art, wie wir eine solche Intimität entwickeln können, ist die Verbindung zu unserem Körper. Die folgende Übung ist hierfür gedacht.

Übung
Mitgefühl mit dem Körper

1. Wir möchten Sie einladen, sich zu setzen … möglichst angespannt. Als ob Sie einen schrecklichen Tag hinter sich hätten, mit viel Streit, Auseinandersetzungen, Stress und schlechten Nachrichten. Das kann natürlich in der Tat der Fall sein. Sie dürfen Ihre Gesichtsmuskeln anspannen, und Ihr Hals, Ihre Schultern, Ihre Arme, Ihr Magen und Ihr Bauch sind so verkrampft, dass Sie kaum atmen können. Ihre Gesäßmuskulatur, Ihre Beinmuskeln, sogar Ihre Füße sind so gespannt wie eine Feder. Sie sind sich bewusst, dass diese Übung noch eine Weile dauern wird, sodass Sie sich noch verkrampfter hinsetzen, während Sie die Spannung halten.

2. Bis Sie sich daran erinnern, dass eigentlich nichts dagegen spricht, freundlich und mitfühlend zu sich selbst zu sein. Dafür

gibt es auch genug Gründe. Es hat sich z. B. gezeigt, dass es gar nicht so einfach ist, in einer hektischen Gesellschaft wie der unseren zu leben. Unser Gehirn wird in hohem Maße in Anspruch genommen, während dieses kaum dazu konzipiert ist, alle Reize zu verarbeiten. Außerdem ist es gar nicht so einfach, all die grundlegenden instinktiven Gefühle und Leidenschaften, die in jedem von uns stecken, zu steuern. Ebenso ist es nicht einfach, mit einem Körper zu leben, der vielleicht alle möglichen Beschränkungen aufweist ..., mit den verschiedensten Charaktereigenschaften, für die wir uns normalerweise nicht bewusst entschieden haben. Es gibt genug Gründe, mitfühlend mit sich selbst zu sein.

3. So wie alle Wesen glücklich und frei sein möchten, dürfen auch Sie sich dies gönnen ... freundlich zu sich selbst und dem eigenen Körper zu sein. Es ist nämlich möglich, Güte und Mitgefühl mit dem eigenen Körper zu verbinden. So können Sie alle Ihre Muskelgruppen, eine nach der anderen, sich entspannen lassen, vom Kopf abwärts ... bis zu Ihren Füßen. Vielleicht können Sie ein leises Lächeln auf Ihr Gesicht zaubern ... Vielleicht finden Sie wieder zu einer normalen und sanften Atmung und können zu einer entspannten Haltung zurückkehren.

4. Verbinden Sie sich jetzt mit einem Körperteil, der für Sie gut zu sehen ist und den Sie mit Freude betrachten können, weil sie diesen Körperteil schön finden oder weil er

Ihnen immer ein treuer Freund war, der Sie noch nie im Stich gelassen hat ... Schauen Sie auf diesen Körperteil mit freundlichen Augen und senden Sie ihm einen Wunsch wie z. B.: »Mögest du gesund sein«, »Mögest du weich oder schön sein« oder »Mögest du entspannt sein«. Wählen Sie selbst einen passenden Wunsch. Der Wunsch braucht inhaltlich nicht realistisch zu sein, er sollte nur diesem Körperteil ein wenig Freundlichkeit entgegenbringen. Sie können solche Wünsche auch an andere Körperteile senden.

5. Verbinden Sie sich dann mit einem Körperteil, für den Sie ein neutrales Gefühl hegen, weil Sie ihn kaum fühlen oder weil er kaum Schmerzen oder Freude bereitet ... Auch diesem Körperteil können Sie etwas Freundliches wünschen, z. B. »Mögest du dich angenommen und zugehörig fühlen«. Ebenso können Sie auch mit anderen »neutralen« Körperteilen verfahren.

6. Denken Sie dann an einen Körperteil, der Ihnen eher Schwierigkeiten macht. Vielleicht, weil Sie ihn als hässlich empfinden, vielleicht, weil er Ihnen oft Schmerzen bereitet und ziemlich anfällig ist, vielleicht, weil dieser Körperteil Sie einmal im Stich gelassen hat oder derzeit nicht richtig funktioniert. Und auch hier wiederholen Sie für diesen beschwerlichen oder nicht sehr geliebten Körperteil leise einen freundlichen oder mitfühlenden Wunsch im Rhythmus Ihres Atems oder auch ohne auf Ihren Atem zu achten. Auch an andere Körperteile, die

Sie nicht so gern haben, können Sie mitfühlende Wünsche senden.

7. Wenn Sie bemerken, dass Widerstand oder Kummer aufsteigt, können Sie dies vielleicht anerkennend feststellen und fortfahren, wenn die Zeit dafür reif ist, oder eventuell zu einem Körperteil zurückkehren, der Sie weniger belastet, um schließlich den ganzen Körper sozusagen unter einen warmen Regen freundlicher Wünsche zu stellen: »Mögest du in Frieden mit dir selbst sein«, » ... ausreichend Ruhe erfahren«, » ... gut im Leben stehen«, » ... in Harmonie mit der Umgebung sein«. Wählen Sie Wünsche, die verbindend wirken.

8. Diese einfache Übung enthält verschiedene heilsame Elemente. Ein Element ist das Geben oder die Großzügigkeit, sich selbst etwas zu gönnen. Ein anderer Aspekt ist die Frage, ob dies auch empfangen werden kann, ob es angenommen und geschätzt werden kann. Manchmal steht mehr das erste Element im Vordergrund, manchmal das zweite. Es hat sich gezeigt, dass schon wenige Minuten regelmäßiges Üben dieser Meditation die Konzentration und das innere Beruhigungssystem stärken und zu mehr Sanftmut und Toleranz in Bezug auf sich selbst und die eigene Umgebung beitragen. Wiederholen Sie also den Wunsch ohne jeden Druck noch eine Weile und lassen Sie ihn im Atemrhythmus oder unabhängig davon durch sich hindurchströmen.

2.8.3 Grenzenlose Offenheit

Weisheit sagt mir, dass ich Nichts bin.
Liebe sagt mir, dass ich Alles bin.
Dazwischen strömt mein Leben hin.
SRI NISARGADATTA

Ganzheit fügt Teile zu einem Ganzen zusammen und verbindet Innen und Außen. Ganzheit erfordert Intimität und Offenheit: die intime Verbundenheit mit den kleinsten Details unserer Erfahrung des Augenblicks und die grenzenlose Offenheit des Bewusstseins, in dem Raum ist für alles. Wir begannen in Kurseinheit 1 mit der Visualisierungsübung »Der sichere Ort«. Wir schließen in dieser letzten Sitzung mit der Visualisierungsübung »Das sichere Bewusstsein«, in dem Raum ist für alles. Kann dieser offene Raum, der viel weiter reicht als unsere vorübergehenden Ich-Konstruktionen, immer wieder eine Heimat für uns sein? Unser Geist schafft sich ununterbrochen mentale Gebilde und zieht Grenzen, um Halt zu finden: zwischen Ich und Du, Wir und Sie, Subjekt und Objekt, Innen und Außen, Gut und Böse, Freund und Feind oder was auch immer. Unser Geist möchte nun einmal unterscheiden – es ist ein alter Überlebensmechanismus: Es erhöht unsere Überlebenschancen, wenn wir auseinanderhalten können, was sicher und was unsicher ist. Daher ist es völlig in Ordnung, wenn wir einen Unterschied zwischen dem Einen und dem Anderen machen. Aber wenn sich »Unterscheiden« in

»Trennen« verwandelt und wir allmählich an die Grenzen glauben, die unser Geist festlegt, als wären sie unverrückbare Tatsachen, dann verstricken wir uns in die Illusion der Dualität. Wir verlieren die ursprüngliche Einheit unserer Erfahrung ebenso aus dem Blick wie die Fähigkeit, über die vermeintlichen Grenzen hinauszusehen.

Übung
Der Strom des Gewahrseins

1. Wir möchten Sie bitten, sich bequem hinzusetzen und die Haltung der Sitzmeditation einzunehmen oder sich wie bei einem Bodyscan hinzulegen. Sorgen Sie dafür, dass Ihnen warm genug ist und Sie von Ruhe umgeben sind. Nehmen Sie sich Zeit dafür, die Verbindung mit Ihrem Körper zu spüren, und ändern Sie eventuell Ihre Körperhaltung noch ein wenig ... Fühlen Sie sich frei, bei dieser Meditation Ihrem ganz eigenen Weg zu folgen. Es geht nicht darum, krampfhaft zu versuchen, die Anweisungen zu befolgen, sondern dass Sie jeden Moment neu darauf achten, was sich in Ihrem Bewusstsein abspielt. Sie können sich immer wieder neu entscheiden, worauf Sie Ihre Aufmerksamkeit richten möchten. Die Entscheidung sollte von Sanftmut und Freundlichkeit sich selbst gegenüber getragen werden. Manchmal brauchen Sie vielleicht länger, als es die Anweisungen vorsehen, manchmal geht es schneller. Beides ist in Ordnung. Sie können dann zu einem späteren Zeitpunkt entscheiden, ob Sie wieder den Anweisungen oder Ihrem eigenen Weg folgen möchten.

2. Stellen Sie sich vor ... es gibt *nichts* ... Die erste Erfahrung muss erst noch eintreten. Sie wissen noch nicht einmal, was eine Erfahrung ist. Es gibt nichts und Sie wissen nichts. Und aus dem Nichts taucht die erste Erfahrung auf, wie der erste Tropfen einer Quelle entspringt. Und dieser erste Tropfen Erfahrung wird von Ihrem Bewusstsein wie in einem Kelch empfangen. Die erste Erfahrung ist die Wahrnehmung der Luft, die in Ihre Nase einströmt ... Die zweite Erfahrung ist die Wahrnehmung der Luft, die wieder ausströmt ... Und die Wahrnehmungen der ein- und ausströmenden Luft reihen sich Tropfen für Tropfen zu einem kleinen Erfahrungsstrom zusammen, der sich seinen Weg im Bett Ihres Bewusstseins sucht ... Und das kleine Rinnsal wächst, je mehr Empfindungen hinzukommen, die mit dem Atmen verbunden sind: in Nase, Kehle, Hals, Brust und Bauch ... Seien Sie sich der Fülle der Erscheinungen bewusst, die bei jedem Einatmen, jedem Ausatmen auftreten ... Das Bett Ihres Bewusstseins passt sich wie von selbst an, wenn aus dem kleinen Rinnsal ein Bach wird ... Immer mehr Erfahrungen vereinigen sich mit dem wachsenden Strom des Gewahrseins des Atmens.

3. Und aus dem Bach wird ein kleiner Fluss, wenn weitere Wahrnehmungen aus dem Nichts entspringen und einmünden: die Wahrnehmung des Körpers als lebendiges

Ganzes. Empfindungen der Wärme oder Kälte, Schwere oder Leichtigkeit, Spannung oder Entspannung, Ruhe oder Bewegung, Vibration, Energie … angenehme oder unangenehme Empfindungen oder etwas dazwischen Liegendes … Und zu den gröberen Wahrnehmungen gesellen sich feinere. Für alle diese Erfahrungen ist im Flussbett Ihres Bewusstseins Raum, das sich mühelos dem Volumen des Flusses anpasst … Und zu den inneren Wahrnehmungen treten solche aus dem Sie umgebenden Raum hinzu, aus dem Kontakt mit der Umgebung: Berührungen Ihrer Haut … Visuelle Wahrnehmungen: hell, dunkel, Farbe, Form … Akustische Wahrnehmungen: Klang, Stille … Geräusche aus der Nähe und aus der Ferne, lautere und leisere, tiefere und höhere Töne. Und das Flussbett Ihres Bewusstseins wird breiter und der kleine Fluss wird zum großen Fluss, zu einem immer breiteren Erfahrungsstrom.

4. Zu den Wahrnehmungen Ihres inneren Raumes und des Raumes um Sie herum können sich auch Bilder und Erinnerungen aus der zurückliegenden Zeit, aus Ihrer Lebensgeschichte gesellen, die in den Erfahrungsstrom einmünden. Auch dafür ist Raum im Flussbett Ihres Bewusstseins: Ihre allererste Erinnerung … Erinnerungen an Ihre Kindheit, als Kleinkind, als Kindergartenkind … Erinnerungen an Ihre Eltern oder Bezugspersonen … vielleicht Brüder, Schwestern, Haustiere … das Haus, in dem Sie lebten, das Spielzeug, mit dem Sie spielten … Erinnerungen an die Umgebung,

an Kinder und Erwachsene in der Nachbarschaft. Angenehme Erinnerungen, unangenehme Erinnerungen. Bilder von damals, heute wachgerufen, denen das Flussbett Ihres Bewusstseins Raum gibt, mitwachsend mit dem immer breiter werdenden Strom. Erinnerungen an Ihre Schulzeit, an die Lehrer, die Mitschüler … die Grundschule … schöne oder unschöne Erfahrungen, sichere oder unsichere Situationen … die weiterführende Schule … Erinnerungen an Ihre Pubertät, an körperliche Veränderungen, neue Entdeckungen, erwachende Sexualität, Ihre erste Liebe … Erinnerungen an Fantasien oder tatsächlich gemachte Erfahrungen, an Freuden und Enttäuschungen … Für alle diese Bilder und für die Gefühle, die auftauchen, ist Raum im Bewusstsein von heute … Und aus dem Fluss wird ein immer breiterer Strom. Und wenn Stromschnellen, Wasserfälle, Blockaden oder Strudel entstehen, kann Ihr Bewusstsein mitwachsen, sich erweitern und vertiefen, damit das, was sich anstaut, Raum erhält, das, was aufgehalten wird, weiterfließt und Ruhe finden kann, vom immer breiteren und tieferen Flussbett Ihres Bewusstseins getragen, wo Raum ist für alles, was Raum braucht.

5. Zum Erfahrungsstrom können sich weitere Bilder von damals fügen, aus Ihrer Lebensgeschichte, von Ihnen als jungem Erwachsenem und der Zeit danach … aus der Ausbildung, die Sie absolvierten, den Orten, an denen Sie lebten oder arbeiteten … von Reisen, die Sie unternahmen …

Beziehungen mit Menschen, die Ihnen wichtig waren und die Ihnen vielleicht immer noch wichtig sind ... engen oder flüchtigen Beziehungen ... harmonischen oder schwierigen Beziehungen ... freudigen oder schmerzlichen Situationen ... erfüllend oder traumatisch ... Reichtum, Verlust ... Gesundheit, Krankheit ... Erinnerungen an Erfahrungen aus Ihrer Lebensgeschichte, die hinter Ihnen liegt. Für alle diese Bilder von damals, die aus dem Nichts entsprangen, gibt es jetzt Raum ... im Flussbett Ihres Bewusstseins ... für alle dabei entstehenden Gedanken und Gefühle ... für alles, was vergessen oder verdrängt wurde, ist Raum in Ihrem Bewusstsein.

6. Auch für alles, womit Sie sich jemals identifiziert haben, ist Raum, und für alles, womit Sie sich jetzt identifizieren oder identifizieren könnten ... die Eigenschaften und Fähigkeiten, die Aufgaben und Rollen, die zu Ihnen gehören ... die Gruppen und Netzwerke, denen Sie angehören ... die Meinungen und Urteile über sich selbst, über andere Menschen und über die Welt ... politische und weltanschauliche Überzeugungen, die Sie vertreten. Für alle Vorlieben und alles, womit Sie die Wörter »ich«, »mich« oder »mein« verbinden, ist Raum ... Und für alles, womit Sie die Wörter »nicht-ich« »nicht-mich«, »nicht-mein« verbinden, ist ebenfalls Raum in Ihrem Bewusstsein ... Und das Flussbett vertieft und erweitert sich ... und alles, womit Sie sich identifizieren oder auch nicht identifizieren, kann in den Fluss münden.

7. Auch für alle Vorstellungen bezüglich der Zeit, die noch vor Ihnen liegt, ist Raum im Flussbett Ihres Bewusstseins. Für Pläne, Fantasien, Träume, Ideale, für alle Versprechen, die die Zukunft für Sie bereithält, ist jetzt Raum ... Für wunderschöne und sehr beängstigende Visionen und für die Emotionen und Gedanken, die dadurch entstehen, ist Raum ... für alle Hoffnungen und Ängste ... für das feinste Gespür und den heißesten Herzenswunsch, für die tiefste Sehnsucht nach Glück und Frieden ... Und auch für alles, was noch unbewusst ist, für ungekannte Möglichkeiten und nie gedachte Gedanken, auch für das Unvorstellbare ist Raum im Flussbett Ihres Bewusstseins.

8. Die Ufer des Flusses treten so weit auseinander, dass Sie vom einen Ufer aus das andere nicht mehr sehen können ... und der Grund wird tiefer und tiefer ... aus dem Fluss wird ein See ... und der See wird zum Ozean ... unendlich groß ... unendlich tief ... ein grenzenloses Bewusstsein ... in dem Raum ist für alles ... Raum für *alles*. Zwischen der Weisheit des Nichts und der Liebe zu allem fließt unser Leben.

Die obige Übung führen wir auch oft in der Kurseinheit in Stille durch. Es wird eine Metapher verwendet, die uns bei der Erinnerung an die grenzenlose Offenheit des Bewusstseins und der Heilkraft unseres Geistes unterstützen kann. Das Bewusstsein braucht nichts abzuweisen und darf alles großzügig aufnehmen. Es kann ein sicherer Halt, ein sicherer Ort sein für alles, was wir erleben – auch das Unerwünschte. Ein grenzenloses Bewusstsein, das immer schon unsere Heimat war und in dem wir erneut die Einheit der lebendigen Erfahrung wahrnehmen können, genau wie diese ist, ohne Grenzen. Mit den Worten des Dichters Kees Spiering: »Als ob du dies schon kanntest, bevor du es sahst. Dort warst, bevor du noch dorthin kamst. Einfach Heimat.«

Diese Übung möchte Sie keineswegs anspornen, mystische Gipfelerfahrungen anzustreben, sondern sie ist wie die vorherigen geführten Meditationen eine Übung, die das Vorstellungsvermögen dafür einsetzen will, für uns zu arbeiten, sodass wir wahrnehmen können, was sich dabei Moment für Moment abspielt. Was für den einen eine unterstützende Metapher ist, braucht dies nicht für den anderen zu sein. Manchmal ist es sinnvoll, aus Freundlichkeit zu sich selbst (oder anderen) Grenzen beizubehalten, denn sie verleihen vorübergehend Klarheit und Halt. Aber wenn Grenzen zu Gefängnismauern werden, ist es vielleicht liebevoller, sich die Freiheit zu gönnen zu erkunden, was es außerhalb davon gibt.

Die grenzenlose Offenheit zum Ozean der Erfahrungsmöglichkeiten und die intime Verbindung noch mit dem kleinsten und empfindlichsten Tropfen Erfahrung in diesem Augenblick sind beides Ausdruck der Heilkraft unseres Geistes und unseres Herzens, unseres Herz-Geistes, der im alten Pali mit dem einzigen Begriff *Cittâ* bezeichnet wird. Weisheit und Mit-

gefühl sind die Heilkräfte, die in uns schlummern und die in jedem Augenblick geweckt werden können, in dem wir aufmerksam und liebevoll bei allem gegenwärtig sind, was existiert.

2.8.4 Wie geht es weiter?

Und es brach die Zeit an, da das Risiko, in der Knospe zu verharren, schmerzlicher wurde als das Risiko, zu blühen.
ANAÏS NIN

Wir können uns auf unserem Weg von vielen bekannten und weniger bekannten Vorbildern menschlicher Kraft und Selbstheilungskraft inspirieren lassen. Aber wir brauchen diese Beispiele nicht zu kopieren. Das können wir auch nicht. Doch wir können alle selbst Vorbild für die Welt sein und zeigen, wie wir mit unserem Leiden umgehen – auch wenn dies vielleicht nach den Maßstäben unseres urteilenden Geistes sehr bescheiden ausfällt. Dennoch erfordert es größten Mut, aus eigener Kraft eine eigene einmalige Antwort zu finden. Denken Sie an die Worte von Marianne Williamson, die Nelson Mandela in seiner Antrittsrede im Jahre 1994 zitierte: »Unsere tiefste Angst ist es nicht, dass wir unzulänglich sind. Unsere tiefste Angst ist es, dass wir unermesslich machtvoll sind. Es ist unser Licht, das wir fürchten, nicht unsere Dunkelheit.«

Wenn wir unsere eigene authentische Antwort auf die Herausforderungen, die das Leben für uns bereithält, bewusst gestalten, dann ist das etwas Unverwechselbares und Einzigartiges. Wir können nur unsere eigenen Steine wegräumen, unseren eigenen unbegangenen Weg gehen, unsere eigenen Fehler machen und unsere eigenen ungeahnten Möglichkeiten entdecken. Aus dieser Einzigartigkeit heraus übersteigen wir das flüchtige Gebilde unseres konstruierten Selbst und können einander die Hand reichen.

Wir hoffen, dass die Reise des Mitgefühlstrainings Ihnen zugesagt und Ihnen Hilfsmittel geboten hat, die Ihnen auf Ihrem weiteren Weg helfen werden und die Sie auf Ihre eigene Weise entsprechend Ihrer eigenen Situation weiterentwickeln können. Vielleicht bedauern Sie es, dass dies die letzte Sitzung war, vielleicht finden Sie auch, dass es gut so ist. Wie nach dem Achtsamkeitskurs sagen wir auch hier: Die letzte Sitzung war nicht diese, sondern ist Ihr ganzes weiteres Leben. Es ist jetzt an Ihnen, die Achtsamkeits- und Mitgefühlspraxis, die Achtsamkeit des Geistes und des Herzens, weiter in Ihren Alltag zu integrieren, mit oder ohne Unterstützung durch andere.

In der achten Sitzung geben wir immer einige Empfehlungen. Vor allen Dingen: Wenn Sie jetzt das Gefühl haben, Ihre Zeit mit diesem Buch und/oder dem Kurs Mitgefühlstraining vergeudet zu haben, dann ist es vielleicht zu empfehlen, nicht weiterzumachen und sich »einem anderen Hobby« zuzuwenden. Wenn Sie

spüren, dass Ihnen das Üben und das Lesen über Mitgefühl gutgetan hat – und wahrscheinlich ist das so, denn sonst hätten Sie kaum bis hierher gelesen –, dann empfehlen wird Ihnen, die Praxis fortzuführen. Hierfür werden am Ende dieses Buches eine Reihe von Büchern und Websites genannt, die Sie inspirieren und unterstützen können. Manchmal werden in Achtsamkeitszentren Auffrischungstage durchgeführt, oder Kursteilnehmer bilden Gruppen, in denen sie zu Hause gemeinsam üben. Daneben gibt es in immer mehr Städten Zentren oder Meditationsgruppen, in denen Sie weiterüben können (Informationen auch unter www.compassietraining.nl).

Wenn Sie jetzt nur das Buch gelesen haben und sich inspiriert fühlen, empfehlen wir Ihnen, nochmals das gesamte Programm des Mitgefühlstrainings in einer Gruppe zu absolvieren. Auch Informationen über Orte, in denen dies möglich ist, sind auf der oben genannten Website zu finden.

Wie auch immer, *jetzt* beginnt der Rest Ihres Lebens. Leben Sie *jetzt* – einen anderen Zeitpunkt, dies zu tun, gibt es nicht. »Sei freundlich, wann immer dies möglich ist«, sagt der Dalai Lama. Mögen Sie immer wieder in diesem Augenblick nach Hause kommen. Mögen Sie Ganzheit finden in der Unvollkommenheit des Daseins. Mögen Achtsamkeit und Mitgefühl Ihre treuen Gefährten sein, wo auch immer Sie gehen und stehen.

Überblick Kurseinheit 8:
Die Möglichkeiten erweitern mit Mitgefühl

Thema

In der achten Kurseinheit behandeln wir den Wert von Mitgefühl für heilende Prozesse in unserem Leben und gehen der Frage nach, wie man nach dem Kurs weiter praktizieren kann.

Ablauf

- Kurze Runde »Innerer Wetterbericht« und »Was wünschen Sie sich selbst?«
- Übung »Freundlichkeitsmeditation: Mitgefühl mit dem Körper« (wenn diese zuvor noch nicht behandelt wurde, siehe 2.8.2)
- oder: Übung »Der Strom des Gewahrseins« (wenn diese zuvor noch nicht behandelt wurde, siehe 2.8.3)
- Nachbesprechung der Übung
- Besprechen der Übungen aus der Woche nach Sitzung 7
- Kurze Pause mit Tee / Kaffee und Austausch zu zweit oder in kleinen Gruppen über die Tagebuchübung »Handeln oder Sprechen aus Mitgefühl«
- Kurze Sitzmeditation mit Überlegungen zum Abschluss des Kurses
- In der Gruppe reihum den Kurs anhand der folgenden Fragen bewerten, die bereits in Einheit 7 mitgegeben wurden:

- Was waren Ihre Erwartungen? Was haben Sie gelernt?
- Was fanden Sie schwierig an diesem Training?
- Was kann Ihnen dabei helfen, die Praxis weiterzuführen?
- Gibt es noch etwas, das Sie den anderen Kursteilnehmern oder der Kursleitung sagen möchten?
- Gibt es ein Symbol (Gegenstand, Text, Gedicht), das ausdrückt, was für Sie in diesem Kurs wichtig war?
- Abschluss mit einer kurzen Übung (im Sitzen oder Gehen) mit Freundlichkeit für sich selbst, die anderen Teilnehmer und alle lebenden Wesen

Übungsvorschläge für die Woche nach Kurseinheit 8

- Wenn Sie den Kurs in Mitgefühlstraining hilfreich gefunden haben, überlegen Sie, wie Sie weiter davon profitieren können. Möglichkeiten sind regelmäßiges weiteres Üben, Lesen oder Teilnahme an einer Meditationsgruppe, die in der einen oder anderen Weise Mitgefühlspraxis übt
- Wenn Interesse daran besteht, können Sie ggf. auch mit Teilnehmern aus der Trainingsgruppe Auffrischungsmaßnahmen besprechen und planen

- Vor allem: Lassen Sie sich auf Ihrem weiteren Weg vom Kompass mitfühlender Achtsamkeit leiten

Nachgespräch

Nach der achten Kurseinheit führen wir üblicherweise ein Nachgespräch mit jedem einzelnen Teilnehmer durch, bei dem noch verbliebene Fragen und eventuelle Wünsche nach einer Fortsetzung ausführlicher behandelt werden können. Es empfiehlt sich, dies nicht unmittelbar nach dem Kurs zu planen, sofern nicht jemand hierauf ausdrücklich Wert legt. Wenn einige Wochen dazwischen liegen, hat dies den Vorteil, dass dann oft klarer ist, wie der Teilnehmer mit dem selbständigen Umgang mit den Übungen und der Integration des Gelernten in das tägliche Leben zurechtkommt.

Anhand eines Auswertungsformulars und des Fragebogens »Gewünschte Ergebnisse«, die zu Beginn des Kurses abgegeben wurden, kann auf den ganzen Prozess zurückgeblickt werden.

Der mitfühlende Therapeut

Da dieses Buch auch von professionellen Therapeuten benutzt werden kann, die Klienten einzeln oder in einer Gruppe begleiten, enthält dieser letzte Abschnitt speziell für sie noch einige Hinweise.

Es gibt mehrere Handbücher über die therapeutischen Anwendungsmöglichkeiten von Achtsamkeit (Germer u. a. 2009, Hick & Bien 2010, Wilson 2008, Shapiro & Carlson 2011, Siegel 2012b). Germer und seine Kollegen beschreiben bezüglich Achtsamkeit und Psychotherapie drei Ansätze:

Achtsamkeitsorientierte Therapie, wobei der Therapeut selbst Achtsamkeit übt, um sein persönliches Leben und Arbeiten zu verbessern und die Achtsamkeit und Effektivität in der therapeutischen Arbeit zu fördern,

Achtsamkeitsinformierte Therapie, wobei der Therapeut Erkenntnisse über das Wirken des Geistes auf der Grundlage persönlicher Praxis und theoretischer Kenntnisse aus der buddhistischen und westlichen Psychologie über Achtsamkeit anwendet (z. B. Anwendung der buddhistischen Sichtweise bezüglich Leiden, Vergänglichkeit und Selbstlosigkeit).

Achtsamkeitsbasierte Therapie, wobei – anders als bei den beiden vorgenannten Ansätzen – Klienten explizit Achtsamkeitsfertigkeiten vermittelt werden, um ihnen zu helfen, gesünder mit Stress umzugehen und Beschwerden zu lindern oder zu vermeiden. Beispiele für eine solche Therapie sind MBSR, MBCT, ACT und DBT.

Parallel zu dieser Einteilung lassen sich drei Perspektiven in Bezug auf die Anwendung des Mitgefühlstrainings im therapeutischen Prozess unterscheiden (Germer 2012). Zuerst möchten wir zeigen, dass der Therapeut selbst Mitgefühlsübungen durchführen kann, um sein »Funktionieren« und seine therapeutische Effektivität zu verbessern (3.1). Anschließend wird skizziert, wie der Therapeut Erkenntnisse aus seinem persönlichen Mitgefühlstraining und aus der buddhistischen und westlichen Psychologie für eine bessere Behandlung seiner Klienten nutzen kann, ohne dass er sie zu formalem Üben bewegt (3.2). Zum Schluss gehen wir noch darauf ein, wie der Therapeut Klienten als Teil einer Einzelbehandlung oder als Gruppenangebot lehren kann, selbst Mitgefühlspraxis zu üben (3.3). Dabei werden einige Punkte behandelt, die wichtig sind für die Beurteilung, welche Klienten dafür in Frage kommen und welche Kriterien die Kursleitung erfüllen sollte.

3.1 Mitgefühlspraxis des Therapeuten

»Mitgefühlsmüdigkeit« ist bei Therapeuten ein relativ häufiges Phänomen (Figley 2002, Weiss 2004), was damit zusammenhängt, dass therapeutische Arbeit oft als emotional belastend erfahren wird (Mann 2004). Dies gilt natürlich ebenso für andere Menschen in einer Fürsorgerolle, bei denen der Schwerpunkt mehr auf dem Geben als auf dem Empfangen von Fürsorge liegt, was zu Symptomen eines Burnouts führen kann. Shauna Shapiro erwähnt eine schöne Metapher, die sie von einem ihrer Lehrer hörte (Shapiro & Carlson 2011): Das Herz pumpt erst Blut zu sich selbst, bevor es Blut zu anderen Körperteilen pumpt. Würde es das nicht tun, würde es erst selbst und dann der restliche Körper sterben. So kann man erst gut für andere sorgen, wenn man gut für sich selbst sorgen kann.

Die eigene Gesundheit kann schon Grund genug dafür sein, dass der Therapeut regelmäßig Achtsamkeit praktiziert. Eine kontrollierte Studie (Shapiro u. a. 2005, 2007) hat gezeigt, dass MBSR positive Wirkungen auf die physische und psychische Gesundheit von Therapeuten hat sowie auch auf ihre Lebensqualität, Stressresistenz und Fähigkeit zu Selbstmitgefühl. Dass Therapeuten durch regelmäßiges Meditieren nicht nur sich selbst, sondern auch ihren Klienten helfen, wird von einer kontrollierten Doppelblindstudie (!) unter Therapeuten in Ausbildung bestätigt (Grepmair u. a. 2007). Die Therapeuten, deren Ausbildung *nach dem Zufallsprinzip* (die Entscheidung lag nicht bei ihnen) durch ein Meditationsprogramm ergänzt wurde, erzielten bei ihren Klienten deutlich bessere Behandlungsergebnisse als ihre Kollegen, die nur das übliche Training durchführten. Die Klienten, die nicht wussten, dass ihre Therapeuten meditierten (daher doppelblind), hatten einen besseren Einblick in sich selbst und wiesen eine deutlichere Verbesserung ihrer Beschwerden und Symptome auf als Klienten von Therapeuten, die nicht meditierten.

Achtsamkeit fördert bei Therapeuten eine ausgeglichene Ausrichtung sowohl auf sich selbst wie auf den Klienten und pflegt Fähigkeiten, die in der therapeutischen Arbeit von großer Bedeutung sind, wie z. B. authentische Aufmerksamkeit, bedingungslose Anerkennung und empathische Fähigkeit. Dies sind sogenannte nicht-spezifische therapeutische Faktoren, die den wichtigsten Beitrag zu einer guten Zusammenarbeit und zum Erfolg einer Behandlung leisten. Eine gesunde Emotions- und Stressregulierung, zu der Achtsamkeit beiträgt, wird immer wichtiger, je belastender die Arbeit im Gesundheitswesen wird.

Man kann davon ausgehen – auch wenn dies noch von der Forschung bestätigt werden muss –, dass expliziteres

Üben von (Selbst-)Mitgefühl noch eine zusätzliche positive Auswirkung haben kann. Das Ergebnis auf der Selbstmitgefühl-Skala scheint nämlich mehr noch als das Ergebnis auf der Achtsamkeitsskala mit psychischem Wohlbefinden, Lebensqualität, Weisheit, persönlicher Initiative, Glück, Optimismus, positiven Emotionen und gesunder Stressbewältigung korreliert zu sein (Van Dam u. a. 2011, Neff 2008a). Oft berichten uns Therapeuten, die formal Mitgefühl und liebevolle Freundlichkeit üben, wie sehr dies ihnen hilft, Verbindung mit ihren Klienten und sich selbst zu erfahren. Sie sind besser in der Lage, dem Schmerz eines Klienten (und dem eigenen Schmerz) mit Offenheit und Milde zu begegnen, und werden weniger durch Gefühle der Gegenübertragung beeinträchtigt. Sie neigen weniger dazu, sich in überhastete Interventionen zu flüchten oder nach Ergebnissen zu jagen, und sind besser imstande, geduldig zu warten, bis sich eine stimmige Reaktion einstellt. Die Praxis unterstützt die Wahrnehmung der gemeinsamen menschlichen Erfahrung und hilft, zwischen dem Leiden, das nun einmal unvermeidlich ist, und dem Leiden, das durch unsere Reaktionen hierauf auftritt, zu unterscheiden. Dies trägt zur Normalisierung des existentiellen Leidens bei und verhindert unnötiges Pathologisieren des emotionalen Schmerzes.

Wir führen schon seit längerem Achtsamkeitstrainings für Fachkräfte aus dem nicht-psychosozialen Gesundheitswesen durch und stellen fest, dass auch in diesem Bereich das Interesse an einer Vertiefung oder der Teilnahme an einem Mitgefühlstraining wächst. Wir hoffen, dass die Leiter von Gesundheitseinrichtungen ihren Mitarbeitern die Teilnahme an einem solchen Training ermöglichen werden, weil dies der Gesundheit auf mehreren Ebenen zugutekommt: der Gesundheit der Mitarbeiter, derjenigen der Klienten und derjenigen der Einrichtung selbst. So kann die Botschaft weiter verbreitet werden, dass für ein gutes Gesundheitssystem sowohl Heilung als auch Fürsorge wichtig ist.

Eine besondere Form der Übungspraxis, die hier nicht unerwähnt bleiben darf, ist der sog. Einsichts-Dialog, beschrieben von Gregory Kramer (2009). Er entwickelte mit seinen Mitarbeitern eine Anleitung zur Meditation im Dialog ganz aus buddhistischer Sicht, die auch für Psychotherapeuten sehr bereichernd sein kann. Eine eher für Laien gedachte Version gibt es unter dem Namen *Interpersonal Mindfulness* (Kramer u. a. 2008). In der psychotherapeutischen Ausbildung nimmt in der Regel das Erlernen spezifischer Techniken und Modelle breiten Raum ein, obwohl inzwischen hinlänglich bekannt ist, dass die nicht-spezifischen Faktoren für den therapeutischen Erfolg deutlich wichtiger sind. Es fehlt uns offensichtlich immer noch eine gute Methode, wie man eine Qualität wie Empathie entwickeln, pflegen und vertiefen kann. Der Einsichts-Dialog bietet hier einen vielversprechenden Ansatz, der auf der Grundlage einer formellen Praxis zu zweit oder in größeren Gruppen Möglichkeiten bereitstellt, mit mehr Achtsamkeit und Mitgefühl für sich selbst und andere gegenwärtig zu sein, in Offenheit und in tiefer Harmonie zuzuhören und sich in einer heilsamen, authentischen Weise auszutauschen.

Bis jetzt ist es oft noch eine Frage der Initiative eines einzelnen Therapeuten, ob diese Übungspraxis angeboten wird. Man kann aber davon ausgehen, dass in der Ausbildung zu einem Heilberuf die formelle Achtsamkeits- und Mitgefühlspraxis wegen des positiven Einflusses auf die Entwicklung therapeutischer Fähigkeiten und des Beitrags zu den nicht-spezifischen therapeutischen Faktoren zukünftig verstärkt Anwendung finden wird.

3.2 Therapeutische Anwendung allgemeiner Einsichten

Ohne Schlamm kein Lotus.
THICH NHAT HANH

Nach welchem Modell Therapeuten auch arbeiten, die Erkenntnisse aus der inneren Wissenschaft und der äußeren Wissenschaft sind, was die Wirkung von Mitgefühl betrifft, immer nutzbringend. Seitens der äußeren Wissenschaft wurde bisher in Bezug auf Mitgefühl noch wenig veröffentlicht. In den Literaturhinweisen am Ende des Buchs haben wir genannt, was uns davon zugänglich war. Es ist zu erwarten, dass diese Literatur in den kommenden Jahren wachsen wird, wie auch die wissenschaftliche Literatur über Achtsamkeit und Meditation exponentiell gewachsen ist. Die buddhistische Psychologie hat einen Schatz an Wissen aus der inneren Wissenschaft hervorgebracht und kann vor allem tiefere Einblicke in die Vorgänge um das mit dem Leben untrennbar verbundene existenzielle Leiden geben. Es handelt sich hier um transdiagnostische Prozesse, die für viele Klienten ungeachtet ihrer Beschwerden, Krankheiten oder Störungen von Interesse sein können. Solche Erkenntnisse können – wie z. B. auch psychoanalytische Erkenntnisse, die auch nicht aus der äußeren Wissenschaft gewonnen werden – die therapeutische Arbeit unterstützen, da sie Therapeuten ein reicheres Vokabular bie-

ten, um mentale und emotionale Prozesse zu benennen und für ihre Klienten nutzbringend anzuwenden. Und was noch wichtiger ist: Diese Erkenntnisse erinnern sowohl den Therapeuten als auch den Klienten daran, immer wieder zur Erforschung der eigenen Erfahrung zurückzukehren, zur »Erste-Person«-Forschung, die dem Benennen vorausgeht.

Viele Meditationslehrer verfassen derzeit Bücher, die dem westlichen Leser buddhistisches Gedankengut zugänglich machen sollen. Zunehmend werden diese Bücher auch von Therapeuten gelesen, die diese Erkenntnisse in der persönlichen Praxis überprüfen und in ihre therapeutische Arbeit aufnehmen. Die heilsamen und unheilsamen Reaktionen auf Leid wurden in verschiedenen buddhistischen Traditionen in jahrhundertelanger Übungspraxis der inneren Wissenschaft zusammengefasst und mehr oder weniger systematisch schriftlich aufgezeichnet. Eine umfassende Darstellung würde den Rahmen dieses Buches sprengen, weshalb wir nur einige Autoren nennen, die westlichen Lesern buddhistisches Gedankengut näherbringen.

Eine sehr interessante und gründliche, aber gleichzeitig auch schwer zugängliche buddhistische Studie über die menschliche Existenz ist zu lesen im Abhidhamma, über das Frits Koster ein einführendes Werk mit dem Titel *The Web of Wisdom* (Koster 2005) geschrieben hat. In anderen Büchern wird speziell die heilsame Wirkung der Metta-Praxis beschrieben, z. B. von Sharon Salzberg (2003), die aus der Vipassana-Tradition lehrt. Die Praxis der Vier Grenzenlosen (Brahmaviharas) wird erhellend beschrieben in *The Four Immeasurables* von B. Alan Wallace (2010), der vierzehn Jahre als buddhistischer Mönch lebte und heute die Integration von kontemplativer Praxis und westlicher Wissenschaft erforscht. Über Tonglen und die Entwicklung von Mut und Mitgefühl hat Pema Chödrön (2001, 2003) sehr zugängliche Bücher aus der tibetischen Tradition geschrieben. In *Beginne, wo du bist* zeigt sie z. B., wie alles, was uns auf unserem Weg begegnet – wie schmerzhaft, lästig, beängstigend, ärgerlich, unangenehm, peinlich oder zerstörerisch es auch sein mag –, der Beginn eines erwachenden Bewusstseins und von Mitgefühl sein kann. Es kann für Therapeuten überaus bereichernd sein, diese Einsicht mit ihren Klienten zu teilen, da sie den vielen Formen von Leid und Not, die Menschen dazu bringen, zu einem Therapeuten zu gehen, einen ganz anderen Wert beilegt. Nicht trotz, sondern dank Rückschlägen kann unser Herz aufblühen.

Der Psychiater Mark Epstein (1996, 1999) bringt auf eine sehr respektvolle Weise die Welt der Psychoanalyse und diejenige des Buddhismus zusammen. Die Bedeutung des *Holding* (Haltens) in der therapeutischen Beziehung – ein Begriff, den Donald Winnicott mit der sicheren Umgebung verband, die eine »ausreichend gute Mutter« ihrem Kind bietet –, wird von vielen Therapeuten bestätigt, gleichgültig, ob diese innerhalb oder außerhalb eines psychoanalytischen Rahmens arbeiten. Die buddhistische Sichtweise kann helfen, den Fokus von dem vom Therapeuten angebotenen *Holding* weg und auf die Entwicklung der Fähigkeit zu einem offenen, mitfühlenden Gewahrseins beim Klienten selbst zu verlagern – dem *Holding* des Bewusstseins. Auch bei Menschen mit dem Hintergrund einer unsicheren Bindung ist diese Fähigkeit veranlagt.

Therapeutische Schulen, die in der humanistischen, positiven oder lösungsorientierten Psychologie wurzeln, betonen schon seit Längerem, dass eine erfolgreiche Therapie mehr als nur die Reduzierung von Beschwerden oder Krankheitssymptomen umfasst. Nicht nur der Linderung von Leiden, sondern auch der Förderung von Wohlbefinden, Glück und Lebensqualität muss Aufmerksamkeit gewidmet werden. Ein Therapeut, der den Blick nur auf dasjenige richtet, was fehlt und nicht (richtig) funktioniert, sieht weniger als ein Therapeut, der einen weiteren Blick auf alles hat, was schon an Kraftquellen vorhanden ist und gut (genug) funktioniert. Die positive Grundeinstellung in der buddhistischen Psychologie, dass in jedem Menschen (Selbst-)Heilungskräfte vorhanden sind, sodass er in

Mitgefühl erwachen kann, erweist sich für die westliche Psychologie und Medizin als wichtige Inspirationsquelle. Wo früher in der psychosozialen Gesundheitsfürsorge oft Ich-verstärkende Methoden eingesetzt wurden, vielfach durch die Bedeutung inspiriert, die unsere Kultur dem persönlichen Erfolg und dem Selbstwertgefühl beimisst, kann heute die Frage gestellt werden, ob nicht eine Ich-übersteigende Sichtweise mit mehr (Selbst-)Mitgefühl heilsamer ist. Wo krampfhaftes Streben nach Heilung und Beherrschung unbeherrschbarer Prozesse mehr Leiden hervorruft, kann eine liebevolle Haltung der nicht-wertenden Anerkennung dessen, was nun einmal unbeherrschbar ist, befreiend wirken. Es geht nicht mehr nur um ein »immer besser« und eine Jagd nach Heilung oder Lösung, sondern auch um ein »gut genug« aus einer Haltung der Fürsorge und Zuwendung. Die Suche nach spezifischen Heilmitteln oder Lösungswegen kann dann in den Kontext der Pflege einer gesunden Lebensweise und der Schaffung von größtmöglichem Raum für nicht-spezifische therapeutische Faktoren eingebettet werden.

Moderne westliche Schulen wie die Verhaltenstherapien der dritten Generation betonen immer mehr, dass weniger die Stärkung, sondern gerade die Ablösung von unseren Identifikationsprozessen heilsam sein kann. Je weniger schwer man an seinem »Selbst« trägt, desto mehr Raum entsteht für die Beschäftigung mit selbstübersteigenden Werten und verbinden-

der Kommunikation mit anderen, den nachhaltigeren Quellen des Glücks. Die Akzeptanz- und Commitmenttherapie (Hayes u. a. 2004) ist ein Beispiel dafür, wie in der westlichen Psychologie auf dem Weg der äußeren Wissenschaft ein transdiagnostisches Modell entstanden ist, das viele Berührungsflächen mit buddhistischen Einsichten besitzt, welche auf dem Weg der inneren Wissenschaft gewonnen wurden. Bei beiden steht die Akzeptanz von unvermeidlichem Schmerz im Mittelpunkt. Gerade in diesem Schmerz sind die Werte verborgen, die dem Leben Richtung und Reichtum geben können. Und wer sein Leben den wirklich wichtigen Werten widmet, wird zwangsläufig – neben dem Glück – auch dem Schmerz begegnen. Mut und Mitgefühl gehen immer Hand in Hand. In ihrem Buch *Mit dem Herzen eines Buddha* erweitert Tara Brach (2006) den Begriff *Exposure* (sich aussetzen) zu einer viel radikaleren Offenheit gegenüber dem inneren Schmerz. Die Akzeptanz ist dabei kein oberflächliches Erkennen, sondern ein inniges Umarmen. Dies ist Schritt 5 in den Phasen der Akzeptanz von Germer (siehe 2.2.8). Natürlich handelt es sich dabei nicht um einen waghalsigen Sprung von Schritt 1 zu Schritt 5, sondern um die fundamentale Einsicht – ein Kernwert, der der therapeutischen Arbeit Richtung verleiht –, dass »Ganzsein« auf der tiefsten Ebene bedeutet, dass man »alles« in sein Herz (ein)schließen kann.

3.3 Klienten Mitgefühlspraxis lehren

Die von Paul Gilbert (2013) entwickelte *Compassion Focused Therapy* ist ein Beispiel dafür, wie wertvolle Erkenntnisse aus der Evolutionspsychologie, den Neurowissenschaften, der kognitiven Verhaltenstherapie und der buddhistischen Psychologie in einem Therapiemodell zusammenfließen können, bei dem Klienten die Mitgefühlspraxis gelehrt wird. Gilbert nennt dies *Compassionate Mind Training*. Dieses kann sowohl in einer Einzeltherapie als auch in der Gruppe durchgeführt werden (Gilbert & Irons 2005, Gilbert & Proctor 2006). Auch Christopher Germer (2010) setzt Selbstmitgefühlsübungen in Einzeltherapien ein. Zusammen mit Kristin Neff entwickelte er ein achtwöchiges Gruppenmodul, das *Mindful Self-Compassion* (MSC)-Training. Derzeit (Germer, Herbst 2011, persönliche Mitteilung) wird an einem Handbuch hierfür gearbeitet. Dieses Training (achtmal zwei Stunden pro Woche und ein Retreat von sechs Stunden Dauer, 40 Minuten pro Tag selbständiges Üben) ist für jedermann zugänglich, Vorkenntnisse in der Achtsamkeitspraxis sind nicht erforderlich.

Das von uns entwickelte Mitgefühlstraining oder *Mindfulness-Based Compassionate Living* ist für Menschen mit Vorkenntnissen gedacht, die bereits Erfahrung mit Achtsamkeit haben. Wir erachten Letzteres als vorteilhaft, weil Vertrautheit mit den relativ einfachen Achtsamkeits-übungen aus dem Achtsamkeitskurs die Arbeit mit den doch etwas anspruchsvolleren Übungen und Visualisierungen aus dem Mitgefühlstraining erleichtert.

Daniel Siegel (2012b) benutzt die Metapher der »Mindsight-Linse«. Unter dem von ihm eingeführten Begriff Mindsight ist die Fähigkeit zu verstehen, die Aufmerksamkeit auf die Prozesse im eigenen Geist zu konzentrieren. Die Mindsight-Linse ruht auf einem Stativ mit drei Beinen, die der Linse Stabilität verleihen müssen: Offenheit, Objektivität und Beobachtung. Wenn die Linse vom Dreibein nicht ausreichend stabilisiert wird, kann kein scharfes und zuverlässiges Bild von den Prozessen in unserem Geist entstehen. Mangelnde Fähigkeiten können es besonders schwierig machen, die Linse stabil zu halten, wenn diese auf die relativ schmerzhaften Inhalte unseres Geistes ausgerichtet wird, die bei der Mitgefühlspraxis stets an die Oberfläche gelangen. Vor allem bei Klienten, die wegen psychischer Probleme in Behandlung sind, tritt das Phänomen *Backdraft* (siehe 2.4.5) häufig auf. Alte Schmerzen lösen das Alarmsystem aus, und automatische Abwehrreaktionen beeinträchtigen die Fähigkeit zu Offenheit, Objektivität und Beobachtung, sodass die Linse nicht ruhig gehalten werden kann und das Bild unscharf ist. Eine stabile Linse der Achtsamkeit, die durch frühere Achtsamkeitspraxis ausgebildet wurde, erhöht die Fähigkeit zu Mitgefühlspraxis. Es kann besser an der inneren Haltung der Milde gearbeitet werden, mit der die Aufmerksamkeit ausgerichtet wird, sozusagen die Farbe der Linse, die durch die Übungspraxis einen wärmeren Ton erhält, um im Bild zu bleiben. Und selbst dann ist es natürlich noch möglich, dass die Mindsight-Linse beim Mitgefühlstraining aus dem Gleichgewicht gerät. Wenn dies geschieht, empfehlen wir den Teilnehmern, vorübergehend wieder zur Praxis der vertrauten Achtsamkeitsübungen zurückzukehren. Das schlichte, aufmerksame Beobachten der Atmung oder das Lauschen auf Geräusche kann dann die Mindsight-Linse wieder stabilisieren.

Wenn der Bewusstseinsinhalt weniger schmerzhaft ist, können Achtsamkeits- und Selbstmitgefühlstraining besser zusammenspielen. Für diese Klienten genügt möglicherweise schon ein MBSR-Kurs, um die milde Haltung selbständig weiter zu pflegen, oder sie können sogar sofort mit dem Üben liebevoller Güte und von Selbstmitgefühl beginnen, z. B. nach der oben erwähnten Methode von Neff und Germer. Sie haben mehr Entscheidungsfreiheit, mit welchen Übungen sie ihren Bewusstseinsprozess unterstützen können. Für andere sind die Wahlmöglichkeiten beschränkter und ist der Weg zu mehr Wahlfreiheit weiter. Wie auch immer, für uns ist es immer eine Frage des Sowohl-als-auch, nicht des Entweder-oder. Achtsamkeit und Mitgefühl gedei-

hen am besten zusammen – wie in der Metapher des Vogels, der beide Flügel zum Fliegen braucht.

3.3.1 Für welche Klienten?

Bei Klienten, für die das MBSR / MBCT-Modul kein ausreichendes Fundament bot, um Achtsamkeit und Milde in ihr Leben zu integrieren, sind starke Selbstverurteilung und Scham oft hartnäckiger und haben sich ungesunde Muster tiefer eingeschliffen. Es wird, um in der DSM-Terminologie zu sprechen (DSM-IV, 2001) hier oft eine Mischung aus den Problemen von Achse I und Achse II vorliegen. Das bedeutet, dass es sich um eine Kombination von längerfristigen oder stets wiederkehrenden psychiatrischen Symptomen wie Depressionen, Angst, Zwang, Erregungszuständen oder Suchtproblemen (Achse I) einerseits und ungesunden Mustern in der Persönlichkeit (Achse II) andererseits handelt, die eine flexible Anpassung an sich verändernde oder widrige Bedingungen erschwert und damit wiederum das Auftreten psychiatrischer Probleme wahrscheinlicher machen.

Aktuelle schwere Depressionen und Selbstmordgefährdung, Manie, posttraumatische Belastungsstörung, Dissoziation oder Psychose können ein Grund sein, das Training zurückzustellen, bis durch andere Behandlungsmethoden mehr Stabilität erreicht ist. Wenn eine Vorgeschichte solcher Probleme besteht, ist besondere Aufmerksamkeit geboten. Bei Abhängigkeit von Alkohol oder anderen Drogen muss deren Gebrauch vor dem Trainingsbeginn weitestgehend abgebaut werden. Persönlichkeitsstörungen aus Cluster B (Borderline, narzisstisch, histrionisch) oder C (vermeidend, abhängig, zwanghaft) müssen keine Kontraindikation sein. Im Gegenteil, das Training bietet Raum für das Erkennen und die Linderung länger bestehender hartnäckiger Muster, die gerade bei Menschen mit Persönlichkeitsstörungen vorhanden sind. Wie bereits erwähnt, ist das Training – ähnlich dem MBSR-Modul – transdiagnostisch konzipiert, und es wird keine Problemhomogenität in der Gruppe angestrebt. Einige Anmerkungen sind jedoch notwendig.

Am Anfang von Teil 2 haben wir beschrieben, auf welche Punkte beim Vorgespräch für das Mitgefühlstraining geachtet wird. Wichtig ist, dass ausreichend Motivation, Zeit und Möglichkeiten vorhanden sind, um das Programm und die Übungen zu Hause durchzuführen. Bei geringer Stabilität im täglichen Leben und Anzeichen von Krisenanfälligkeit muss ein individueller Therapeut während des Trainings unbürokratisch zugänglich und damit einverstanden sein, dass der Klient am Kurs teilnimmt. Letzteres ist möglich, wenn der Klient zuvor ohne größere Probleme das MBSR/MBCT-Training oder einen ähnlichen Kurs absolviert hat, wenn also die Übungen zwar etwas genützt haben, aber das

Training zu kurz war, um selbständiges Üben ausreichend zu integrieren. Wenn ein Patient in psychiatrischer Behandlung ist, wird empfohlen, erst evidenzbasierte Behandlungen erster Wahl durchzuführen.

Klienten mit einer Vorgeschichte unsicherer Bindungen, traumatischen oder Vernachlässigungserfahrungen und einem stark unterentwickelten Fürsorgesystem können – sei es mit gelegentlichen individuellen Anpassungen im Übungsprogramm – von der Struktur des Mitgefühlstrainings profitieren. Wir sprechen daher bewusst nicht von »Hausaufgaben«, sondern von Übungsvorschlägen. Wichtig ist, dass die Teilnehmer die Übungen in einer Reihenfolge durchführen, die zu ihnen passt, und in einem Tempo, das für sie machbar ist. Bei Teilnehmern mit unsicherer Bindung wird das Alarmsystem in der Regel schnell aktiviert, wenn warme Empfindungen auftauchen, da diese gerade mit drohendem Verlust von Sicherheit assoziiert werden. In diesem Fall ist ein respektvoller Umgang mit emotionalen Grenzen und ein allmähliches Heranführen an eine freundliche und mitfühlende Haltung wichtig. Die Übung »Der sichere Ort« ist in diesem Fall oft weniger bedrohlich als die Übung »Der liebevolle Gefährte«, da ein sicherer Ort ohne die Anwesenheit einer anderen Person visualisiert werden kann.

Für andere Teilnehmer können die Visualisierungsübungen wiederum besonders belastend und verwirrend sein, weil z. B. eine psychotische Verletzlichkeit vorliegt. Die Übungen können in diesem Fall weggelassen werden, die Freundlichkeitsmeditation ist hier möglicherweise besser geeignet. Das Aussprechen wohlwollender Wünsche an sich selbst und andere erfordert eine vorsichtige Steigerung in kleinen Schritten, solange dies als bedrohlich empfunden wird. Klienten dürfen jederzeit zu Selbstmitgefühl zurückkehren, wenn Mitgefühl für andere zu schmerzhaft ist.

Teilnehmer, die zu stark auf Fürsorge für andere konzentriert sind und Schwierigkeiten haben, diese selbst zu empfangen, können sich zunächst länger mit der Übung »Der mitfühlende Weggefährte« beschäftigen, bevor sie mit dem »Mitgefühlsmodus« fortfahren. Es ist dann hilfreich, die Aufmerksamkeit vor allem auf die Empfindungen beim Eintreten und Empfangen von Wärme und Geborgenheit zu lenken, auch dann, wenn man freundliche Wünsche an sich selbst sendet. Es ist immer wichtig, beim Üben die Verbindung zum Körper zu spüren und die Emotionen und Gefühle in der Herzgegend zu verfolgen, um zu vermeiden, dass sich die Übungen vor allem auf einer kognitiven Ebene abspielen.

Es kann befreiend sein, die Ausrichtung auf Ichbehauptung in eine Überwindung der Ichinteressen zu wenden. Die Übung »Mitfühlendes Atmen« (2.5.6) kann dafür sehr gut geeignet sein. Bei einem dominanten »inneren Quälgeist« können Benennen, Erkennen und liebevoller Umgang mit diesem inneren Quälgeist, dem man wohlwollende Wünsche sendet, heilsam sein. Bei einem überentwickelten Antriebssystem und ständigem Streben nach Erfolg und Anerkennung durch andere können der mitfühlende Umgang mit Verlangen (Urge-Surfing) und bewusstes Üben von Genießen, Dankbarkeit, Freude und Großzügigkeit das Fürsorgesystem stärken. Bei Abneigung gegen Schmerzen oder Leiden anderer kann es heilsam sein, sich vorzustellen, dass man diese einatmet und beim Ausatmen dem anderen Menschen liebevolle Wünsche sendet. Bei einer Neigung zu Eifersucht kann Mitfreude mit dem anderen geübt werden. Bei Schadenfreude kann der andere mit wohlwollenden Wünschen bedacht werden. Bei Stolz kann es heilsam sein, sich selbst Gleichmut zu wünschen.

So können die Teilnehmer je nach ihren Mustern länger oder kürzer bei bestimmten Übungen verweilen und individuell durch das Training gehen. Das erfordert Flexibilität seitens der Kursleitung.

Natürlich können alle Übungen auch in Einzeltherapien durchgeführt werden. Das Besondere am Mitgefühlstraining in Gruppen ist, dass die Klienten in verschiedener Weise lernen können. Sie hören von den Erfahrungen der anderen Teilnehmer und können sich in diesen erkennen und spiegeln. Dazu entdecken sie oft, dass sie nicht die einzigen sind, die mit einem Leben mit Schmerzen, Frustration und Kummer zu kämpfen haben.

Der Aspekt der geteilten Menschlichkeit des Mitgefühls ist in einer Gruppe leichter zugänglich. Leider wurde bislang der Einfluss von Gruppenfaktoren auf die Wirkung der Achtsamkeit noch kaum berücksichtigt und werden meistens nur die individuellen Ergebnisse betrachtet. In einer der wenigen Studien, in denen der Effekt der Gruppe auf das Ergebnis untersucht wurde, erwies sich dieser als sehr ausgeprägt (Imel u. a. 2008). In dem Buch *Achtsamkeit lehren* von McCown, Reibel und Micozzi (2011) wird, ganz im Einklang mit unserer eigenen Auffassung, die Bedeutung des Lernens voneinander in der Gruppe betont. Die Autoren sprechen in Anlehnung an Daniel Siegel (2007) von einem »Resonanzkreis«, für den seit der Entdeckung der Spiegelneuronen (spezielle Nervenzellen, die ohne den Umweg über Worte für Nachahmung und Empathie verantwortlich sind) auch eine neurobiologische Grundlage bekannt ist. Der Resonanzkreis kann verstärkt und abgeschwächt werden, je nachdem, wie gut die Gruppenmitglieder bei ihrer Übungspraxis und der Nachbesprechung auf sich selbst oder auf einander eingestimmt sind. Die intrasubjektive Einstimmung stärkt die intersubjektive Einstimmung und umgekehrt. Ein an Kraft zunehmender Resonanzkreis kann eine wichtige Unterstützung im Lernprozess sein.

Teilnehmer sagen oft zu ihren Achtsamkeitstrainern, dass sie die Übungspraxis in der Gruppe als viel intensiver und heilsamer erfahren als das Üben zu Hause, und auch dies deckt sich mit unseren Erfahrungen. Das Üben in der Stille und Verbundenheit miteinander zu erleben, die Freiheit zu erfahren, sich in Nachbesprechungen äußern zu können oder auch nicht, nicht aufeinander reagieren zu müssen, nur zuhörend anwesend zu sein und sich dennoch angenommen fühlen zu können, die eigenen Grenzen respektieren zu dürfen und die Intention der Freundlichkeit sich selbst und den anderen gegenüber – dies alles trägt sehr zu einer Atmosphäre der Sicherheit und zu einem günstigen Lernklima bei. Vor allem für Teilnehmer mit psychischen Problemen, bei denen Gruppentherapie oder Einzelgesprächstherapie nicht zum Erfolg führten, kann diese Übungspraxis eine korrigierende heilsame Erfahrung sein. Es ist unserer Meinung nach sehr wichtig, dass diese Aspekte bei zukünftigen Forschungen ebenfalls untersucht werden und dass nicht vorschnell geurteilt wird, dass Achtsamkeits- und Mitgefühlstraining genauso gut individuell, aus Büchern oder mit Online-Programmen zu erlernen sei. Zweifellos werden sich auch dabei positive Effekte einstellen, aber es ist sehr wahrscheinlich, dass die Intensität des Gruppenprozesses ausbleibt.

3.3.2 Mit welcher Kursleitung?

Jon Kabat-Zinn verweist darauf, dass die Praxis und das Begleiten von Achtsamkeitsmethoden trügerisch einfach sind. Dies gilt auch für das Mitgefühlstraining. Daher halten wir es für wichtig, dass erst Erfahrungen mit dem Leiten von MBSR und MBCT gesammelt werden, bevor ein Mitgefühlstraining für Gruppen gegeben wird. Dadurch sind die Struktur und der Wechsel zwischen Begleitung der Übungen und deren Nachbesprechungen bekannt und man hat sich die dafür notwendige Grundhaltung erarbeitet. Wie beim Leiten von MBSR-/MBCT-Kursen wird auch hier betont, wie wichtig die persönliche Übungspraxis ist, um die Übungen authentisch und in der richtigen Einstimmung auf sich selbst und die Teilnehmer vermitteln zu können. Für eine detaillierte Beschreibung der Qualitäten und Fähigkeiten, über die die Kursleitung verfügen muss, wird auf das bereits erwähnte Buch von McCown u. a. (2011) verwiesen. Auch im Mitgefühlstraining ist die eigene Erfahrung der Teilnehmer der beste Lehrmeister. Wie bei MBSR/MBCT handelt es sich um ein *Training*, das in Gruppen durchgeführt wird, und nicht um eine Gruppen*therapie*. In der psychosozialen Gesundheitsfürsorge braucht die Kursleitung eine psychiatrische Ausbildung, um einschätzen zu können, ob es beim Vorgespräch oder im Verlauf des Trainings Probleme gibt, die eine andere Vorgehensweise erfordern-

lich machen. Noch mehr als beim MBSR-/MBCT-Training kann bei den Teilnehmern alter Schmerz an die Oberfläche kommen. Es ist dabei wünschenswert, dass die Kursleitung in ihrer Rolle bleibt und nicht in die Rolle des Therapeuten schlüpft – sofern dies natürlich nicht mitfühlender ist, was jedoch eher außerhalb des Trainingsrahmens geschehen sollte. Die zugrunde liegende Botschaft ist, dass die Teilnehmer so gut wie möglich lernen sollen, ihr eigener Therapeut zu werden. Sie werden immer wieder eingeladen, an der eigenen Erfahrung zu überprüfen, was heilsame und was unheilsame Reaktionen auf diese Erfahrungen sind, um anhand dieser Erkenntnisse bewusste Entscheidungen zu treffen. Der Austausch in der Gruppe ist zur Unterstützung der individuellen Prozesse der Teilnehmer gedacht.

Die wichtigsten Aufgaben eines Kursleiters sind die Organisation der Rahmenbedingungen (Zeit, Raum, Mittel), die das Training erst möglich machen, Sorge zu tragen für ein wohltuendes Gruppenklima (Resonanzkreis), Begleitung der Übungen, verantwortungsvolles Einflechten von Psychoedukation in Abstimmung auf die Teilnehmer sowie die Nachbesprechung der Übungen nach der Inquiry-Methode oder als offener, achtsamer Dialog. Dabei geht es nicht um therapeutische Exploration, sondern darum, durch Fragen den Bewusstwerdungsprozess für dasjenige zu unterstützen, was in der gegenwärtigen Erfahrung des

Teilnehmers auftritt. Natürlich darf der Kursleiter seine Mitfreude äußern, wenn die Teilnehmer eine aufschlussreiche Erkenntnis teilen, ebenso wie der Kursleiter auch Mitgefühl üben kann, wenn die Teilnehmer ihren Schmerz teilen, ohne sich aber zu schnellen Ratschlägen und Lösungen verführen zu lassen. *Praktiziere, was du lehrst* und *Lehre aus deiner eigenen Praxis* sind Aussagen, die Achtsamkeitstrainern in der Ausbildung mit auf den Weg gegeben werden. Sie gelten ohne Abstriche auch für die Durchführung eines Mitgefühlstrainings. Erreichbarkeit zwischen den Sitzungen kann ein wertvolles Angebot für Teilnehmer sein, die ein zusätzliches Sicherheitsnetz brauchen. In der psychosozialen Gesundheitsfürsorge haben viele Teilnehmer schon Kontakt mit einem eigenen Behandler, aber es kann auch wohltuend sein, gelegentlich direkt mit dem Kursleiter zu sprechen, z. B. wenn ein Teilnehmer beim Üben auf Schwierigkeiten stößt, die besser sofort gelöst werden.

Es hängt wohl von den bisher gemachten Erfahrungen in der persönlichen Übungspraxis und den geleiteten Achtsamkeitskursen ab, wann sich ein Kursleiter in der Lage fühlt, ein Mitgefühlstraining durchzuführen. Wir haben für MBSR-/ MBCT-Lehrer und Therapeuten, die mit der Begleitung von achtsamkeitsbasierten Methoden wie ACT oder DBT vertraut sind und sich für die Durchführung von Mitgefühlstrainings weiterbilden möchten, zwei dreitägige Module entwickelt. Im ersten Modul werden die theoretischen Hintergründe erläutert, die Inhalte der acht Sitzungen besprochen und die wichtigsten Übungen durchgeführt, sodass die Kursleiter diese selbst erfahren können. Im zweiten Modul werden die acht Sitzungen nochmals besprochen, aber jetzt mit dem Schwerpunkt, wie man die Übungen und das anschließende Inquiry selbst leitet. Viele angehende Lehrer für Mitgefühlstraining halten es für wertvoll, selbst erst als Kursteilnehmer an einem Mitgefühlstraining teilzunehmen. Daher bieten wir das achtwöchige Mitgefühlstraining regelmäßig auch speziell für medizinisches Fachpersonal an. Weiterhin organisieren wir auch ein- oder zweimal im Jahr eine praxisorientierte Trainingswoche in einer Retreat-Atmosphäre, in der die Teilnehmer in einem kürzeren Zeitrahmen das gesamte Programm kennenlernen.

Schließlich wird dringend empfohlen, dass Kursleiter erst als Co-Trainer an einem oder mehreren Mitgefühlstrainings mit einem erfahrenen Trainer teilnehmen.

Die zusätzliche Übungseinheit in Stille

Zwischen Kurseinheit 6 und 7 planen wir eine besondere Übungszusammenkunft in Stille ein. Diese Einheit dauert wie die anderen Sitzungen zweieinhalb Stunden und kann als zusätzliche Übungsmöglichkeit betrachtet werden. Aus organisatorischen Gründen wählen wir dieselbe Dauer wie für die anderen Sitzungen. Auf Wunsch ist auch ein längerer Tagesabschnitt oder ein ganzer Tag der Stille möglich, wie dies auch während eines MBSR-Kurses geschieht.

Bei dieser Einheit praktizieren wir verschiedene Achtsamkeits- und Mitgefühlsübungen zur Vertiefung und Verarbeitung der bereits gegebenen Übungen. Wir prüfen jeweils pro Gruppe, welche Übungen wir dabei behandeln und wie ausführlich. Zum Programm gehört in der Regel eine ausführliche Praxis der Freundlichkeitsmeditation (zuerst auf sich selbst gerichtet, dann auf einen Wohltäter, einen guten Freund und / oder ein Familienmitglied, eine neutrale Person, eine »schwierige« Person, Gruppen von Menschen oder Tieren und zum Schluss gegebenenfalls auf alle Wesen). Weiterhin widmen wir uns in dieser Einheit mehr körperorientierten Übungen wie dem »Mitfühlenden Bodyscan« und Bewegungsübungen zum Öffnen des Herzens, die beide in diesem Anhang beschrieben werden. Zudem führen wir Übungen durch, die an anderer Stelle in diesem Buch beschrieben sind, wie »Freundlichkeitsmeditation: Mitfühlendes Gehen« (2.4.8), »Mitgefühl für den Körper« (2.8.2) und »Der Strom des Gewahrseins« (2.8.3).

Am Ende dieses Anhangs haben wir ein Beispielprogramm für eine solche Einheit in Stille aufgenommen. Dies soll jedoch wirklich nur ein Beispiel sein. Der Kursleiter kann je nach der verfügbaren Zeit, der Erfahrung der Teilnehmer und eventuellen Wünschen, noch einmal auf bestimmte Übungen einzugehen, weil sie z. B. noch wenig behandelt wurden, selbst ein geeignetes Programm zusammenstellen.

Übung
Mitfühlender Bodyscan

Wir werden jetzt gemeinsam eine mitfühlende Entdeckungsreise durch den Körper unternehmen. Sie müssen sich dabei nicht anstrengen, etwas Besonderes zu erleben, seien Sie einfach so, wie Sie sind. Sie können den Bodyscan im Liegen durchführen, am besten auf einer Matte oder Matratze, die nicht zu hart und nicht zu weich ist. Falls die Übung wegen physischer Beschränkungen im Liegen schwierig ist, können Sie sie auch (halb) im Sitzen durchführen. Wenn es Ihnen dabei hilft, wach und aufmerksam zu bleiben, können Sie die Augen geöffnet halten, aber Sie können sie auch schließen.

Wenn Sie die Übung im Liegen machen, können Sie sich auf den Rücken legen. Einen engen Gürtel können Sie lösen, Sie können ein Kissen unter den Kopf legen und, falls gewünscht, ein größeres Kissen unter die Kniekehlen, um den unteren Rücken zu entlasten. Wenn Sie erwarten, dass Sie frieren könnten, können Sie sich mit einer Decke zudecken ... Sorgen Sie einfach gut für sich selbst. Lassen Sie die Beine locker liegen, die Füße dürfen leicht nach außen fallen, die Arme liegen locker am Körper ... Seien Sie sich jetzt dessen bewusst, dass Sie liegen. Und nehmen Sie auch wahr, wie Sie sich fühlen ... entspannt, angespannt, müde, friedlich, unruhig oder wie auch immer. Und so, wie es ist, ist es in Ordnung. Sie brauchen nichts zu verändern.

Sie können sich der Atembewegungen bewusst sein, wie sich der Bauch beim Einatmen und beim Ausatmen stetig hebt und senkt. Wenn die Atembewegungen nicht klar im Bauchbereich liegen, sondern in der Brust, können Sie sie dort wahrnehmen. Lassen Sie den Atem frei fließen, und Sie brauchen nicht zu versuchen, tiefer oder langsamer zu atmen ... Nehmen Sie die Atembewegungen einfach wahr, wie sie von selbst ablaufen, und versuchen Sie nicht, sie zu beeinflussen ... Sie brauchen auch nichts dagegen zu unternehmen, wenn die Atmung von selbst ruhiger wird.

Richten Sie die Aufmerksamkeit nun auf Ihren linken Fuß. Begrüßen Sie ihn in Gedanken, und prüfen Sie den linken Fuß mit entspanntem Interesse. Was erleben Sie? Vielleicht fühlt sich der Fuß warm oder kalt, steif oder weich an. Vielleicht spüren Sie den Kontakt der Zehen miteinander oder den Kontakt der Haut mit der Socke ... Oder vielleicht spüren Sie den Druck, der durch den Kontakt der Ferse mit dem Boden entsteht. Vielleicht fühlen Sie aber überhaupt nichts, und auch das ist in Ordnung. Was Sie auch spüren, es ist gut so, wie es ist. Machen Sie sich bewusst, wie der Fuß stets geduldig Ihr Körpergewicht trägt, und überlegen Sie, wie Sie Ihrem linken Fuß etwas Freundliches wünschen können. »Mögest du in Frieden sein« oder »Mögest du stark sein« oder »Ich wünsche dir Ruhe« oder etwas anderes, das freundlich und unterstützend ist.

Dann tun Sie dasselbe mit dem linken Unterschenkel ... dann dem linken Oberschenkel … um sich dann wieder dem sich hebenden und senkenden Bauch zuzuwenden … Und nun die Aufmerksamkeit auf den rechten Fuß richten … und diesem etwas Freundliches wünschen. Dann der rechte Unterschenkel … der rechte Oberschenkel … Vielleicht stellen Sie fest, dass Sie die Übung genießen oder im Gegenteil gerade ungeduldig werden oder dass Sie sich fragen, ob Sie es richtig machen, oder dass Sie abschweifen. All das ist in Ordnung. Vielleicht können Sie einen solchen Gemütszustand zur Kenntnis nehmen, ohne diesen verändern zu müssen. Einfach akzeptierend zur Kenntnis nehmen, was in oder an Ihnen geschieht und jeden Körperteil gefühlsmäßig begrüßen und diesem dann einen freundlichen Wunsch senden.

Es kann durchaus sein, dass Sie kurz schläfrig werden und eine Weile nicht bei der Sache sind. Wenn dies geschieht, brauchen Sie das auch nicht zu verurteilen oder dagegen anzukämpfen, aber vielleicht nehmen Sie es doch bewusst wahr. Und wenn die Schläfrigkeit sehr stark wird und Sie zu überwältigen droht, können Sie, wenn Sie möchten, eine Weile mit geöffneten Augen liegen. Aber Sie brauchen dies nicht in einen Kampf ausarten zu lassen. Es ist etwas sehr Menschliches, und auch diesbezüglich können Sie freundlich sein.

Sie können nun den Rumpf, die Arme und schließlich den Kopf erkunden und jeden Körperteil, dem Sie sich zuwenden, erst gefühlsmäßig gewahr werden … um dann immer einen freundlichen Wunsch zu dem Körperteil strömen zu lassen, der wahrgenommen wird. Sie können sich von den Vier Lebensfreunden helfen lassen, wenn Sie einem Körpergebiet etwas Passendes wünschen. Zu einem Bereich, an dem Sie Schmerzen spüren, können Sie einen mitfühlenden Wunsch strömen lassen: »Mögest du frei sein von Schmerz« oder »Mögest du diese Unannehmlichkeiten ertragen können«. Ein Bereich, in dem Sie eine angenehme Erfahrung wahrnehmen, kann Anlass zu einem Wunsch werden, der Mitfreude ausdrückt: »Mögest du diesen Augenblick genießen.« Unruhe kann Sie dazu inspirieren, Gleichmut zu wünschen: »Mögest du in Frieden sein mit dem, was ist« oder »Mögest du Gelassenheit erfahren«. Ein Bereich, in dem Sie vor allem »Leere« oder »nichts fühlen« feststellen, kann Sie zu einem Wunsch inspirieren, der liebevolle Freundlichkeit ausdrückt: »Mögest du dazugehören« oder »Mögest du gesund sein«. Fahren Sie fort, solange Sie das als wohltuend empfinden.

Wenn Sie möchten, können Sie dann die Aufmerksamkeit vom Scheitel nach unten strömen lassen, durch den Rumpf und die Arme zu den Beinen bis in die Füße und wieder zurück nach oben zum Scheitel. Mit entspanntem Interesse die Aufmerksamkeit wie Wellen durch sich hindurchgehen fühlen … vom Scheitel bis in die Zehen … und wieder zurück … um dann den Körper noch einmal als Ganzes wahrzunehmen … und eventuell sanft einen freundlichen Wunsch zum Körper als Ganzem strömen zu lassen … im Rhythmus des Atems oder unabhängig davon.

Wenn Sie dazu bereit sind, können Sie den Wunsch zur Kenntnis nehmen, Finger oder Zehen zu bewegen, sich zu strecken, das Gesicht zu massieren, zu gähnen oder was auch immer. Und laden Sie sich selbst dazu ein, in derselben entspannten, freundlichen und aufmerksamen Weise wieder in den Alltag zurückzukehren.

Bewegungsübungen, um das Herz zu öffnen

Glück kann nicht durch große Anstrengung und Willenskraft gefunden werden, sondern es ist schon da, wenn wir uns entspannen und loslassen.
LAMA GENDÜN RINPOCHE

Neben Bewegungsübungen, die schon aus dem Achtsamkeitstraining vertraut sind, können die folgenden Yoga-Übungen während der Sitzungen und / oder während der zusätzlichen Einheit in Stille ausgeführt werden. Die Übungen sind auf die Aktivierung und Öffnung des Herzens ausgerichtet und auf die Kultivierung von Gefühlen der Liebe, Freude und Ausgeglichenheit. Wie bei den Bewegungsübungen aus dem MBSR / MBCT gilt auch hier: Sie brauchen nicht nach bestimmten Erfahrungen zu streben. Was auch immer Sie erfahren, ist in Ordnung, wenn Sie die Erfahrung einfach so wahrnehmen, wie sie ist, egal ob der Gefühlswert und die damit verbundenen Urteile und Reaktionen angenehm sind oder nicht.

Atmung des Herzens

Stellen Sie sich aufrecht mit etwas breiter als hüftbreit geöffneten Beinen hin. Knie und Knöchel bleiben locker. Die unteren Bauchmuskeln sind leicht aktiviert. Strecken Sie die Arme auf Schulterhöhe vor sich aus, als ob Sie einen riesigen Baum umarmen würden. Die Schultern sind entspannt, und die Handflächen sind leicht nach innen gewendet.

1. Führen Sie die Handflächen beim Einatmen bis kurz vor dem Herzen zur Brust. Fühlen Sie die Öffnung in der Brust und spüren Sie sich.

2. Drehen Sie beim Ausatmen die Handflächen von sich weg. Mit dieser Geste können Sie sanft loslassen. Federn Sie während der Bewegung leicht in den Knien. Drehen Sie die Handflächen wieder nach innen, Sie kommen dann automatisch wieder zurück in die Ausgangsposition.

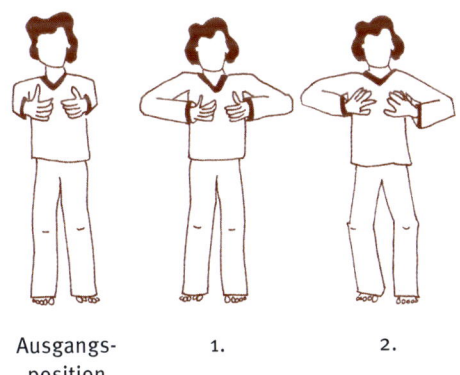

Ausgangs-position   1.   2.

Wiederholen Sie die Übung mindestens fünfmal, wobei Sie sich jeweils auf die Qualität der Liebe, Freude oder Dankbarkeit konzentrieren können oder auf einen der Vier Lebensfreunde aus Einheit 6 (Liebevolle Freundlichkeit, Mitgefühl, Mitfreude oder Gleichmut), z. B.: »Ich empfange Liebe« (beim Einatmen), »Ich gebe Liebe« (beim Ausatmen).

Atmen für ein größeres Herz

Stellen Sie sich aufrecht mit etwas breiter als hüftbreit geöffneten Beinen hin. Knie und Knöchel bleiben locker. Die unteren Bauchmuskeln sind leicht aktiviert. Die Arme sind vor dem Unterleib gekreuzt, rechts über links.

1. Führen Sie jetzt die Ellbogen beim Einatmen in einer Bewegung nach oben, als ob Sie einen Pullover ausziehen würden. Der rechte Arm liegt über dem linken Arm.

2. Führen Sie die Arme vollständig nach oben bis über den Kopf.

3. Führen Sie die Arme beim Ausatmen seitwärts nach unten und kreuzen Sie sie wieder vor dem Unterleib, jetzt links über rechts.

Wiederholen Sie die Übung mindestens fünfmal, wobei Sie die Arme stets im Wechsel kreuzen. Richten Sie die Aufmerksamkeit immer auf das Herz. Beobachten Sie, was Sie erfahren, wenn die Arme nach oben gehen und wenn die Arme wieder nach unten sinken.

Wassermühle

Stellen Sie sich aufrecht mit hüftbreit geöffneten Füßen hin. Knie und Knöchel bleiben locker. Die unteren Bauchmuskeln sind leicht aktiviert. Beim Einatmen führen Sie die Arme seitwärts so nach oben, dass Sie sie aus den Augenwinkeln noch wahrnehmen können. Die Handflächen sind nach oben geöffnet, die Schultern bleiben entspannt.

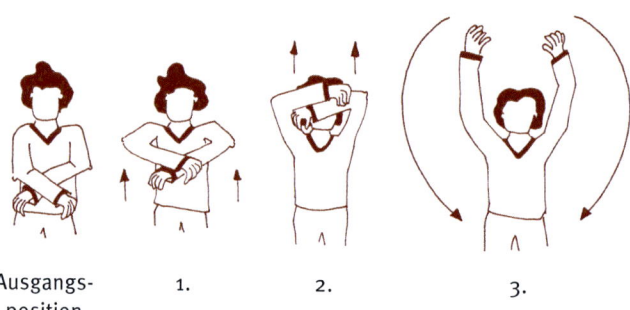

Ausgangs-   1.   2.   3.
position

1. Beim Ausatmen drehen Sie den Rumpf nach rechts und führen Sie den rechten Arm rückwärts nach unten. Folgen Sie mit dem Gesicht. Es ist eine Bewegung, als ob Sie dauernd Wasser schöpfen würden.

2. Beim Einatmen führen Sie denselben Arm in einer fließenden Bewegung nach vorne wieder nach oben, Sie beschreiben daher gewissermaßen einen Kreis mit dem Arm.

Wechseln Sie jetzt zum anderen Arm und achten Sie darauf, dass Sie mit jedem Arm mindestens fünf Kreise vollführt haben. Lassen Sie die Gelenke locker und spüren Sie die Energie des Herzens in Verbindung mit den Händen.

Ausgangs-   1.   2.
position

Spiegeldrehung

Stellen Sie sich mit hüftbreit geöffneten Füßen hin. Heben Sie die Arme bis auf Schulterhöhe nach oben und nach vorne an. Die Handflächen weisen von Ihnen weg. Drehen Sie die rechte Handfläche zu sich her, sodass Sie die Innenfläche sehen können.

1. Atmen Sie ein. Beim nächsten Ausatmen bewegen Sie die geöffnete Hand in einem Halbkreis seitwärts nach hinten. Folgen Sie mit den Augen der geöffneten Handfläche nach hinten. Beide Ellbogen und Handgelenke bleiben auf Schulterhöhe.

2. Bleiben Sie so stehen und atmen Sie ruhig weiter. Richten Sie die Aufmerksamkeit auf die leichte Dehnung im Brustbein. Atmen Sie wieder ein und führen Sie die hintere Hand seitwärts wieder nach vorne.

Wechseln Sie jetzt die Hand und drehen Sie die linke Handfläche zu sich her. Beschreiben Sie nun mit dem linken Arm beim Ausatmen einen Halbkreis nach hinten. Die Augen folgen wieder der Handfläche. Atmen Sie ruhig ein und führen Sie den Arm beim Einatmen wieder nach vorne. Wiederholen Sie dies fünfmal mit beiden Händen.

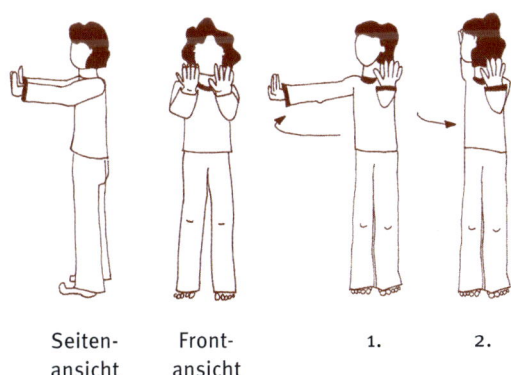

Seiten-   Front-   1.   2.
ansicht   ansicht

Sitz des Herzens

Seien Sie mit dieser Übung bei Knöchel-, Knie- oder Hüftgelenksbeschwerden vorsichtig und halten Sie die Arme bei hohem Blutdruck, Schulter-, Hals- und Herzbeschwerden nicht zu lange über dem Kopf.

1. Stellen Sie sich mit hüftbreit geöffneten Füßen hin. Die unteren Bauchmuskeln sind leicht aktiviert, das Becken steht neutral. Führen Sie die Arme beim Einatmen seitlich bis über den Kopf und legen Sie die Handflächen aneinander.

2. Atmen Sie aus, beugen Sie die Ellbogen und führen Sie die Handflächen etwas über der Stirn zusammen.

3. Atmen Sie ein, strecken Sie die Arme wieder über den Kopf, halten Sie die Handflächen gegeneinander und beugen Sie die Knie, als ob Sie sich auf einen Stuhl setzen würden. Spüren Sie die Öffnung im Brustbereich. Atmen Sie aus, beugen Sie die Ellbogen wieder nach unten und strecken Sie die Knie.

Wiederholen Sie Punkt 2 und 3 fünfmal und kehren Sie schließlich wieder in die Ausgangsposition zurück.

Visualisierung »Teilen«

Atmen Sie ein und führen Sie die Arme nach oben bis über den Kopf.

1. Visualisieren Sie einen Lichtschauer in Ihren Handflächen.

2./ 3. Atmen Sie aus und führen Sie dieses Licht mit den Händen über den Scheitel, das Gesicht, den Hals, die Brust und den Bauch nach unten. Lassen Sie sich hierfür Zeit …

4. … bis Sie in eine aufrechte Haltung gekommen sind, wobei die Arme locker am Körper herabhängen.

Senden Sie einen friedlichen Wunsch an jemanden (sich selbst oder einen anderen Menschen), der derzeit Unterstützung gut gebrauchen kann. Bleiben Sie eine Weile in der stehenden Meditationshaltung.
Wiederholen Sie die Übung bei Bedarf noch ein- oder zweimal und wählen Sie ggf. eine andere Person, der Sie den Wunsch senden können.

1.   2.   3.

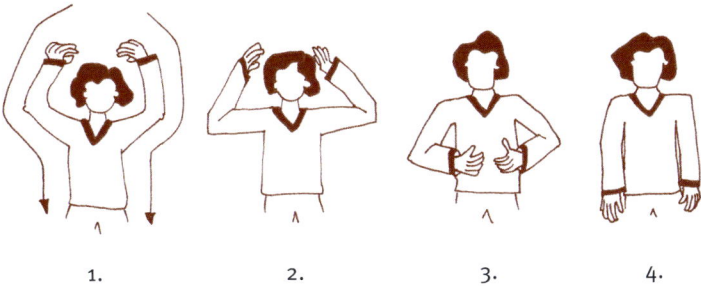

1.   2.   3.   4.

Ablaufbeispiel für die Kurseinheit in Stille (zweieinhalb Stunden)

- Kurze Besprechung praktischer Fragen und Erläuterung des Zusammenseins in Stille und der Absicht, den gesamten Zeitraum als kontinuierliche Achtsamkeitsübung durchzuführen: 5 Minuten
- Geführtes Yoga einschließlich Bewegungsübungen zum Öffnen des Herzens (siehe diesen Anhang): 30 Minuten
- Freundlichkeitsmeditation: 30 Minuten
- In der Pause ein kurzer Spaziergang oder etwas trinken und / oder essen in Achtsamkeit: 15 Minuten
- Freundlichkeitsmeditation: Mitfühlendes Gehen (2.4.8): 15 Minuten
- Mitfühlender Bodyscan (siehe diesen Anhang) oder Mitgefühl für den Körper (2.8.2): 25 Minuten
- Der Strom des Gewahrseins (2.8.3): 20 Minuten
- Alle am Ende bitten, mit wenigen Worten etwas über die Erfahrungen oder die Stimmung des Augenblicks zu sagen: 5 Minuten
- Kurze abschließende Freundlichkeitsmeditation für sich und die anderen: 5 Minuten

Quellenhinweis

Mit Dank an die Yoga-Lehrerin und *Visual writer* Kim Raver (www.customheartwork.nl), die die obigen Übungen erarbeitet und illustriert hat. Die Übungen stammen aus dem Dru-Yoga, auch bekannt als »Yoga des Herzens« (Barrington u. a. 2007). Es gibt eine neuere britische Studie über die Wirksamkeit dieser Form von Yoga auf das Wohlbefinden und die Widerstandsfähigkeit gegen Stress bei Hochschulpersonal am Arbeitsplatz (Hartfiel u. a. 2011). Im Vergleich mit der Kontrollgruppe auf der Warteliste zeigten sich bei den Teilnehmern, die mindestens einmal pro Woche während sechs Wochen an einer Yoga-Sitzung teilnahmen (sie erhielten auch eine CD von 35 Minuten Dauer, mit der sie bei Bedarf zu Hause üben konnten), erhebliche Verbesserungen hinsichtlich psychischem Wohlbefinden, Zufriedenheit mit dem Leben und Selbstvertrauen in stressbetonten Situationen.

Verzeichnis der Übungen

Weitere Infos zum Lesen, Hören und Surfen

Weiterlesen und -hören

Wer weiterlesen oder -hören möchte, dem seien die folgenden für ein breites Publikum verfassten Bücher und einige CDs empfohlen. Für weitergehende Quellenangaben und Referenzen siehe die Literaturliste im Anschluss.

James Baraz & Shoshana Alexander, *Freude,* Herder, 2013. Ein Buch mit Vorschlägen, um mehr Lebensfreude zu entwickeln.

Tara Brach, Radical Acceptance, Bantam, 2004. Ein persönlich gehaltenes Buch einer klinischen Psychologin und Meditationslehrerin mit wertvollen Übungen, die helfen, eine freundliche, liebevolle Haltung zu kultivieren und Angst und Scham zu heilen. Die deutsche Ausgabe *Mit dem Herzen eines Buddha* (Knaur, 2006) ist antiquarisch erhältlich.

Vidyamala Burch, *Gut leben trotz Schmerz und Krankheit,* Goldmann, 2009. Vor dem Hintergrund ihrer eigenen Erfahrung beschreibt Burch in diesem Buch ihre Methode, um mit Freundlichkeit und Achtsamkeit mit (chronischem) Schmerz umzugehen.

Pema Chödrön, *Meditieren,* Kösel, 2013. *Beginne, wo du bist,* Kamphausen, 2003. *Wenn alles zusammenbricht,* Goldmann, 2001. *Geh an die Orte, die du fürchtest,* Arbor, 2007 und andere mehr. Die amerikanische buddhistische Lehrerin, die in Kanada ein Meditationszentrum

leitet, schreibt mit Direktheit und Humor. Viele ihrer empfehlenswerten Bücher sind auf Deutsch erschienen.

Christopher Germer, *Der achtsame Weg zur Selbstliebe,* Arbor, 2010. Wie man sich mit Achtsamkeit und Mitgefühl von destruktiven Gedanken und Gefühlen befreien kann. Verfasst von einem Psychotherapeuten, der intensiv mit Achtsamkeit und Selbstmitgefühl arbeitet.

Paul Gilbert, *Mitgefühl,* Arbor, 2011. Ein breit angelegtes Buch mit sowohl ausführlichem wissenschaftlichen Hintergrund wie mit vielen Praxisübungen. Verfasst von einem britischen Professor für Klinische Psychologie, der seine *Compassion Focused Therapy* auch für ernste Formen psychiatrischer Schwierigkeiten entwickelt hat, bei denen besonders Selbstkritik und Scham eine zentrale Rolle spielen.

Kenn Goss, *The Compassionate Mind-Guide to Ending Overeating,* New Harbinger Publications, 2011. Ein Selbsthilfebuch, das einen mitfühlenden Ansatz für den Umgang mit Essstörungen anbietet.

Rick Hanson (mit Richard Mendius), *Mit dem Gehirn eines Buddha,* Arbor, 2010. Ein leicht zugängliches Buch, um die Vorgänge im Gehirn besser zu verstehen. Es eröffnet neurowissenschaftliche Argumente für Meditation, liebevolle Freundlichkeit und Mitgefühlspraxis.

Lynne Henderson, *Finde den Mut, du selbst zu sein: Wie die Compassion Focused Therapy helfen kann, Schüchternheit zu überwinden*, Arbor, 2012. Ein Selbsthilfebuch für Menschen, die unter sozialen Ängsten und Schüchternheit leiden, mit vielen mitgefühlsorientierten Übungen.

Jon Kabat-Zinn, *Zur Besinnung kommen*, Arbor, 2008. Dieses Buch beschreibt, wie wir und die Welt durch die Praxis der Achtsamkeit Heilung finden können und wie die Haltung des Mitgefühls dabei helfen kann.

Frits Koster, *Liberating insight*, Silkworm Books, 2004. Eine Einführung in die buddhistische Psychologie und die Praxis der Achtsamkeit und Einsichtsmeditation.

Linda Lehrhaupt, Petra Meibert und Karin Krudup, *Stress bewältigen mit Achtsamkeit*, Kösel 2013. Diese Doppel-CD enthält neben den MSBR-Übungen Bodyscan, Bewegungsübungen und Sitzmeditation auch eine angeleitete Übung zu Freundlichkeit mit sich und anderen und eine Meditation zum mitfühlenden Umgang mit Schwierigkeiten. Das gleichnamige Buch führt in die Achtsamkeitspraxis anhand des achtwöchigen MBSR-Kurses ein. Weitere Übungen zur Mitgefühlspraxis lassen sich auch auf der Webseite von Christopher Germer (auf Englisch) herunterladen (siehe Liste der Webseiten weiter unten).

Marie Mannschatz, *Lieben und Loslassen: Durch Meditation das Herz öffnen*, Theseus, 2010. Ein Buch mit vielen praktischen Übungsanleitungen zur Metta-Praxis und Weiterentwicklung der eigenen Liebesfähigkeit.

Kristin Neff, *Selbstmitgefühl*, Kailash, 2012. Ein zugängliches, wissenschaftlich basiertes und zugleich persönliches Buch der amerikanischen Psychologin, die ausführlich über Selbstmitgefühl geforscht hat. Mit eingehen-

den Erläuterungen und vielen praktischen Übungen.

Sharon Salzberg, *Metta-Meditation*, Arbor, 2003. Wir können uns nach Intimität und Kontakt zu uns und anderen sehnen und zugleich Angst davor haben. Dieses Buch einer erfahrenen Meditationslehrerin zeigt, wie befreiend die Praxis der liebevollen Freundlichkeit sein kann.

Frits Koster & Jetty Heynekamp, *Mildheid*, Asoka, 2011. Ein (bisher nur auf Niederländisch erschienenes) Hörbuch mit Meditationsübungen zu Güte und Mitgefühl. Diese Übungen werden auch im Mitgefühlstraining verwendet.

Weiter surfen

www.arbor-seminare.de Hier finden Sie u. a. Informationen über Workshops und Ausbildungen mit Christopher Germer und Kristin Neff in Deutschland

www.compassietraining.nl Website von Frits Koster und Erik van den Brink zum Mitgefühlstraining MBCL (auf Englisch und Niederländisch)

www.institut-fuer-achtsamkeit.de Webseite des *Instituts für Achtsamkeit und Stressbewältigung*. Hier finden Sie neben ausgebildeten MBSR- und MBCT-Lehrern auch Informationen über MBCL in Deutschland und der Schweiz sowie über die Ausbildung als Kursleiter in MBCL

www.mbsr-verband.org Webseite des deutschen MBSR- und MBCT-Verbandes

www.resource-project.org Das Resource-Project, initiiert von Tania Singer, erforscht in Zusammenarbeit mit dem Max-Planck-Institut, wie Geistestraining (Achtsamkeit, Mitgefühl,

Perspektivübernahme etc.) die mentale Gesundheit und soziale Kompetenzen fördert

Englischsprachige Seiten

http:// ccare.stanford.edu Website von *The Center for Compassion and Altruism Research and Education* (ccare). Angeschlossen an die Universität Stanford, USA, konzentriert sich diese Einrichtung auf die wissenschaftlichen Grundlagen für die Kultivierung von Mitgefühl und Altruismus

www.compassionateliving.info Website von Frits Koster und Erik van den Brink

www.compassionatemind.co.uk Website der *Compassionate Mind Foundation*. Initiiert von Paul Gilbert und ausgerichtet auf die Förderung von Wohlergehen durch das wissenschaftlich basierte Verständnis und die Anwendung von Mitgefühl

www.compassionatewellbeing.com Website mit Informationen zu Workshops in England zu mitgefühlsorientierten Methoden

www.fritskoster.nl Website von Frits Koster (auf Englisch und Niederländisch)

www.mbcl.nl Website von Erik van den Brink zum Mitgefühlstraining MBCL (auf Englisch und Niederländisch)

www.metta.org Website mit Informationen über den Einsichtsdialog, die interpersonelle Form von Meditation, entwickelt von Gregory Kramer und Mitarbeitern

www.mindfulselfcompassion.org Website mit Möglichkeiten zum Audio-Download von Christopher Germer, Autor von *Der achtsame Weg zur Selbstliebe*

www.mindfulcompassion.com Website *des Center for Mindfulness and Compassion Fo-cused Therapy*. Dieses Zentrum entwickelt evidenzbasierte kognitive verhaltenstherapeutische Methoden (CBT), die auf Achtsamkeit und Mitgefühl basieren

www.rickhanson.net Website von Rick Hanson, Autor von *Mit dem Gehirn eines Buddha*

www.self-compassion.org Website von Kristin Neff zu ihrer Arbeit über die Erforschung von Selbstmitgefühl

www.sharonsalzberg.com Website von Sharon Salzberg, Autorin von *Metta-Meditation*

www.tarabrach.com Website von Tara Brach, Autorin von *Radical Acceptance*

Literatur

Adams, C. & Leary, M.R. (2007). Promoting self-compassionate attitudes toward eating among restrictive and guilty eaters. *Journal of Social and Clinical Psychology, 26*(10), 1120–1144.

Ainsworth, M.D.S. & Bolwby, J. (1991). An ethological approach to personality development. *American Psychologist, 46,* 333–341.

Appelo, M. (2011). *Het gelaagde brein: Reflectie en discipline bij het werken aan verandering.* Amsterdam: Boom.

Baer, R.A. (2003). Mindfulness training as a clinical intervention: A conceptual and empirical review. *Clinical Psychology: Science and Practice, 10,* 125–143.

Baer, R.A. (Ed.) (2006). *Mindfulness-Based Treatment Approaches: Clinician's Guide to Evidence and Applications.* London: Academic Press.

Baer, R.A. (2010). Self-compassion as a mechanism of change in mindfulness- and acceptance-based treatments. In R.A. Bear (Ed.), *Assessing mindfulness and acceptance processes in clients: Illuminating the theory and practice of change* (pp. 135–153). Oakland, CA: New Harbinger Publications.

Baraz, James & Alexander, Shoshana (2013). *Freude. Erfüllt und glücklich leben.* Freiburg/Br.: Herder.

Barks, Coleman (1996). *The Essential Rumi.* San Francisco: Harper Collins.

Barnard, L.K. & Curry, J.F. (2011, October 31). Self-Compassion: Conceptualizations, Correlates, & Interventions. *Review of General Psychology.* Advance online publication. doi:10.1037/a0025754.

Barrington, C., Goswami, A. & Jones, A. (2007). *Dru Yoga: Stilte in beweging.* Zetten: Dru Yoga Foundation.

Bartley, T. (2012). *Mindfulness-Based Cognitive Therapy for Cancer.* Chichester: Wiley-Blackwell.

Batchelor, S. (2011). *Buddhismus für Ungläubige.* Frankfurt/M: Fischer.

Bennett-Goleman, T. (2004). *Emotionale Alchemie: Der Schlüssel zu Glück und innerem Frieden.* Frankfurt/M.: Fischer.

Biegel, G.M., Brown, K.W., Shapiro, S.L., & Schubert, C.M. (2009). Mindfulness-based stress reduction for the treatment of adolescent psychiatric outpatients: A randomized clinical trial. *Journal of Consulting and Clinical Psychology, 77*(5), 855-866.

Bien, T. & S.F. Hick (2010). *Achtsamkeit in der therapeutischen Beziehung.* Freiburg/Br.: Arbor.

Bierhoff, H.-W. (2005). The psychology of compassion and prosocial behavior. In P. Gilbert (Ed.), *Compassion: Conceptualisations, Research and Use in Psychotherapy* (148–167). London: Routledge.

Bos, E. & Appelo, M. (2009). De focus van psychotherapie: klachten of krachten? *De psycholoog, 44,* 318–324.

Bos, E.H., Merea, R., Van den Brink, E. et al. (2013, in press). Mindfulness Training in a Heterogeneous Psychiatric Sample: Outcome Evaluation and Comparison of Different Diagnostic Groups. *Journal of Clinical Psychology.*

Bowen, S., Chawla, N. & Marlatt, A. (2011). *Mindfulness-Based Relapse Prevention for Addictive Behaviors: A Clinician's Guide.* New York: Guilford Press.

Brach, T. (2004). *Radical Acceptance: Embracing your life with the heart of a Buddha.* New York: Bantam. (Die deutsche Ausgabe *Mit dem Herzen eines Buddha: Heilende Wege zu Selbstakzeptanz und Lebensfreude,* Knaur 2006, ist antiquarisch erhältlich.)

Braehler, C., Gumley, A., Harper, J., e.a. (2012). Exploring change processes in compassion focused therapy in psychosis: Results of a feasibility randomized controlled trial. *British Journal of Clinical Psychology,* DOI:10.1111/bjc.12009.

Brewin, C.R. (2006). Understanding cognitive behavior therapy: A retrieval competition account. *Behaviour Research and Therapy, 44,* 765–784.

Brewin, C.R., Wheatley, J., Patel, T., e.a. (2009). Imagery rescripting as a brief stand-alone treatment for depressed patients with intrusive memories. *Behaviour Research and Therapy, 47,* 569–576.

Brink, E. van den (2006a). Naar een integrale benadering van stemmingsstoornissen: Voor-

bij regulier of alternatief. *GGzet Wetenschappelijk, 10*(1), 4–26.

Brink, E. van den (2006b). Zoek geen problemen, maar oplossingen: Een model voor een gezondheidsgerichte GGz. *GGzet Wetenschappelijk, 10*(2), 4–18.

Brown, R.P. & Gerbarg, P. (2012). *The Healing Power of the Breath.* Boston: Shambhala.

Bryant, F.B. & Veroff, J. (2007). *Savoring: A New Model of Positive Experiences.* Mahwah, NJ: Lawrence Erlbaum.

Burch, V. (2009). *Gut leben trotz Schmerz und Krankheit: Der achtsame Weg, sich vom Leid zu befreien.* München: Goldmann.

Calaprice, A. (2005). *The New Quotable Einstein.* Princeton, NJ: Princeton University Press.

Carlson, L.E., Labelle, L.E., Garland, S.N., Hutchins, M.L. & Birnie, K. (2009). Mindfulness-Based Interventions in Oncology. In F. Didonna (Ed.), *Clinical Handbook of Mindfulness* (383–404). New York: Springer.

Chadwick, P., Newman Taylor, K. & Abba, N. (2005). Mindfulness groups for people with psychosis. *Behavioral and Cognitive Psychotherapy, 33,* 351–359.

Chiesa, A. & Serretti, A. (2011). Mindfulness based cognitive therapy for psychiatric disorders: A systematic review and metaanalysis. *Psychiatry Research, 187,* 441–453.

Chödrön, P. (2003). *Beginne, wo du bist. Eine Anleitung zum mitfühlenden Leben.* Bielefeld: Kamphausen.

Chödrön, P. (2001). *Tonglen. Der tibetische Weg mit sich selbst und mit anderen Freundschaft zu schließen.* Freiburg / Br.: Arbor.

Cohen, Leonard (1992). »Anthem« aus dem Album *The Future*.

Costa, J. & Pinto-Gouveia, J. (2011). Acceptance of pain, self-compassion and psychopathology: Using the chronic pain acceptance questionnaire to identify patients' subgroups. *Clinical Psychology and Psychotherapy, 18*, 292–302.

Crocker, J. & Canevello, A. (2008). Creating and undermining social support in communal relationships: The role of compassionate and self-image goals. *Journal of Personality and Social Psychology, 95*, 555–575.

Darrow, Clarence. www.en.wikiquote.org

Davidson, R.J. (2012). The Neurobiology of Compassion. In C.K. Germer & R.D. Siegel (Eds.), *Compassion and Wisdom in Psychotherapy* (pp. 111–118). New York, NY: Guilford Press.

Depue, R.A. & Morrone-Strupinsky, J.V. (2005). A neurobehavioral model of affiliative bonding. *Behavioral and Brain Sciences, 28*, 313–395.

Dewulf, D. (2010). *Das Arbeitsbuch der Achtsamkeit: Gelassen durch den Alltag surfen.* Freiburg/Br.: Arbor.

Didonna, F. (Ed.) (2009a). *Clinical Handbook of Mindfulness.* New York: Springer.

Didonna, F. (2009b). Mindfulness and Obsessive-Compulsive Disorder: Developing a Way to Trust and Validate One's Internal Experience. In F. Didonna (Ed.), *Clinical Handbook of Mindfulness* (189–219). New York: Springer.

DSM-IV (2001). *Diagnostic and Statistical Manual of Mental Disorders: Fourth Edition – Text Revision.* Washington, D.C.: American Psychiatric Association.

Eliot, T.S. (1917). *Prufrock and other Observations.* London: The Egoist Ltd.

Emmons, R.A. & McCullough, M.E. (2003). Counting Blessings versus Burdens: An Experimental Investigation of Gratitude and Subjective Well-Being in Daily Life. *Journal of Personality and Social Psychology, 84*, 377–389.

Epstein, M. (1996/2011). *Gedanken ohne Denker: Wechselspiel Buddhismus Psychotherapie.* Oberstdorf: Windpferd.

Epstein, M. (1999). *Going to pieces without falling apart: A buddhist perspective on wholeness.* New York: Three Rivers Press.

Feldman, Christina (2005). *Compassion*, Berkeley, CA: Rodmell Press.

Figley, C.R. (2002). Compassion fatigue: Psychotherapists‹ chronic lack of self care. *Journal of Clinical Psychology, 58*(11, Suppl.1), 1433–1441.

Frankl, V.E. (2009). *… trotzdem Ja zum Leben sagen: Ein Psychologe erlebt das Konzentrationslager.* München: Kösel.

Fredrickson, B.L., Cohn, M.A., Coffey, K.A., Pek, J. & Finkel, S. (2008). Open hearts build lives: Positive emotions, induced through loving-kindness meditation, build consequential personal resources. *Journal of Personality and Social Psychology, 95*, 1045–1062.

Gale, C., Gilbert, P., Read, N., Goss, K. (2012). An Evaluation of the Impact of Introducing Compassion Focused Therapy to a Standard Treatment Programme for People with Eating Disorders. *Clinical Psychology and Psychotherapy*, DOI: 10.1002/cpp.1806.

Gardner-Nix, J. (2009). Mindfulness-Based Stress Reduction for Chronic Pain Management. In F. Didonna (Ed.), *Clinical Handbook of Mindfulness* (369–381). New York: Springer.

Germer, C.K., (Hrsg.) (2009). *Achtsamkeit in der Psychotherapie.* Freiburg / Br.: Arbor.

Germer, C.K. (2010). *Der achtsame Weg zur Selbstliebe: Wie man sich von destruktiven Gedanken und Gefühlen befreit.* Freiburg / Br.: Arbor.

Germer, C.K. (2012). Cultivating Compassion in Psychotherapy. In C.K. Germer & R.D. Siegel (Eds.), *Compassion and Wisdom in Psychotherapy* (93-110). New York, NY: Guilford.

Gilbert, P. (Ed.) (2005). *Compassion: Conceptualisations, Research and Use in Psychotherapy.* London: Routledge.

Gilbert, P. (2009). *Overcoming depression.* London: Constable & Robinson.

Gilbert, P. (2011). *Mitgefühl: Wie wir Mitgefühl nutzen können, um Glück und Selbstakzeptanz zu entwickeln und es uns wohl sein lassen.* Freiburg / Br.: Arbor.

Gilbert, P. (2013). *Compassion Focused Therapy.* Paderborn: Junfermann.

Gilbert, P. & Irons, C. (2004). A pilot exploration of the use of compassionate images in a group of self-critical people. *Memory, 12,* 507–516.

Gilbert, P. & Irons, C. (2005). Focused therapies and compassionate mind training for shame and self-attacking. In P. Gilbert (Ed.), *Compassion: Conceptualisations, Research and Use in Psychotherapy* (263–325). London: Routledge.

Gilbert, P. & Proctor, S. (2006). Compassionate mind training for people with high shame and self-criticism: A pilotstudy of a group therapy approach. *Clinical Psychology and Psychotherapy, 13,* 353–379.

Gillath, O., Shaver, P.R. & Mikulincer, M. (2005). An attachment-theoretical approach to compassion and altruism. In: P. Gilbert (Ed.), *Compassion: Conceptualisations, Research and Use in Psychotherapy* (121–147). London: Routledge.

Goldstein, J. (2004). *Ein Dharma: Buddhismus im Alltag.* München, Goldmann.

Goleman, D. (1997). *Innerlijke rust: Meditatietechnieken in oost en west.* Amsterdam / Antwerpen: Contact

Goleman, D. (2000). *Die heilende Kraft der Gefühle: Gespräche mit dem Dalai Lama über Achtsamkeit, Emotion und Gesundheit.* München: dtv.

Goleman, D. (2005). *Dialog mit dem Dalai Lama: Wie wir destruktive Emotionen überwinden können.* München: dtv.

Goss, Kenn (2011). *The Compassionate Mind-Guide to Ending Overeating.* Oakland, CA: New Harbinger Publications.

Goodman, T.A. & Kaiser Greenland, S. (2009). Mindfulness with Children: Working with Difficult Emotions. In F. Didonna (Ed.), *Clinical Handbook of Mindfulness* (417–429). New York: Springer.

Gordon, J.S. (2008). *Unstuck: Your guide to the seven-stage journey out of depression.* London: Penguin Books.

Green, S.M. & Bieling, P.J. (2011). Expanding the Scope for Effectiveness of Mindfulness-Based Cognitive Therapy: Evidence for Effectiveness in a Heterogeneous Psychiatric Sample. *Cognitive and Behavioral Practice,* doi:10.1016 / j.cbpra.2011.02.006.

Grepmair, L., Mitterlehner, F., Loew, T., et al. (2007). Promoting mindfulness in psychotherapists in training influences the treatment results of their patients: A randomized, double-blind, controlled study. *Psychotherapy and Psychosomatics, 76,* 332–338.

Grossman, P., Niemann, L., Schmidt, S. & Walach, H. (2004). Mindfulness-based stress reduction and health benefits: A metaanalysis. *Journal of Psychosomatic Research, 57,* 35–43.

Gyatso, P. & Shakya, T.W. (1998). *Fire Under the Snow: The Testimony of a Tibetan Prisoner.* London: Harvill Press.

Gyatso, T., The Fourteenth Dalai Lama (2003). *The Compassionate Life.* Somerville, MA: Wisdom Publications.

Hanson, R. (2010), mit Mendius, R., *Das Gehirn eines Buddha: Die angewandte Neurowissenschaft von Glück, Liebe und Weisheit.* Freiburg / Br.: Arbor.

Harlow, H.F. (1958). The nature of love. *American Psychologist, 13,* 673–685.

Hartfiel, N., Havenhand, J., Khalsa, S.B., et al. (2011). The effectiveness of Yoga for the improvement of well-being and resilience to stress in the workplace. *Scandinavian Journal of Work, Environment & Health, 37*(1), 70–76.

Hartogs, B. (2009). Hartcoherentie en het geluk van motorrijden. *Dth, 29*(3), 161–169.

Hayes, S., Strohsal, K. & Wilson, K. (2004). *Akzeptanz und Commitment Therapie: Ein erlebnisorientierter Ansatz zur Verhaltensänderung.* München: CIP-Medien.

Hayes, S. & Smith, S. (2007). *In Abstand zur inneren Wortmaschine: Ein Selbsthilfe- und Therapiebegleitbuch auf der Grundlage der Akzeptanz- und Commitment-Therapie (ACT).* Tübingen: dgvt.

Hebb, D.O. (1949) *The Organization of Behavior: A Neuropsychological Theory.* New York: Wiley.

Heffernan, M., Griffin, M. McNulty, S. & Fitzpatrick, J.J. (2010). Self-compassion and emotional intelligence in nurses. *International Journal of Nursing Practice, 16,* 366–373.

Henderson, L. (2011). *Building social confidence: using compassion-focused therapy to overcome shyness and social anxiety.* Oakland, CA: New Harbinger Publications.

Henderson, Lynne (2012). *Finde den Mut du selbst zu sein: Wie die Compassion Focused Therapy dabei helfen kann, Schüchternheit zu überwinden und soziales Vertrauen zu stärken.* Freiburg / Br.: Arbor.

Herzberg, Judith (1992). *Zoals.* Amsterdam: De Harmonie.

Hick, S.F. & Bien, T. (Eds.) (2010). *Achtsamkeit in der therapeutischen Beziehung.* Freiburg / Br.: Arbor.

Hofmann, S.G., Grossman, P. & Hinton, D.E. (2011). Loving-kindness and compassion meditation: Potential for psychological interventions. *Clinical Psychology Review, 31,* 1126–1132.

Hofmann, S.G., Sawyer, A.T., Witt, A.A. & Oh, D. (2010). The effect of mindfulness-based therapy on anxiety and depression: A meta-analytic review. *Journal of Consulting and Clinical Psychology, 78,* 169–183.

Hollis-Walker, L. & Colosimo, K. (2011). Mindfulness, self-compassion and happiness in non-meditators: A theoretical and empirical examination. *Personality and Individual Differences, 50,* 222–227.

Hulsbergen, M. (2009). *Mindfulness: De aandachtsvolle therapeut.* Amsterdam: Boom.

Hutcherson, C.A., Seppala, E.M. & Gross, J.J. (2008). Lovingkindness meditation increases social connectedness. *Emotion, 8,* 720–724.

Imel, Z., Baldwin, S., Bonus, K., & MacCoon, D. (2008). Beyond the individual: Group effects in mindfulness-based stress reduction. *Psychotherapy Research, 18*(6), 735–742.

Jiménez, Juan Ramón. www.los-poetas.com

Johnson, K.J., Penn, D.L., Fredrickson, B.L., et al. (2009). Loving-kindness meditation to enhance recovery from negative symptoms of schizophrenia. *Journal of Clinical Psychology,* 65(5), 499–509.

Kabat-Zinn, J. (2008). *Zur Besinnung kommen: Die Weisheit der Sinne und der Sinn der Achtsamkeit in einer aus den Fugen geratenen Welt.* Freiburg / Br.: Arbor.

Kabat-Zinn, J. (2010). *Im Alltag Ruhe finden: Meditationen für ein gelassenes Leben.* München: Knaur.

Kabat-Zinn, J. (2011). *Gesund durch Meditation: Das große Buch der Selbstheilung.* München: Knaur.

Kelly, A.C., Zuroff, D.C., Foa, C.L. & Gilbert, P. (2010). Who benefits from training in self-compassionate self-regulation? A study of smoking reduction. *Journal of Social and Clinical Psychology, 29*(7), 727–755.

Klein, S. (2011). *Der Sinn des Gebens: Warum Selbstlosigkeit in der Evolution siegt und wir mit Egoismus nicht weiterkommen.* Frankfurt / M.: Fischer.

Koster, F. (1999). *Bevrijdend inzicht,* Rotterdam: Asoka.

Koster, F. (2005). *Het web van wijsheid: Inleiding tot de Abhidhamma.* Rotterdam: Asoka. *The Web of Wisdom.* Chiang Mai: Silkworm

Kramer, G. (2009). *Einsichts-Dialog: Weisheit und Mitgefühl durch Meditation im Dialog.* Freiburg / Br.: Arbor.

Kramer, G., Meleo-Meyer, F. & Lee Turner, M. (2008). Cultivating Mindfulness in Relationship: Insight Dialogue and the Interpersonal Mindfulness Program. In S.F. Hick & T. Bien (Eds.), *Mindfulness and the Therapeutic Relationship* (195–214). New York: Guilford Press.

Kuyken, W., Watkins, E., Holden, E. e.a. (2010). How does mindfulness-based cognitive therapy work? *Behavior Research and Therapy, 48,* 1105–1112.

Laithwaite, H., Gumley, A., O‹Hanlon, M., e.a. (2009). Recovery After Psychosis (RAP): A compassion focused programme for individuals in high security settings. *Behavioural and Cognitive Psychotherapy, 37,* 511–526.

Lamott, Anne (1993). *Operating Instructions: A Journal Of My Son's First Year.* New York: Pantheon Books.

Langer, E.J.(1996). *Fit im Kopf: Aktives Denken oder wie wir geistig auf der Höhe bleiben.* Reinbek bei Hamburg: Rowohlt.

Lathouwers, T. (2000). *Meer dan een mens kan doen.* Rotterdam: Asoka.

Leary, M.R., Tate, E.B., Adams, C.E., e.a. (2007). Self-compassion and reactions to unpleasant self-relevant events: The implications of treating oneself kindly. *Journal of Personality and Social Psychology, 92,* 887–904.

Lee, D.A. (2005). The perfect nurturer: A model to develop a compassionate mind within the context of cognitive therapy. In P. Gilbert (Ed.), *Compassion: Conceptualisations, Research and Use in Psychotherapy* (326–351). London: Routledge.

Lee, D.A. & James, S. (2011). *The Compassionate-Mind Guide to Recovering from Trauma and PTSD*. Oakland, CA: New Harbinger.

Lehrhaupt, L., Meibert, P. (2010). *Stress bewältigen mit Achtsamkeit: Zu innerer Ruhe kommen mit MBSR (Mindfulness-Based Stress Reduction)*. München: Kösel.

Longe, O., Maratos, F.A., Gilbert, P., e.a. (2010). Having a word with yourself: Neural correlates of self-criticism and self-reassurance. *NeuroImage, 49*, 1849–1856.

Lowens, I. (2010). Compassion focused therapy for people with bipolar disorder. *International Journal of Cognitive Therapy, 3* (2), 172–185.

Luskin, F. (2003). *Die Kunst zu verzeihen: So werfen Sie Ballast von der Seele*. München: mvg.

Lutz, A., Greischar, L., Rawlings, N., Richard, M. & Davidson, R.J. (2004). Long-term meditators self-induce high amplitude gamma synchrony during mental practice. *Proceedings of the National Academy of Science, 101*(46), 16369–16373.

Lutz, A., Brefczynski-Lewis, J., Johnstone, T. & Davidson, R.J. (2008). Regulation of the neural circuitry of emotion by compassion meditation: Effects of meditative expertise. *PLoS ONE, 3*(3): e1897, www.plosone.org / article / info:doi / 10.1371 / journal.pone.0001897.

Lyubomirsky, S. (2008). *Glücklich sein: Warum Sie es in der Hand haben, zufrieden zu leben*. Frankfurt / M.: Campus.

MacLean, P.D. (1990). *The Triune Brain in Evolution: Role in Paleocerebral Functions*. New York: Springer.

Maex, E. (2008). *Mindfulness: Der achtsame Weg durch die Turbulenzen des Lebens*. Freiburg / Br.: Arbor.

Mann, S. (2004). ›People-work‹: Emotion management, stress and coping. *British Journal of Guidance & Counselling, 32*, 205–221.

Mayhew, S. & Gilbert, P. (2008). Compassionate mind training with people who hear malevolent voices: A case series report. *Clinical Psychology and Psychotherapy, 15*, 113–138.

McCown, D., Reibel, D. & Micozzi, M.S. (2011). *Achtsamkeit lehren: Ein Praxisleitfaden für Therapeuten, Ärzte und Kursleiter*. Freiburg / Br.: Arbor.

McKay, K.M., Imel, Z.E., & Wampold, B.E. (2006). Psychiatrist effects in the psychopharmacological treatment of depression. *Journal of Affective Disorders, 92*, 287–290.

McKay, M., Wood, J. & Brantley, J. (2008). *Starke Emotionen meistern: Dialektische Verhaltenstherapie in der Praxis: Wege zu mehr Achtsamkeit, Stresstoleranz und einer besseren Beziehungsfähigkeit*. Paderborn: Junfermann.

Neely, M.E., Schallert, D.L., Mohammed, S., e.a. (2009). Self-kindness when facing stress: The role of self-compassion, goal regulation, and support in college students' well-being. *Motivation and Emotion, 33*, 88–97.

Neff, K.D. (2003a). Self-compassion: An alternative conceptualization of a healthy attitude toward oneself. *Self and Identity, 2*, 85–102.

Neff, K.D. (2003b). Development and Validation of a Scale to Measure Self-Compassion. *Self and Identity, 2*, 223–250.

Neff, K.D. (2008a). Selfcompassion, mindfulness and psychological health. Paper presented 16th April, 2008, at the 6th Annual International Conference for Clinicians, Researchers and Educators, Worcester, MA.

Neff, K.D. (2008b). Self-compassion: Moving beyond the pitfalls of a separate self-concept. In J. Bauer & H.A. Wayment (Eds.), *Transcending self-interest: Psychological explorations of the quiet ego* (95–106). Washington, D.C.: apa Books.

Neff, K. (2012). *Selbstmitgefühl: Wie wir uns mit unseren Schwächen versöhnen und uns selbst der beste Freund werden*. München: Kailash.

Neff, K.D., (2012a). The Science of Self-Compassion. In C.K. Germer & R.D. Siegel (Eds.), *Compassion and Wisdom in Psychotherapy* (pp. 79–92). New York: Guilford Press.

Neff, K.D., Rude, S.S. & Kirkpatrick, K. (2007). An examination of self-compassion in relation to positive psychological functioning and personality traits. *Journal of Research in Personality, 41*, 908–916.

Neff, K.D. & Beretvas, S.N. (2012). The role of self-compassion in romantic relationships. *Self and Identity*, DOI:10.1080/15298868.2011.6395 48.

Neff, K.D. & Germer, C.K. (2012). A pilot study and randomized controlled trial of the mindful self-compassion program. *Journal of Clinical Psychology*, DOI: 10.1002/jclp.21923.

Neff, K.D. & Pommier, E. (2012). The relationship between self-compassion and other-focused concern among college undergraduates, community adults, and practicing meditators. *Self and Identity*, DOI:10.1080/15298868.2011.6 49546.

Neff, K.D. & Vonk, R. (2009). Self-compassion versus global selfesteem: Two different ways of relating to oneself. *Journal of Personality, 77*, 23–50.

Neff, K.D., Hsieh, Y. & Dejitterat, K. (2005). Self-compassion, achievement goals and coping with academic failure. *Self and Identity, 4*, 263–287.

Oliver, Mary (2009). *Evidence*, Boston: Beacon Press.

Orsillo, S.M. & Roemer, L.A. (Eds.) (2005). *Acceptance and mindfulness-based approaches to anxiety: Conceptualization and treatment*. New York: Springer.

Pace, T.W.W., Negi, L.T., Adame, D.D., e.a. (2009). *Effect of compassion meditation on neuroendocrine, innate immune and behavioral responses to psychosocial stress. Psychoneuroendocrinology, 34*, 87–98.

Pascal, Blaise (2011). *Gedanken*. Köln: Anaconda.

Piet, J. & Hougaard, E. (2011). The effect of mindfulness-based cognitive therapy for prevention of relapse in recurrent major depressive disorder: A systematic review and meta-analysis. *Clinical Psychology Review, 31*, 1032–1040.

Pijlman, Fetze (1986). *Een ander pad*. Haarlem: Holland. (Anm.d.Ü.: übersetzt nach der niederländischen Fassung)

Rein, G., Atkinson, M. & McCraty, R. (1995). The physiological and psychological effects of compassion and anger. *Journal of Clinical Neuropsychiatry, 5*, 132–139.

Ricard, M. (2011). *Meditation*. München: Knaur.

Riemersma, Tr. (1973). *Teksten fwar ien hear*. Bolsward: Koperative Utjowerij. (Anm.d.Ü.: übersetzt nach der niederländischen Fassung von Jabik Veenbaas)

Rilke, Rainer Maria (1904). *Briefe an einen jungen Dichter, Brief an Franz Xaver Kappus, 2. August 1904*. Berlin: Insel (2007).

Rizvi, S.L., Shaw Welch, S. & Dimidjian, S. (2009). Mindfulness and Borderline Personality Disorder. In F. Didonna (Ed.), *Clinical Handbook of Mindfulness* (245–257). New York: Springer.

Rockliff, H., Gilbert, P., McEwan, K., e.a. (2008). A pilot exploration of heart rate variability and salivary cortisol responses to compassion-focussed imagery. *Journal of Clinical Neuropsychiatry, 5,* 132–139.

Rogers, C. (1956). What Understanding and Acceptance Mean to Me. *Journal of Humanistic Psychology (1995), 35*(4), p. 10. (Transkript eines Vortrags von 1956.)

Rossman, M.L. (2000). *Guided Imagery for Self-Healing.* Tiburon, CA: Kramer.

Salzberg, S. (2003). *Metta-Meditation: Buddhas revolutionärer Weg zum Glück. Geborgen im Sein.* Freiburg / Br.: Arbor.

Sbarra, D.A., Smith, H.L. & Mehl, M.R. (2012). When leaving your Ex, love yourself: Observational ratings of self-compassion predict the course of emotional recovery following marital separation. *Psychological Science, 23*(3), 261–269.

Segal, S.V., Williams, J.M.G. & Teasdale, J.D. (2008). *Die achtsamkeitsbasierte kognitive Therapie der Depression: Ein neuer Ansatz zur Rückfallprävention.* Tübingen: Dgvt.

Seligman, M. (2005). *Der Glücks-Faktor: Warum Optimisten länger leben.* Bergisch-Gladbach: Bastei Lübbe.

Seligman, M. (2012). *Flourish: Wie Menschen aufblühen.* München: Kösel.

Servan-Schreiber, D. (2006). *Die neue Medizin der Emotionen: Stress, Angst, Depression. Gesund werden ohne Medikamente.* München: Goldmann.

Shahib Nye, N. (1995). *Words Under the Words: Selected Poems.* Portland: Far Corner Books.

Shapiro, S.L. & Carlson, L.E. (2011). *Die Kunst und Wissenschaft der Achtsamkeit: Die Integration von Achtsamkeit in Psychologie und Heilberufe.* Freiburg / Br.: Arbor.

Shapiro, S.L., Astin, J.A., Bishop, S.R. & Cordova, M. (2005). Mindfulness-based stress reduction for health care professionals: Results from a randomized trial. *International Journal of Stress Management, 12,* 164–176.

Shapiro, S.L., Brown, K.W. & Biegel, G.M. (2007). Teaching selfcare to care-givers: Effects of mindfulness-based stress reduction on the mental health of therapists in training. *Training and Education in Professional Psychology, 1,* 105–115.

Siegel, D.J. (2007). *Das achtsame Gehirn.* Freiburg / Br.: Arbor.

Siegel, D.J. (2012a). *Mindsight: Die neue Wissenschaft der persönlichen Transformation.* Kösel: Goldmann.

Siegel, D.J. (2012b). *Der achtsame Therapeut: Ein Leitfaden für die Praxis.* München: Kösel.

Singer, J.L. (2006). *Imagery in Psychotherapy.* Washington, D.C.: APA Books.

Smith, A. (2004). Clinical uses of mindfulness training for older people. *Behavioral and Cognitive Psychotherapy, 32,* 423–430.

Spek, A. (2010). *Mindfulness bij volwassenen met autisme: Een wegwijzer voor hulpverleners en mensen met ass.* Amsterdam: Hogrefe.

Spek, A.A., Ham, N.C. van, & Nyklicek, I. (2013). Mindfulness-based therapy in adults with an autism spectrum disorder: A randomized controlled trial. *Research in Developmental Disabilities, 34,* 246-

Spiering, Kees (1996). *Een prachtige tuin*. Slibreeks.

Stahl, B. & Goldstein, E. (2010). *Stressbewältigung durch Achtsamkeit: Das MBSR-Praxisbuch*. Freiburg / Br.: Arbor.

Taylor, S. (2006). Tend and befriend: Biobehavioral bases of affiliation under stress. *Current Directions in Psychological Science, 15*(6), 273–277.

Thompson, B. & Waltz, J. (2008). Self-compassion and PTSD symptom severity. *Journal of Traumatic Stress, 21*(6), 556–558.

Tirch, D. (2012). *The Compassionate Mind Guide to Overcoming Anxiety: Using compassion-focused therapy to calm panic, worry and fear*. Oakland, CA: New Harbinger Publications.

Van Dam, N.T., Sheppard, S.C., Forsyth, J.P. & Earleywine, M. (2011). Self-compassion is a better predictor than mindfulness of symptom severity and quality of life in mixed anxiety and depression. *Journal of Anxiety Disorders, 25*, 123–130.

Vetesse, L.C., Dyer, C.E., Li, W.L. & Wekerle, C. (2011). Does self-compassion mitigate the association between childhood maltreatment and later emotional regulation difficulties? *International Journal of Mental Health and Addiction, 9*, 480–491.

Vreeswijk, M. van, Broersen, J. & Schurink, G. (2009). *Mindfulness en schematherapie: Praktische training bij persoonlijkheidsproblematiek*. Houten: Bohn Stafleu van Loghum.

Waal, F. de (2011). *Das Prinzip Empathie: Was wir von der Natur für eine bessere Gesellschaft lernen*. München: Hanser.

Walcott, D. (1986). *Collected Poems 1948–1984*. New York: Harper Collins. Deutsche Fassung aus: *Erzählungen von den Inseln*. München: Hanser, 1993. Übersetzt von Klaus Martens.

Wallace, A. (2010). *The Four Immeasurables: Practices to Open the Heart*. Ithaca, NY: Snowlion

Wallace, A. & Hodel, B. (2008). *Embracing Mind: The Common Ground of Science and Spirituality*. Boston: Shambala.

Walsh, R. (2011, January 17). Lifestyle and Mental Health. *American Psychologist*. Advance online publication. doi:10.1037 / a0021769

Welford, M. (2010). A compassion focused approach to anxiety disorders. *International Journal of Cognitive Therapy, 3* (2), 124–140.

Weiss, L. (2004). *Therapist's guide to self-care*. New York: Routledge.

Wieringa, T. (2009). *Joe Speedboot*. München, dtv

Williams, J.M.G. & Kabat-Zinn, J. (2011). Mindfulness: diverse perspectives on its meaning, origins, and multiple applications at the intersection of science and dharma. *Contemporary Buddhism, 12*(1), 1–18.

Williams, M., Teasdale, J., Segal, Z. & Kabat-Zinn, J. (2009). *Der achtsame Weg durch die Depression*. Freiburg / Br.: Arbor.

Wilson, K.G. (2008), mit Dufrene, T., *Mindfulness for Two: An Acceptance and Commitment Therapy Approach to Mindfulness in Psychotherapy*. Oakland, CA: New Harbinger.

Wit, H.F. de (1987). *Contemplatieve psychologie*. Kampen: Kok-Agora.

Wit, H.F. de (2006). *De verborgen bloei: Over de psychologische achtergronden van spiritualiteit*. Kampen: Ten Have.

Wit, H.F. de (2008). *Het open veld van de ervaring: De Boeddha over inzicht, compassie en levensgeluk.* Kampen: Ten Have.

Wolever, R.Q. & Best, J.L. (2009). Mindfulness-Based Approaches to Eating Disorders. In F. Didonna (Ed.), *Clinical Handbook of Mindfulness* (259–287). New York: Springer.

Young, J.E., Klosko, J.S. & Weishaar, M.E. (2008). *Schematherapie: Ein praxisorientiertes Handbuch.* Paderborn: Junfermann.

Zylowska, L., Smalley, S.L. & Schwartz, J.M. (2009). Mindful Awareness and ADHD. In F. Didonna (Ed.), *Clinical Handbook of Mindfulness* (319–338). New York: Springer.

Achtsamkeit vertiefen

www.koesel.de   Sachbücher & Ratgeber

Für die therapeutische Praxis